·民族团结进步丛书·

广西民族新貌

◎俸代瑜 主编

广西民族出版社
Gvangjsih Minzcuz Cuzbanjse

图书在版编目(CIP)数据

广西民族新貌/俸代瑜主编. —南宁：广西民族出版社，2019.11

ISBN 978-7-5363-7310-5

Ⅰ.①广… Ⅱ.①俸… Ⅲ.①区域经济发展—研究—广西 Ⅳ.②社会发展—研究—广西 Ⅳ.①F127.67

中国版本图书馆 CIP 数据核字（2019）第 196480 号

民族团结进步丛书

广西民族新貌

俸代瑜　主编

出版策划：石朝雄
审稿总监：徐　美
印制总监：曾喜田
装帧总监：张文昕
统　　筹：罗桂鸾　吴柏强　陶安宁
责任编辑：凌　华
美术编辑：何世春
责任校对：李巧灵　张远欢
封面设计：张文昕
版式设计：张文昕　何世春　文　雯
责任印制：黄绍红
出版发行：广西民族出版社
地址：广西南宁市青秀区桂春路 3 号　邮编：530028
电话：0771—5523216　传真：0771—5523225
电子邮箱：bws@gxmzbook.com
印　　刷：广西彩丰印务有限公司
经　　销：全国新华书店
规　　格：787 毫米×1092 毫米　1/16
印　　张：15.25
字　　数：330 千
版　　次：2019 年 11 月第 1 版
印　　次：2019 年 11 月第 1 次印刷
书　　号：ISBN 978-7-5363-7310-5
定　　价：49.00 元

总序

◎　梁庭望

为庆祝广西壮族自治区成立60周年，广西民族出版社出版了“民族团结进步丛书”。该套丛书包括《老报纸见证：广西壮族自治区成立》《热血丹心八桂情——讲好“广西故事”民族团结进步征文获奖作品选》《广西文化符号》《壮族文化概览》《中国壮医学》《广西世居民族服饰文化》《今朝望乡处——壮族作家汉壮双语散文选》等力作。该套丛书档次高迈，内容广博，微观入微，特色突出，主题鲜明，是奉献给大庆节日的“文化大餐”！

作为献给重大节日的礼品，广西民族出版社为整套丛书进行了高屋建瓴的设计，贯穿正确的历史观、民族观、国家观和文化观，从历史和现实的高度俯视广西。在展示悠久历史中的广西各族人民的优秀文化传统的同时，充分展示中国共产党民族政策的正确与伟大，赞颂自治区成立60周年的成就，高扬爱国主义旗帜，给人以振奋之感。在《热血丹心八桂情——讲好“广西故事”民族团结进步征文获奖作品选》里，征文工作小组和出版社别出心裁，通过各行各业中涌现出来的一个个真实生动感人的故事，展现了广西各族人民在党的领导下，同心同德，共同建设家园的奋斗历程。

内容广博是丛书的一大特点。丛书从历史纵向的角度来阐明壮族文化的发展脉络，全面阐明壮族文化的结构。特别是用最能代表广西形象的115个文化符号，从神话、地理、历史、民族、人物、文化、遗产、风物和工业九大方面，全面展示了广西壮族、汉族、瑶族、苗族、侗族、仫佬族、毛南族、回族、京族、彝族、水族、仡佬族等12个世居民族的物质文化和精神文化，反映了广西各族人民在漫长的历史进程中开辟岭南和南海的艰辛和成就，体现了广西的文化软实力。只要提到其中任何一个，就会让人联想到广西这片热土。

该套丛书在把握宏观展示的同时，做到探索精细入微。如《中国壮医学》较全面地总结了壮医药的理论与临床实践经验，对壮医的诊断技术、治疗原则和预防学等方面都做出了阐述，同时介绍了常用壮药的学名、别名、性能、主治病症、用法等内容。《广西世居民族服饰文化》将广西世居民族服饰置于广义的文化视野下进行整体研究，采用民族学、艺术学、历史学、考古学、文化学、美学、宗教学等多学科交叉的综合理论来研究广西世居民族服饰文化现象，对服饰与广西世居民族地区的生态环境、社会历史、经济发展水平、政治制度、宗教信仰、审美观念、民族风俗等文化事象的相互关系进行深入浅出的阐述，使人们能够超越以往文化研究的局限，站在全新的高度，用更广阔的视野来了解广西世居民族服饰文化，从而对这些服饰文化有更深刻、更全面的认识。

“民族团结进步丛书”的另一个特点是特色突出，无论是宏观或微观展示，都具有地域性、融合性和民族性的特点。广西是民族地区，民族结构和历史演化都很有特点，它既处于我国西南到东南的交叉路口，又处于我国中原到东南亚的十字路口，传统文化的结构中吸收了各方文化的元素，使得广西的传统文化色彩多元。虽然多元文化和核心文化交融，但其核心文化始终保持地方传统。例如：在反映壮族是发明水稻人工移栽技术的民族之一的同时，用“补粮”添寿仪式将稻米视为生命的代码；花山岩画是稻作文化的符号；广西各族人民联手开辟南海上的丝绸之路；刘三姐，壮族的“歌仙”；瓦氏夫人，明代英勇抗倭的女将……这些都是广西特有的，并对中华文化做出了贡献！

在阐述这么多文化符号时，丛书保持了民族团结进步的鲜明主题，有很强的历史感和现实感。一是展现了广西各族人民守望相助、手足相亲、团结友爱、互帮互助、共同发展的民族情怀。60年来，广西各民族团结和谐，共同进步，社会稳定，成为全国民族团结进步的模范区。二是用一个个生动的实例，充分讲述了各民族携手共同建设自己家园的生动事迹，并以60年来广西的成就，唱响共产党好、社会主义好、改革开放好、伟大祖国好、各族人民好的庆典主旋律。三是图文并茂地将广西各民族的文化特点、文化价值生动地展示出来，激励读者从中发现广西社会发展的历史轨迹，了解广西各民族艰苦奋斗开拓美好家园的历程，传承历史，开拓未来，在实现中国梦的伟大进程中高歌猛进！

“民族团结进步丛书”的面世，必将对广西更加深入地贯彻党的十九大精神产生激励作用，促进广西各民族团结、互助、友爱，促进各民族联手加速广西壮族自治区的社会发展，重振海上丝绸之路，为“一带一路”做出贡献！

2018年10月1日

前　言

2019年是中华人民共和国70周年华诞。70年，在古老中国的漫长历史中只是弹指一挥间。但正是在弹指一挥的70年间，在伟大的中国共产党的正确领导下，中华民族从封闭落后迈向开放进步，从温饱不足迈向小康生活，从积弱贫困迈向繁荣富强，实现了空前的飞跃，创造了人类发展史上的奇迹。正如习近平总书记所说的："我们比历史上任何时候都更接近中华民族伟大复兴的目标，我们比历史上任何时候都更接近世界舞台的中心，我们比历史上任何时候都更有信心创造更加美好的未来。"

广西作为我国少数民族人口和民族成分最多的省区之一，不仅全程参与了70年来波澜壮阔的新中国建设事业，而且共享了丰硕的建设成果，全区面貌焕然一新，人民安居乐业，民族团结和睦，社会和谐稳定，各项建设事业蒸蒸日上，与全国各族人民同步实现了历史性的跨越，堪称盛世中国的一个缩影。

为了全面反映中华人民共和国成立70年广西少数民族和民族地区的沧桑巨变，广西民族理论政策研究室派出精兵强将组成编写组。编写组数次集体讨论书稿撰写的体例、范式和风格。鉴于70年来广西少数民族和民族地区发生了翻天覆地的变化，这种变化涵盖政治、经济、社会、文化、生态和人们日常生活的各个方面，不同区域、不同民族乃至不同民族支系的变化都有其自身的特点，不可能面面俱到地进行展示和反映，我们确立了这样一条写作思路：即在保证广西的12个世居民族都有所反映的基础上，不平均用力，不做逐个民族的整体概述，而是有所取舍和侧重，通过一件件、一个个鲜活、典型的新人、新事、新风尚来反映广西少数民族和民族地区出现的新变化，突出一个"新"字。这一思路得到了广西民族出版社有关领导和项目责编人员的认可。

随后，编写组人员立即投入到紧张的资料收集、调查和书稿撰写之中。他们下基层、跑村寨、入农户、做个访、拍图片，调查、收集到了大量真实、生动的素材，经过对这些素材的分析、消化和处理，终于在2019年3月如期提交了书稿初稿。书稿有25万余字，图片162幅。全书按广西壮、汉、瑶、苗、侗、仫佬、毛南、京、回、彝、仡佬、水等12个世居民族分章，内含独立成文的文章51篇。内容则可谓丰富多彩，既有报道各类优秀、先进人物的，如脱贫致富能手、新兴产业发展带头人、醉心民族团结进步事业创建和民族传统文化传承保护的痴心人；也有反映在乡镇、村屯、学校、企业乃至寺院发生的巨大变化的，如昔日偏僻、落后的乡镇成为旅游“新星”，过去的“困难村”成为“示范村”，“土瑶”寨不再“土”，古寺院展新颜；还有反映新时代、新观念、新风尚的，如过去见所未见、闻所未闻的电商经济、绿色经济、生态博物馆等新事物、新理念和谐共生、可持续发展，在民族地区已蔚然成风、开花结果。此外，随着改革开放的不断深入、市场经济日益完善和旅游业的发展，一些民族传统文化焕发出勃勃生机，成为助推少数民族和民族地区发展、特别是旅游业发展的重要资源，如走出“深闺”的林略村、借“百家宴”闻名的冠小村、缘“依饭”盛会招徕天下游客的仫佬山乡……翻开书卷，阅读这一篇篇视角不同、内容各异的文章，看到那一幅幅栩栩如生、鲜活动人的配图，您仿佛置身少数民族之中，听到了他们的欢歌笑语，感受到了他们的幸福和喜悦。

“问渠那得清如许？为有源头活水来”，广西少数民族和民族地区之所以能取得这样的成就，发生如此巨大的变化，绝非无源之水、无本之木，它是中国共产党正确领导的结果，是全区各族人民共同奋斗的结晶。广西的实践雄辩地证明了中国共产党领导的路线方针政策的正确性，它将激励着全区各族人民继续紧密地团结在以习近平同志为核心的党中央周围，坚定不移地沿着有中国特色的社会主义道路奋勇前进、再创辉煌！

目　录

第一章　美丽壮乡谱新曲

第二章　汉族人民走上致富路

第三章　春到瑶山景色新

第九章　回族生活幸福多

第十章　火把映照下的幸福彝家

第十一章　仡佬冲里唱新歌

第十二章　水书凝聚下的水族新生活

第一章　美丽壮乡谱新曲

电商扶贫：壮族地区精准扶贫新路径

黄润柏

电商扶贫是扶贫模式的创新手段，是脱贫致富思路的创新，更是促进农民脱贫增收的重要方式。在2015年5月23日国务院扶贫办举行的“国务院扶贫办陇南电商扶贫试点”新闻发布会上，国务院扶贫办国际合作和社会扶贫司巡视员曲天军指出：电商扶贫，顾名思义就是把“互联网+”纳入扶贫工作体系。这项工作对拓宽贫困农户的增收渠道，增加收入，进而推动贫困地区的产业升级换代是具有非常重要意义的。①

壮族主要聚居的广西中西部地区，土壤和气候适宜农作物生长，农副产品资源十分丰富，但由于长期以来交通设施落后、信息闭塞，农产品销售难成了经济发展和农民脱贫致富的绊脚石。在全区壮族人口占70%以上的34个县（县级市、城区）中，被列为国家扶贫开发重点县的有15个，占广西28个国家扶贫开发重点县的53.6%，另有5个县被列为自治区扶贫开发工作重点县。因此，发展经济、消除贫困依然是当前的重要任务。

在中央大力推进农村电子商务建设的背景下，壮族地区各级政府针对当地农产品销路不畅、农村脱贫压力大的实际情况，以推进全国电子商务进农村示范县为契机，努力探索电子商务与精准扶贫相融合的新模式，“电商+产业”发展的新模式逐渐形成，闯出了一条有效的致富之路。如忻城县在2016年开启了实施电商扶贫模式的历程，把电商扶贫列为“十大扶贫工程”之一，把电子商务进农村和智慧乡村两个项目作为实施“电商+扶贫”工作的重要内容，并作为精准扶贫脱贫的重要手段在全县推开，采取一系列措施，积极推进电子商务扶贫工作，通过县内外广播、电视、报纸、杂志等传统媒体，以及制作路灯灯箱和标语、跨街横幅标语、栏杆广告、三角牌广告，车载移动媒体宣传等，对电商扶贫工作进行宣传，号召社会各方积极参与，同时积极招募在外打工就业的年轻人回乡做农村淘宝合伙人。同时完善基础建设，积极推进运营服务中心、物流仓储、农村淘宝服务站等建设，加快完善电信、移动、联通等网络基础设施建设，特别是扩大行政村宽带普及率，提高互联网的入户率，打造覆盖“县、镇、村”三位一体的农村电商、物流配送网络，以高标准、高起点、全方位建

①国务院扶贫办：《电商扶贫拓宽贫困农户增收渠道》，http：//www.cpad.gov.cn/art/2015/5/23/art_624_13950.html。

立城乡电商运行网络，完善县、乡、村三级网络，形成城乡互动、信息共享、功能齐备的城乡电子商务运营服务体系，为电商进农村工作提供前提保障。另外，积极建设集电子商务服务、培训、电商产业孵化和一体化仓储中心于一体的县级电子商务服务中心，为从事电商创业和服务人员提供技术支持、信息服务、营销推广、管理咨询及其他增值业务等全面服务，同时在乡村建立村级农村淘宝服务站，开展电商扶贫试点，努力解决农村“买难”“卖难”问题。

在政府和相关部门的多方努力下，壮族地区农村电子商务硬件设施的关键重点交通、物流、信息等网络体系逐渐建立起来，并不断建设完善，农村电子商务发展水平有了极大的提升。如忻城县目前实现了村村通水泥路，无线通信网络覆盖 12 个乡镇 130 个行政村（社区），覆盖率达到了 100%；家庭光纤宽带覆盖 127 个行政村，覆盖率 98%；全县 51 个贫困村，有 48 个贫困村通光纤宽带。全县已建成县级电子商务服务中心 1 个、县级物流仓储中心 1 个，有 20 多家快递和物流公司，确保快递能到达乡镇。同时，忻城县引进“智慧乡村”项目，在全县建立了 130 个服务点。如今，忻城县建成了县、乡、村三级运营体系，满足了工业品下乡、农产品进城和农村电商综合服务的需求。全县从事电商的企业有 50 多家，通过电商销售的产品有珍珠糯玉米、金银花、百香果、古法红糖、牛大力富硒茶等特产 100 多种。2016 年，全县上行农产品交易额达 6000 多万元。2017 年，全县农产品电商销售额超过 1.5 亿元。忻城县全面构建起了“县＋乡（镇）＋行政村”上下一体的农村电商服务网络体系，农村居民享受到了网上代买、代卖和网络创业、农资供应等服务。

壮族地区电商的发展，解决了农产品上行面临的交通不便、销售渠道狭窄、产品品牌弱小等问题，促进了农副土特产品的销售，增加了就业，拓宽了农民的增收渠道，改善了农民的生产生活条件，当地农民更多地享受到了互联网带来的红利。农村居民不仅在家就能上网购买到物美价廉的商品，还可以很方便地把当地的特色农产品放到网络上销售，有效解决了贫困地区农产品“买难”“卖难”的问题。2017 年，百色市通过电商平台销售芒果的店铺达 3700 多家，网络销售芒果 7.4 万吨，占全年销量的 22.6%，直接带动 1 万多人就业。田阳县通过引进合作平台，采取“互联网＋产业”方式，在政府引导、技术支持、企业参与、物流配套服务等有力保障下，为农家货走得出去、寻到好销路、实现好效益铺路搭桥，仅芒果产业一项，全县每年网上交易量就接近 50 万吨，销售额超过 300 万元。忻城县农产品、土特产品如百香果、糯玉米、古法红糖等也通过电商销往全国各地，该县百香果主产地欧洞乡，80%以上的百香果是通过电商销售出去的。通过电商销售的产品，不仅销路畅通了，价格也比以前高了许多，如珍珠糯玉米头当地售价每公斤 4 元，通过电商销售能卖每公斤 12 元；百香果当地售价每公斤 4 元，网上可以卖到每公斤 10 元；土榨红糖当地零售价每公斤 10 元，网上可以卖到每公斤 40 元。

一些现代化农业龙头企业借助电商快速发展起来。如广西天峨金桂元食品有限公司自 2012 年成立以来，迅速发展，2016 年被评为“河池市农业产业化龙头企业”。公司充分利用天峨县盛产油茶籽油、桐油、金花茶、灵芝、竹荪、珍珠李等优势，积极培育山油茶等本地

马泗乡生态园生产的准备通过电商销售的产品

土特产生产示范基地，年收购油茶籽200吨，各种土特产15吨，进行有效加工及精包装，通过网络平台销售，将本县土特产品销往全国各地，成为天峨县首家网络销售本地特产的公司。通过电商销售，不仅解决了农户农产品销售难、价格低的问题，带动了贫困户脱贫致富，同时也促进了公司的发展，有效推动了当地经济发展，提高了效益。据不完全统计，该公司每年通过电商平台的销售额在500万元以上。目前，公司已发展成为集土特产种植、生产加工、销售于一体的产业化龙头企业，目前年创产值近1600万元。

忻城县马泗乡的高龙果蔬专业合作社依托高龙果蔬专业公司，实现了百香果等产业种植、加工、电商平台销售、贫困户分红的一体化运营，形成了“电商＋农业＋旅游＋扶贫”的新型农庄发展之路，成为忻城县农村电商扶贫的标本。2016年以来，该公司充分利用快捷、实惠的互联网平台，实施“基地＋电商”发展模式，扩大无公害农产品认证的品牌效应。依托已获得无公害农产品产地认证的“马泗”“壮忻”两个商标品牌和农产品生产安全追溯系统，把公司生产的蓝莓、糯玉米、百香果、哈密瓜、金银花、柑橘等特色生态农产品纳入无公害产品认证和安全追溯范围，成立电商协会，通过公司网络销售，价格比市面提高近1倍，增加了企业和贫困户的收入。2017年，该公司投资2000万元的“蓝莓酒庄”、投资100万元的百香果交易中心项目相继破土动工，借助中央电视台第七频道《乡村大世界》栏目的媒体推介的影响力，以及公司主打产品蓝莓酒、百香果酒和土方红糖顺利通过食品质量QS认证等利好，公司电商销售额突破2000万元，比2016年翻一番，推动了全乡现代化农业的发展。

等待分拣包装的百香果

村民为电商销售百香果分拣包装

电商销售带来的农副土特产品畅销及价格优势，激发了农民的种养热情，加快了贫困户脱贫致富的步伐，也为农产品的规模化生产奠定了基础。近年来，忻城县把百香果作为该县扶贫产业，在贫困村推行“基地＋农户＋合作社＋公司”的模式，建设了多个百香果种植示范基地，努力打造中国的“百香果之乡”，电商销售助推了该产业的快速发展。2016 年底，全县百香果种植面积达 1.5 万亩，2017 年全县 12 个乡镇新增种植百香果超过 2 万亩，仅欧洞乡就建成了 4 个百香果种植示范基地，全乡新种植百香果面积达 2200 亩。百香果成为忻城县农民增收致富的新兴产业，电商的助推功不可没。调研中，无论是政府工作人员、百香果种植基地负责人还是普通农户都认为，如果没有电商帮助销售，单靠本地批发零售，肯定不敢种那么多果。

在电商扶贫创新思维的指导下，2017 年忻城县电商中心在城关镇加海村、古麦村通过与浙江某信息公司的惠民“智慧乡村”项目结合，把浙江商会资源引到忻城，把忻城的生态产品展示到大都市，形成“智慧电商”扶贫新模式。2018 年忻城电商中心又将这一模式向其他乡镇推广，并借助智慧电商模式致力于打通信息渠道、物流渠道，在通过电商信息对接后，将城关镇加海村的香猪和遂意乡弄江村、弄尧村的山羊通过电商平台直销浙江，其中 2 月 8 日当天城关镇加海村销售香猪 39 头，遂意乡弄江村、弄尧村销售山羊 40 只，销售额达 14 万多元。“智慧乡村”项目走进忻城，遂意乡弄尧村弄尧屯山路崎岖，离乡里集市路途遥远，出行不便，此次通过智慧乡村电商平台销售山羊，当地老百姓受益最大。贫困户村民蒙某某一家一下就卖出 6 只山羊，收入 1 万多元，切实解决了销售的难题，同时这一“智慧电商”扶贫模式的全面推广，加快了全县脱贫攻坚和经济社会发展步伐，给农户带来便利及实惠。①

通过电商的扶持和培训，增加了贫困户的技术和技能，增强了贫困户的致富能力，有助于贫困户实现脱贫致富。忻城县思练镇沦贡村贫困户蓝某善自幼残疾，一直靠经营小卖部为

①忻城县人民政府门户网站：《忻城电商扶贫模式向乡镇推广，香猪、山羊再销浙江城市》，http：//www.gxxc.gov.cn/d/627cd1c9－c853－4cc3－accd－969f7f8fdf28.html。

生。2017年9月，忻城县电商及智慧乡村服务站点在思练镇招募电商合伙人，蓝某善经过培训面试成为电商服务站点的人选，由电商扶持配发电脑、电脑桌、打印机、电视机，再经过电商知识培训及电商工作人员指导，熟悉了网购流程及电脑操作后，开始为村民代买日用品及收发快递，并通过电商渠道销售思练米饼、百香果等土特产品，增加了收入，加快了脱贫致富的步伐。

农村电子商务解决了民族贫困地区商业基础设施匮乏、信息严重不对称、农民对接市场难的问题，减少了农产品流通的中间环节。流通成本降低了，农民的利润空间提高了，生产者与消费者之间的信息不对称也大大减少了，农民能够通过电商销售情况随时了解消费者需求的变化，及时了解市场动态，对农产品的生产、销售做适时调整，实现增收脱贫。壮族地区电商扶贫取得了明显的效果，成为精准扶贫的可行路径之一，为当地社会经济发展提供了持续的支持和动力。通过加强电子商务培训，支持农产品原产地网上直销，打造更多农产品品牌，探索农产品预售模式等电商途径，壮族地区经济发展潜力正在被激活。电商扶贫不仅推动了壮族地区加快脱贫攻坚的步伐，也促进了当地农业产业的转型升级。

（作者系广西民族研究中心副主任，研究员）

立屯精神、天等精神：脱贫致富的源泉

黄润柏

一、天等、道念与立屯：大山里的壮族人家

立屯是天等县道念村的一个自然屯。天等县位于广西西南部，县城距南宁直线距离125公里，县境与中越边境线最近距离9公里，享受边境县待遇。天等县地处大石山区，正如明代地理学家徐霞客所描绘的，其境内"石峰峭聚如林"，土地贫瘠、交通闭塞。全县山地面积1845.71平方公里，占总面积85.5%，耕地面积39万亩，人均耕地面积仅0.86亩，是典型的"八山一水一分田"石山地区，被列为国家连片开发"滇桂黔"石漠化综合治理片区。全县辖6镇7乡，124个村（社区），1310个自然屯。据第六次人口普查数据，天等县总人口42.92万，其中壮族人口42.46万，占总人口的98.9%。一直以来，受自然和历史条件等因素的影响，天等县经济发展缓慢，贫困人口多、贫困面较大，被列为新时期国家扶贫开发工作重点县。2015年底，全县共有贫困村54个，贫困人口91073人，贫困发生率21.31%。经过努力，2016年实现减贫24813人，8个贫困村脱贫；2017年实现减贫13599人，9个贫困村脱贫。目前，全县还有贫困村37个，贫困人口5.26万。2017年，全县生产总值完成62.08亿元，财政收入2.26亿元，规模以上工业总产值完成28.28亿元，规模以上工业增加值完成13.5亿元，固定资产投资完成74.34亿元，社会消费品零售总额完成12.2亿元，城镇居民人均可支配收入25285元，农村居民人均可支配收入9560元。

道念村位于天等县东北部，距县城11公里，全村辖念屯、新合、立屯、道屯、万屯、大屯、果屯、果岭8个自然屯，共1215户，4891人，全村耕地面积5923亩，以种植甘蔗、玉米、苦丁茶为主。劳务输出是全村的主要经济来源，富余劳动力长期外出务工人数1407人，2016年人均纯收入达6220元。道念村8个自然屯中有大屯、念屯、立屯、道屯等4个屯坐落在四面环山的山坳里，在没有打通隧道前，这4个屯的群众需要翻山越岭才能与外界接触。为了改变生存环境和改善生产、生活条件，从20世纪70年代开始，有群众自发组织开山凿路，形成了今天我们看到的全村8个屯就有5个隧道的情景。其中立屯隧道影响最大。立屯是道念村的一个自然屯，四面石山环绕、状如锅底，历史上曾与外界天然断隔，生活贫困。全屯131户，570多人。耕地面积697亩，全是旱地，零星分布在13个山弄里，土

地瘠薄，易旱易涝。“出门三道岭，看天来吃粮，大雨水齐腰，滴水贵如油。”这首歌谣形象地描绘了立屯人民过去艰苦的生产生活图景。立屯隧道于1973年开始开凿，历经24年人工开挖而成，塑造出“宁愿苦干，不愿苦熬”的立屯精神，被视为当代的“愚公移山”精神，影响广泛。1997年，人民日报头版整版先后两次刊登了立屯人开凿隧道的事迹。今天，立屯隧道已成为天等县艰苦奋斗，传承、发扬“宁愿苦干，不愿苦熬”精神的教育基地。

二、“宁愿苦干，不愿苦熬”，山路变通途

在隧道打通以前，行路难、住房难、喝水难、耕种难、上学难、就医难等一直困扰着立屯人民。

行路难。立屯人祖祖辈辈都生活在这个四面环山的山弄里，过去出行都必须翻过屯前的几座大山，山上的小路是崎岖的羊肠小道，历时2个多小时才能到达山外。由于山路崎岖难走，村民养殖的家畜很难运往外面的市场出售，家禽还没运到山外的市场就死去，肥猪在赶往山外市场的途中滚落山崖摔死之类的事情时有发生。由于山路崎岖、路途遥远，孩子们天不亮就要爬山外出上学，求学之路异常艰辛。

住房难。由于路不通，现代建筑材料运不进来，建筑机械也开不进来，立屯人只能住泥巴草房，用泥巴糊着稻草做成外墙，竹子编上茅草盖的房顶，屋内用几块木板把睡房、厨房和猪鸡鸭窝隔开，便成了住房。

喝水难。“肩挑背驮吃远水，天阴下雨吃脏水，人畜共饮一盆水。”过去，屯里仅有一个水源点，由于常年干旱，水源点的水根本无法满足全屯人日常用水的需求。立屯人只能翻山越岭到几公里外的水源点取水，然后用马或者驴驮回家中，一天要来回好几趟运水才能保证一家人的日常用水需要。喝水难犹如一座大山，沉重地压在立屯人的心头。

耕种难。立屯人祖祖辈辈依靠种植玉米等粮食作物维持生计，而立屯四面环山，耕地分散在半山腰和山脚下，贫瘠瘦薄。立屯人每年都要看天吃饭，碰上风调雨顺的年份，当年粮食的收成还可以勉强维持一家人的温饱。如果遇上旱涝灾害，造成庄稼减产或绝收，立屯人的生活就会陷入困境。过去屯里排水不畅，一下雨就很容易发生涝灾，造成山下的庄稼被水淹没，时常颗粒无收，立屯人一年的辛苦化为乌有，日子就过得更加艰难了。

就医难。由于屯里没有医生，平时只是凭着老人的经验吃些草药治些小病，遇到重大病情，屯里的人出去看病十分困难，外面的医生进山更是不易，立屯人往往就只能听天由命了。老人因小病而失去生命、妇女因难产而母子双亡、青壮年小病拖成大病、小孩因得不到及时医治而夭折等人间悲剧不时上演。就医难成为立屯人难以言表的痛楚。

穷则思变，变则通。1973年，从部队回乡任立屯党支部书记的赵德清同志，带领群众与大山抗争开辟出山通道，成为立屯人凿山开道的第一任支部书记。此后，立屯人每日三班，昼夜不停，展开了一场誓与大山试比坚的战斗。1984年7月12日，长460米，高、宽各2米的隧道凿通了，虽然汽车还无法通行，但基本实现了道通人行的目标。1986年，赵维

历时 24 年开通的立屯隧道

能同志担任立屯党支部书记，继承第一任支部书记的使命，组织立屯人对隧道再次进行拓宽拓高。1989 年，农世英担任党支书，继续带领立屯人并肩苦干，从隧道的两头同时开挖，结合凿洞开路与开凿地下泄洪排水道的需要，对隧道进行了更合理的加工改造。

在三任村党支书的带领下，立屯人子承父业，弟接兄班，锲而不舍，团结合力，历经艰辛，终于在 1997 年 3 月，凿通了一条长 460 米，高、宽各 4.5 米，集交通、排洪于一体的出山隧道。这条历时 24 年全凭人力艰苦开凿的隧道，耗费钢钎 2100 根，蜡烛 3.2 万支，人力车 426 辆，手电筒 366 支，凝聚了三任村党支书和全体村民的智慧和汗水，圆了立屯人祖祖辈辈的出山梦，结束了立屯人“出门必爬山，饱受旱涝灾害”的历史。

立屯人苦干兴屯的壮举，为我们展现了可歌可泣的“立屯精神”，那就是穷则思变、敢想敢干的自强自立精神；宁愿苦干、不愿苦熬的艰苦创业精神；坚忍顽强、同舟共济的团结奋斗精神；脚踏实地、锲而不舍的苦干实干精神。立屯人的奋斗历程，激励着全县人民解放思想，更新观念，与时俱进，开拓创新，为加快全面建成小康社会的步伐奠定了坚实的基础。1997 年，人民日报头版整版先后两次刊登了立屯隧道事迹，实属少见。现任立屯第一书记介绍，立屯隧道已成为天等县的艰苦奋斗教育基地，传承、发扬“宁愿苦干，不愿苦熬”的立屯精神的重要场所。

正如刻在立屯隧道入口的一副对联所言：“廿年凿石穿山不信我村无出路；百户同心协力敢夸立屯有前途。”如今，立屯人继续发扬“宁愿苦干，不愿苦熬”的精神，通过种植、养殖、外出打工等渠道，增加经济收入，逐渐走上了致富之路，同时立屯人继续齐心合力改造生活环境。现在的立屯，生产生活条件得到了极大的改善。

隧道打通之后，立屯人终于不用再翻山越岭就可以出山了。过去从屯里翻山外出需要 2 个多小时，现在从隧道走出去只需 10 多分钟。立屯还铺设了长 2 公里、宽 4.5 米的进村水泥路，同时硬化了屯内道路。2012 年底，乡党委、政府给立屯隧道装上了声控节能灯，隧道亮起来了，群众出行更加方便了。

为解决饮水困难的问题，立屯人集思广益，在屯里寻找新的水源点，挖了 6 口水井，解了吃水难的燃眉之急。后在县水利局的帮扶下，自筹部分资金，全屯男女老少齐上阵，在技术员的指导下，开挖土石方 800 多立方米，安装输水管道 3200 米，通过从独山村栏屯片饮水工程架设水管到屯里，彻底解决了立屯吃水难的问题。

为了保护立屯人的“养命地”，立屯投工投劳砌成高 1.2 米、宽 0.4 米、总长 6000 米的保土墙，共砌墙保土 616 亩，立屯的土地从此免受了洪涝之灾，粮食产量也提高了。为绿化村屯，立屯先后种下 2 万株长绿榕树、6000 株桑树、1500 多株果树，200 多株珍优树种，全屯四周的荒山秃岭变成了满目青绿，全屯人均林木面积达 6.9 亩。

现在，立屯建成了一栋教学楼，解决了孩子到山外上学路远的问题。为丰富村民的文化娱乐生活，立屯建成了占地 140 平方米的文化活动室，活动室里有远程教育设备、投影仪、图书、宣传板报等文化设施，还建成了篮球场、戏台，为立屯人了解外面的世界、提高科学文化水平、丰富精神文化生活提供了条件。

近年来，人们的收入有了大幅度增长。立屯每年有 200 多人到广东珠三角等地创业、务工，每年靠外出创业、务工带回来的资金达 100 多万元。留在屯里的村民则依靠种植玉米、黄豆、甘蔗、指天椒不断减贫致富，农闲时，还到崇左市江州区、扶绥县等地砍运甘蔗、做建筑，人均月收入达 5000 多元。现在，全屯 135 户中有 132 户建造了砖混结构楼房，告别了过去的泥巴茅草房。全屯有小车、三轮车、小四轮、面包车等交通工具 10 多辆，96%以上的家庭买了电视机，电冰箱、洗衣机、热水器等家电，群众的生活越来越好了。

如今，立屯已经跟贫穷告别，携手走上了富裕之路。“宁愿苦干，不愿苦熬”的立屯精神将激励着一代代立屯人继续前行，创造更加美好的明天。

三、“天等不等天，苦干不苦熬”，携手致富路

“宁愿苦干，不愿苦熬”的立屯精神是壮族人民坚忍顽强精神品格的积淀。多少年来，生活在这片土地上的天等人民在长期与恶劣的自然环境抗争的过程中，形成了与立屯精神一脉相承的“天等不等天，苦干不苦熬”的天等精神，这是壮族人民在建设和发展进程中穷则思变、敢想敢干、坚忍顽强、锲而不舍的生动写照，也是天等建设山区强县最持久、最深层次的精神文化力量，激励着一代又一代的天等人民顽强拼搏、勇往直前。在天等精神的感召下，天等县各级政府和广大民众齐心协力，不等不靠，苦干实干，想方设法拓宽渠道，为脱贫致富、推动全县经济和社会各项事业发展，实现全面建成小康社会目标做出了不懈努力。

（一）“扶贫车间”模式创新促脱贫

“扶贫车间”是天等县针对本县外出务工创业人员多、农村留守妇女多、有意愿返乡创业人员多的特点探索创建起来的，目的是让贫困家庭劳动力在家门口就可以实现就业。天等

县出台了《关于推进就业“扶贫车间”发展的实施方案》，鼓励返乡人员、致富能人、贫困户就近建立种养扶贫车间、工业加工扶贫车间、休闲旅游扶贫车间、贸易扶贫车间等。天等县创建的“扶贫车间”模式还引起多方媒体的关注，先后被广西日报、新华社、人民网、《瞭望》新闻周刊等报道。由于天等县“扶贫车间”发展模式效益明显，正在被越来越多的地方复制和推广。

扶贫车间一角

天等县的“扶贫车间”因地制宜，做到宜工则工、宜养则养、宜种则种、宜游则游，宜大则大、宜小则小，可集可散，形成了厂房式“扶贫车间”、居家式“扶贫车间”、合作社式“扶贫车间”等模式。在此基础上，深入挖掘其内涵和外延，逐步探索出以下五种发展模式：

1. 返乡创业发展型。越来越多外出多年的天等县成功人士拥有了资金、技术和经营门路、经验，在家乡的号召和优惠政策的吸引下，选择返乡创业，其中一部分人创办了“扶贫车间”，返乡创业型占据了“扶贫车间”的大部分。

在扶贫车间工作的妇女

2. 园区企业扩散型。园区扩散型“扶贫车间”主要是鼓励引导已入驻创业园的劳动密集型企业，顺应自身规模扩大的需求，在各村屯设立“扶贫车间”分厂，带动贫困户在家门口实现就业脱贫。比如，由都康乡返乡创业人士梁某红创办的天等县某饰品涂装设计有限公司，由该公司提供产品外包，在各村建立就业“扶贫车间”分厂，每天根据附近村屯产品加工需求量将待加工产品进行分发，晚上再计件回收，吸纳了更多建档立卡贫困户员工，增加了贫困户收入。又如，天等县某香猪生态养殖基地，常年雇请12名贫困人员在基地打工，另有短工、季节工30人。贫困户与养殖公司签订合同，利用小额信贷获得的资金入股养殖公司，公司每年以入股资金8%的比例分红给贫困户，提高了贫困户收入。目前，已有40户贫困户和公司签订入股协议，每户入股5万元，共计200万元。

3. 家庭作坊扩大型。天等县积极引导和扶持家庭作坊建设“扶贫车间”，并帮助其逐步延长产业链，培育形成自主品牌，扩大规模，提升发展，最终由“作坊式”发展成为真正意义上的“扶贫车间”企业。比如，上映某茶厂原本是一个简单的家庭式茶叶加工作坊，在政府帮助下转型为扶贫车间，员工由最初的一家5口人扩大到30人，其中建档立卡贫困户20人。转型后，茶厂各项业务迅速发展，形成白毛茶种植、加工、销售一条龙，并培育出了“永珍”白毛茶自主品牌，市场销路很好。

4. 外引内联配套型。主要是通过引进县内外企业和社会能人等，投资创办“扶贫车间”。比如，龙茗镇某公司养猪基地是天等县引进广西某股份有限公司投资建设，基地采用“公司＋贫困户”模式，吸纳贫困户以扶贫贴息贷款5万元入股，公司每年给予贫困户股金10%的分红5000元，三年后由企业负责返还投资本金给银行，预计可带动420户贫困户实现脱贫。基地用工优先雇用附近村屯的贫困户，每人年收入3.6万元左右，使贫困户稳定就业，尽早脱贫致富。

5. 网络平台拓展型。由县政府或相关部门支持创建电商贸易平台扶贫车间，采用“互联网＋物流＋农产品”的模式开展扶贫工作，主要是依托广西某资产管理有限公司架设的“空中农贸市场”平台，在贫困村设立“空店”扶贫车间，收购各地贫困户的农副产品、手工作品等，由“空店”总部分发销售到各社区。目前，全县54个贫困村均创建了“空店”扶贫车间，累计交易金额400多万元，涉及贫困户1600多户，每年可为贫困户增收3000—4500元。同时，利用中国人寿电商“惠生活”平台，设立中国人寿定点扶贫天等县产品特卖专区，免费展示销售贫困户特色优势农副产品。目前，天等县指天椒酱、把荷芋头、都康富硒香米、苦丁茶叶等特色农产品均通过“惠生活”平台销售，交易金额达500万元，受益贫困户约200户。

目前为止，天等县已推广创建“扶贫车间”130多个，带动1300多户贫困户在家门口实现就业增收，贫困户人均年增收1.5万元以上。“扶贫车间”助农脱贫取得明显实效。

（二）外出打工、经商

天等县是广西劳务输出示范县。全县每年有13万多人外出务工、经商，逐渐形成了“一乡一业”的全民创业格局，其中天等人在外创办的“天等版”桂林米粉店共有1500多家，旅馆400多家，走出了一条具有天等特色的农民工创业之路。2017年全县实现劳务经济总收入22亿元。

近年来，越来越多外出多年的天等县成功人士拥有了资金、技术和经营门路，在家乡的号召和优惠政策的吸引下，选择返乡创业，其中一部分人创办了“扶贫车间”，返乡创业型占据了“扶贫车间”大部分。不少扶贫车间已取得了初步成效，比如，位于天等镇百灵村的广星鞋面厂由返乡创业人士黄某某创立，其于20世纪90年代初，为了解决生计问题远赴东莞，利用多年在广东的人脉关系，成立了广星鞋面厂，专门制作品牌皮鞋、靴子鞋面，运往广东汕头精加工成成品鞋后，出口俄罗斯，年产值500万元。

（三）指天椒产业发展迅速

指天椒是天等的名特优农产品，所生产的指天椒肉厚籽少、色泽鲜红、醇香浓郁、辛辣异常，有“天下第一辣”美称，在天等已有300年的种植历史。1983年，天等县获得对外经济贸易部授予的“指天椒出口加工基地”称号；2003年9月，天等县被中国品牌宣传保护活动组委会授予“中国指天椒之乡”称号；2007年2月，天等指天椒被国家质量监督检验检疫局批准列为国家地理标志保护产品；2010年9月，天等县被中国东盟农资商会指定为中国-东盟指天椒节永久举办地。目前，天等指天椒年种植面积达6.5万亩，总产量达6.5万吨以上，产值近2亿元。

近年来，天等县指天椒产品加工能力不断提高。2011年，全县有指天椒加工企业10多家，其中注册商标的企业有6家，全县企业年加工鲜椒能力0.2万吨，主要生产辣椒酱和泡辣椒，年销售收入4000万元左右，年上缴利税50万元左右。

产品销售市场逐年扩大。天等县生产的指天椒，有90%以鲜椒或干椒形式直接向外销售，只有10%的鲜椒加工成辣椒酱和泡辣椒等产品。除了广西、广东、湖南、四川、云南、贵州等国内市场以及日本等国外市场之外，近几年逐步扩大到深圳、北京、上海和西安等市场。

（作者系广西民族研究中心副主任，研究员）

忻城县"旅游兴县"的实践

黄润柏

忻城县位于广西中部，行政隶属广西来宾市，属于典型的大石山区，全县辖 12 个乡（镇）130 个行政村（社区），2754 个村民小组，总人口为 44.08 万，其中农村人口 36.04 万，壮族人口占 90.92%。

忻城县是国家扶贫开发工作重点县，经过多年的反贫困努力，扶贫开发工作取得了阶段性成效。据来自县扶贫开发办公室的数据，至 2015 年底，全县农村贫困人口由 2011 年的 153485 人减至 80061 人，贫困发生率由 40.2%下降到 21.2%。2016 年，全县 6905 户贫困户 26303 贫困人口脱贫，4 个贫困村脱贫摘帽，贫困发生率减少到 15.06%。

一、旅游兴县的美好愿景

根据广西壮族自治区脱贫攻坚规划，忻城县被列为广西 20 个重点旅游扶贫县之一。为了充分利用好相关政策优势，结合本县的实际情况，忻城县制定了《蓝莓生态园旅游度假山庄》《上丹红水河景观公园旅游总体规划》《六纳村旅游扶贫规划》等 9 个旅游扶贫村旅游总体规划，不断完善和提升乡镇、贫困村旅游基础设施和配套设施，以促进乡镇及贫困村的特色农业、文化产业、旅游产业融合发展，促进旅游创业，以增加乡村旅游经济收入、提高村屯发展能力为重点，通过旅游扶贫整村推进与旅游精准扶贫相结合，深入推进旅游扶贫工作，大力实施"十村百户千元万人"工程，即通过发展旅游产业，争取到 2020 年，扶持 10 个旅游扶贫重点村发展旅游产业，增加 100 户农家乐或旅游商品销售户，旅游扶贫重点村贫困人口通过旅游业增收 1000 元，直接或间接增加旅游从业人员 10000 人，从而实现旅游扶贫重点村 60%以上的贫困人口脱贫，帮助其他贫困村 25%左右的贫困人口脱贫。通过以旅游产业为优势主导产业的发展思路，整合其他资源，统一规划，实现区域内资源的有机整合，产业深度融合发展和社会的共同参与，为发展旅游实现脱贫致富奠定坚实基础。

二、励精图治，努力推动旅游扶贫

在“旅游兴县”发展战略指导下，忻城县以创建“广西特色旅游名县”为契机，依托自然生态资源和地方特色优势，着力打造旅游特色鲜明、品牌突出的珠江——西江经济带上的节点旅游城市，多措并举，励精图治，努力推动旅游扶贫。

（一）以旅游大项目建设带动帮扶脱贫

第一，分批启动10个旅游扶贫村的旅游开发建设，投入750万元实施城关镇板河村、红渡镇六蝶村、六纳村、遂意乡弄江村、果遂镇同乐村等5个国家级乡村旅游重点扶贫村乡村旅游富民工程，目前工程已通过竣工验收。

第二，稳步推进忻城薰衣草庄园提升工程，按照时间推进花卉种植、特色美食街区休闲栈道、石头房休闲别墅游客服务中心及4栋别墅区主体工程建设。

第三，建设忻城百果大世界旅游扶贫项目，主要建设游客服务中心等基础设施，目前工程已通过竣工验收，同时继续推进冷水生态旅游项目、百果大世界、虎头山农家乐休闲中心、马泗乡蓝莓生态园、大塘三寨沟生态旅游区、神秘湖景区、星月谷清修文化特色小镇旅游项目以及红水河“百里画廊”项目。

第四，加强旅游扶贫村基础设施建设，加强对城关镇弄洪村弄洪屯、思练镇梅岭村仆佑屯、北更乡古利村古朴屯、果遂镇加书村长洞屯、欧洞乡冷水屯、红渡镇龙塘村水良屯等壮族聚居村庄传统建筑的修复、整治，保护具有民族特色的建筑风貌；加强旅游扶贫村内外道路建设，提高道路硬化率，目前各旅游扶贫村外部公路和主街均采用石砌、砂石铺筑等多种硬化方式，保持乡村的乡土气息和淳朴风貌，道路硬化率达到100%。

（二）通过旅游企业就业帮扶脱贫

首先，以发展乡村旅游为主要形式，通过旅游产业引导，为贫困人口创业、就业、增收提供平台，实现预期脱贫目标，通过旅游业带动多行业收入稳步增长，通过实施旅游脱贫工程，以“景区＋基地＋农户”集群发展为模式，帮助贫困农户运用各种方式参与旅游经营，将旅游和扶贫结合起来，以重点景区带动贫困户的就业，实现贫困户脱贫致富，如薰衣草庄园、大塘三寨沟吸纳贫困户就业达300人，月人均可获得2500元的纯收入。

其次，加大对特色商品的开发推介，在“互联网＋”的基础上搭建产品营销平台，加大对贫困村农副产品、乡土特色商品的开发推介力度。如马泗乡蓝莓生态园利用农副产品追溯系统，创建蓝莓等果蔬的互联网销售平台，打造电子商务扶贫示范点，年创利润200多万元，带动贫困户脱贫80户，脱贫人数406人。

（三）通过扶贫村屯旅游开发帮扶脱贫

首先，积极配合自治区旅游发展委员会发动区内具有资质的旅游规划、设计、咨询单位开展的“旅游规划扶贫公益行动”，为本县10个旅游扶贫村旅游开发免费设计蓝图，扶持旅游扶贫村发展。

其次，在建档立卡的基础上，对乡村旅游重点扶贫村进行再摸底调研，对有经营农家乐意愿的农户进行调查，优选出示范户。在具备条件的村庄，大力发展生态循环农业，扩大无公害农产品、绿色食品，如珍珠糯玉米、金银花、百香果、育肥牛、蓝莓、火龙果等优势特色产业园，在城关镇板河村打造旅游扶贫示范带，结合乡村农家乐、休闲农业示范点的辐射带动，增加周边贫困村贫困户的收入。目前全县已发展 12 家乡村农家乐（其中四星级 4 家），实现脱贫致富 320 户，脱贫人数 2136 人。

（四）以旅游技能培训引导进行就业帮扶脱贫

首先，采取办班培训、以会代训、实地考察等形式，重点培育一批旅游扶贫干部和旅游扶贫带头人。2016—2017 年组织安排旅游扶贫村的干部和带头人参加区、市旅游发展委员会组织的乡村旅游扶贫培训班 3 次。

其次，加强贫困户劳动力旅游业务技能培训，举办贫困村旅游实用技术培训班干部 1 期，包括经营管理、食宿服务、接待礼仪、传统技艺、导游解说、文艺表演、商品设计、农家乐经营等，增强贫困村劳动力的旅游业务技能。

（五）加强节庆旅游活动营销，积极推动新媒体的宣传推广

依托"壮族三月三"、"5・19 中国旅游日"、端午节、国庆节、中秋节等节假日，规模化举办极具地方特色的风情节庆活动，充分挖掘忻城民风民俗、民间绝技，向游客推介忻城、宣传忻城，吸引了中央电视台等知名媒体先后到忻城进行实地拍摄《乡村大世界》节目和端午节水上舞龙等系列民俗活动。同时深度挖掘壮乡土司文化、特色风情美食、别样风土人情，通过利用忻城旅游在线官方网站，电视新闻、微博、微信等技术手段，加强旅游网络营销以及对旅游扶贫村乡村旅游的宣传推广。2017 年的国庆节、中秋节，忻城电视台选送城关镇、欧洞乡的民俗活动上了中央电视台的《新闻联播》和《朝闻天下》。通过宣传策划和旅游活动营销，忻城知名度和美誉度大大提升。

目前，全县对外开放的景区（点）有薰衣草庄园、莫氏土司衙署、盘鹤岭森林体育公园、土司后花园、神秘湖、百果大世界、大塘三寨沟、马泗乡蓝莓生态园等 13 个。其中 4A 级旅游景区 1 个（薰衣草庄园），3A 级旅游景区 2 个（盘鹤岭森林体育公园、神秘湖景区）。此外还建成了四星级旅游饭店 1 家（忻城国际大酒店）及一些配套设施齐全的旅游饭店，莫曼壮锦源、土司御膳堂、红水河山庄、春满园农家乐、内城农家乐等一批乡村旅游区、农家乐也陆续建立起来，吸引了大量游客前来观光旅游。

三、旅游扶贫初显成效

近几年来，忻城县旅游接待人数和旅游收入在逐年增加。2012 年，全县共接待游客 100.2 万人次，旅游总收入 6.58 亿元；2013 年，接待旅游人数 140 万人次，旅游收入 8 亿元；2014 年，全县共接待游客 220.66 万人次，旅游总收入 13.26 亿元；2015 年，全县接待游客 280.7 万人次，旅游总收入 16.4 亿元；2016 年，全县接待游客 310.5 万人次，实现旅游总收入 23.02 亿元，同比增长 21.3%；2017 年，全县游客接待量 392.8 万人次，同比增长 26.5%，旅游总收入达到 31.6 亿元，同比增长 37.2%，其中仅 2017 年 10 月 1 日至 8 日国庆长假期间，忻城县就接待游客 32.84 万人次，同比增长 32.79%，旅游总消费 1.83 亿元，同比增长 47.49%。可以看到，经过 5 年的发展，忻城县的游客接待量和旅游收入都呈现快速增长的势头，旅游发展势头强劲。每年游客的增长速度在 20%以上，仅薰衣草庄园单日接待量就超过 4 万人次。薰衣草庄园是忻城旅游扶贫项目之一，自 2014 年薰衣草庄园开园以来，先后举办了“中国旅游日”广西美丽乡村游、相约忻城等活动，创下了旅游旺季单日接待量超过 4 万人次的记录。2015 年，薰衣草庄园被评为国家 AAAA 级旅游景区，2016 年被评为广西现代特色农业（核心）示范区。2016 年 1 至 12 月，薰衣草庄园接待游客 102 万人次，实现旅游总收入 6100 万元。2017 年，接待游客 118 万人次，实现旅游收入 9100 万元。

忻城薰衣草庄园一角（1）

忻城薰衣草庄园一角（2）

薰衣草庄园已成为吸纳贫困人口就业的大平台。薰衣草庄园需要大量人工为园区提供基础设施建设和维修、花草种植和维护以及景区运营服务等，平均每天用工 100 人左右。项目区周边有近 800 户贫困家庭，大部分是周边六华贫困村的村民以及城南移民新区的村民，通过在景区内务工，每人每月平均可获得 2500 元的纯收入。节假日在景区附近售卖自家的玉米、桑葚、玉米酒等土特产，也增加了农民的收入。同时庄园还带动了酒店餐饮、乡村农业观光等 40 多个农村“小微”项目发展，为了增加村民就业，县旅游局通过开展旅游服务技能培训，引导越来越多的周边群众直接参与旅游接待服务，吃上“旅游饭”。目前，仅薰衣草庄园旅游项目就带动周边乡村食宿、农业观光等40多个农村“小微”项目发展，间接增加就业人数3500多人，脱贫2400多人。

在实施旅游扶贫的过程中，一大批贫困农户的就业难题得到了解决，目前在景区工作的劳务人员中，贫困农户占30%以上。为了确保贫困村农户有收入，在有条件的景区还设立了贫困村管护区，例如在百果大世界景区，政府划出一片400多亩果园，专门让附近的加海村等贫困村农户到那里管护，贫困农户一边打工增加收入，又一边学技术增长知识。贫困农户在几个景区做工，平均每天至少有80元收入。通过旅游与扶贫项目联动，收到了“开发一处景点，繁荣一方经济，脱贫一批群众”的良好效果。

此外，忻城县还探索开辟“旅游＋生态”产业发展路径，建成了有重要影响力的百果大世界、马泗乡蓝莓生态园、欧洞乡林下松子鸡、城关镇珍珠糯玉米、北更乡八寨金银花、大塘镇三寨沟生态养殖等12个特色产业农业示范园，重点发展特色效益农业和特色旅游及农产品加工产业，为贫困人口实现稳定增收和脱贫致富搭建了良好平台。

马泗乡蓝莓生态园即是其中的典型。该园是由马泗乡返乡农民工致富带头人、马泗村党委书记欧某某于2009年9月成立的，占地面积650亩，420个大棚，由蓝莓生态园度假山庄、蓝莓种植示范基地、百香果种植示范基地、果蔬示范基地、生态茶园基地五部分组成。生态园成立以来，除了种植蓝莓、哈密瓜、西瓜、葡萄以及进行产品深加工之外，还栽种名贵树种2万多株，种植花卉7万多株，盆景4000多盆，每年可解决就业人口100多人。2016年，率先将龙图村贫困户纳入基地，解决贫困妇女就业26人，形成集现代农业观光和旅游于一体的核心示范区。生态园根据帮扶对象的特点和需要，落实帮扶措施：一是通过动员贫困户群众以出租土地给公司、以土地入股、协助贫困户办理贷款融资、引导贫困户发展特色种植，以产品加入公司等方式，参与到公司的经营之中，积极带动周边贫困群众尽快脱贫致富；二是通过“公司＋贫困户”的脱贫模式进行帮扶：贷款5万元入股公司的，每年底可分红4000元；每户获1000元优质苗木；对贫困户种植的百香果、蓝莓、糯玉米等农副产品

马泗乡蓝莓种植基地的蓝莓树

马泗乡蓝莓生态园一角

实行保底收购；免费给予技术指导；贫困户到公司务工，每月可获得保底务工费 2000 元/人。生态园成立以来，有力地促进了当地精神文明建设和经济社会发展，为当地贫困户的脱贫致富做出了重要贡献。2016 年，生态园规模从原有的 350 亩发展到了 3000 亩，年内累计带动全乡群众获益 1250 万元。

忻城县还通过加大宣传推介力度，在星级旅游购物店、景区游客服务中心、星级乡村旅游点设立贫困村农副产品、土特商品销售专区，积极引导游客消费，增加当地农民的收入。2018 年，忻城县旅游扶贫的目标是：努力实现接待游客 450 万人次，实现旅游收入 36 亿元，实现精准脱贫 3769 人。

实践证明，发展旅游产业是带动村民脱贫致富的重要途径。忻城县通过将旅游和扶贫结合起来，以“景区＋基地＋农户”集群发展为模式，帮助贫困农户运用各种方式参与旅游经营，实现了贫困地区乡村旅游业的可持续发展，让不少农民不离土、不离乡，就地参与旅游开发，既保护了乡村的原始生态，又实现了脱贫致富，可谓是民族地区乡村振兴的有效路径。

（作者系广西民族研究中心副主任，研究员）

宜州桑蚕业与循环经济的崛起

黄润柏

河池市宜州区位于广西西北部，这里山清水秀，景色优美，相传是壮族歌仙刘三姐的故乡。宜州区旧称宜山县，自汉代建县至今已有2100多年，1993年9月撤县设宜州市，2017年7月撤市设宜州区，隶属河池市。[①] 全区辖9镇7乡180个村委会30个社区，2583个自然屯，总面积3869平方公里，耕地面积4.1万公顷。根据2010年人口普查，全区总人口62.9万，其中农业人口52.2万，占83%。域内聚居着汉、壮、瑶、仫佬、水、毛南、苗等民族，少数民族人口占宜州区总人口的82.82%，其中壮族人口48.05万，占76.4%，是壮族主要聚居区之一。

一、宜州桑蚕业发展的足迹

宜州区气候温和，雨量充沛，自然条件优越，十分有利于蚕桑生产。宜州种桑养蚕至今已有470多年历史。据《庆远府志》《宜州志》《宜州市志》和其他历史文献记载，宜州种桑养蚕始于明代嘉靖年间，当时庆远府知府林庭构曾拨给公款扶持农民种桑养蚕，"以获商利"。光绪三十年（1904），庆远府知府王祖同兴办习艺所，培养宜州的织锦人员，以促进纺织业发展。民国初年曾举办蚕桑技术学习培训班，但未形成规模生产。新中国成立后，宜州桑蚕业得到持续发展，1964年从南宁引进1.2万合木薯蚕，每合1万只蚕，当年收到蚕茧1.5万公斤，同年建起了蚕种站。1966年，在宜州矮山乡纳赖、龙福、岳阳等村种桑170亩，次年扩种。1967年，全县有桑园700亩，收购得鲜茧1万公斤。1968年，桑园面积增至4800亩，产茧3万多公斤。1970年，县蚕种站和叶茂蚕种场合并为宜山县蚕种站，占地面积19650平方米，生产车间4000余平方米，催青室200平方米，生产冷库130平方米，蚕种保护室100平方米，质量检验室40平方米，原蚕生产基地5个，年可生产蚕种35万张。鉴于宜州桑蚕业的发展成就，1970年自治区在宜州召开了种桑养蚕现场会。

---

①由于行政区划多次变更，为方便叙述，对不同时期称谓"宜山县""宜州市""宜州区"，本文统一称为"宜州"或"宜州区"，特此说明。

1978—1988 年改革开放初期，宜州桑蚕业发展变化不大，桑园面积始终维持在 1500 亩左右。1989 年在“决不放松粮食生产，积极发展多种经营”的方针指引下，宜州桑蚕业进入了发展的快车道，桑园面积由 1988 年的 1560 亩扩大到 2800 亩，养蚕 8200 张，产茧 176 吨，创历史新高，茧丝行情亦一度高涨，不少蚕农开始尝到了种桑养蚕的甜头。统计资料显示，当年蚕农收入 166 万元，户均收入达 893.89 元，涌现出许多“暴发户”和致富村屯，因此引起了当时县政府的高度重视。1991 年，宜州相关部门考察了当时的全国种桑养蚕典型安徽省金寨县，目睹了该县群众种桑养蚕脱贫致富的事实，更坚定了迅速发展桑蚕业的决心，从此把发展桑蚕生产作为当地一项支柱产业来抓，同年成立了由有关部门领导组成的桑蚕领导小组，并成立了专门的蚕业机构——桑蚕办。在政府层面的高度重视和引导下，1992 年，宜州桑蚕业有了突飞猛进的发展，当年养蚕 1.5 万张，产茧 1250 吨，农民养蚕收入达 1000 万元。此后桑园以每年 5000 亩的速度递增，1995 年桑园面积已达 3 万多亩，养蚕近 10 万张，蚕茧产量 2600 多吨，农民养蚕收入达 3150 万元，收到良好的经济效益。1995—1996 年，因缫丝生产陷入低谷，蚕茧价格大幅下跌，桑蚕产业一度受到冲击。之后蚕茧市场放开，桑蚕业得以逐步复苏。1999 年以后，政府进一步加强行业管理，放开蚕茧市场，桑蚕产业得到迅猛发展，1999—2006 年，宜州桑园面积以平均每年 3 万亩的速度递增，到 2018 年 9 月，宜州区桑园面积达 36.19 万亩，荣获“中国蚕桑之乡”称号。

二、支柱产业的形成

自 20 世纪 90 年代以来，宜州区蚕桑生产规模逐年壮大。特别是 2006 年国家正式启动“东桑西移”工程以及 2009 年 8 月自治区党委、政府决定在宜州建设广西蚕桑茧丝绸产业循环经济示范基地，对宜州桑蚕产业的发展起了重要的推动作用。“东桑西移”工程是建设社会主义新农村的一项内容，它是以提高竞争力、推进社会主义新农村建设为目的，以调整茧丝绸行业和区域结构为主要内容，以市场导向、政策引导、科技创新、文化统领为手段的系统工程，主要是把种桑养蚕产业由东部向中西部转移，同时把东部现代农业生产理念、生产方式、生产技术，比如供应链理念、订单农业、先进技术、优良品种等移到中西部。这些理念、技术通过龙头企业的示范作用，逐步被农民所接受，并逐步改变西部农村传统的生产方式和生产技术，促进农村生产力发展。

2009 年 8 月，广西壮族自治区党委、政府响应国家“东桑西移”工程，决定在宜州建设广西蚕桑茧丝绸产业循环经济示范基地。宜州区紧紧抓住这一历史发展机遇，及时出台配套扶持政策，全面开放蚕茧流通市场，大力发展种桑养蚕业，蚕桑生产规模逐年壮大。

如今，宜州已发展成为我国重要的桑蚕产业基地。蚕桑产业成了宜州重要的支柱产业，覆盖全区全部 16 个乡镇 202 个村（社区），养蚕农户 9.24 万户 45.6 万人，占农村人口的 84.1%。境内拥有年产 30 万张的蚕种场 2 家，小蚕共育户 165 家，蚕桑类农民专业合作社 36 家，鲜茧收购站 257 家，方格簇厂等蚕具厂家配套齐全。2016 年，桑园面积达 33.87 万亩，

农户蚕房里养的蚕

正在加工的蚕茧

宜州生产的蚕茧

鲜茧产量达 5.65 万吨，农民养蚕收入 23.79 亿元，人均养蚕收入 7411 元，养蚕收入占到农村居民人均可支配收入 70%以上，桑蚕产业覆盖贫困村 100%，贫困户覆盖率达 51.99%。2017 年，宜州区桑园面积达 34.67 万亩，发放蚕种 148.4 万张，鲜茧产量 5.8 万吨，农民养蚕收入达 28.6 亿元，农民人均养蚕收入达 6272 元，占农民可支配收入的 60%，桑园面积和鲜茧产量连续 12 年保持全国县域第一。

2018 年 9 月，“宜州桑蚕茧”已获得农产品地理标志认证，农民种桑养蚕的积极性持续高涨。到 2018 年 9 月底，全区桑园面积 36.19 万亩，净增 1.52 万亩，养蚕量 145.4 万张，鲜茧产量 5.28 万吨，预计到下半年养蚕结束（11 月上中旬），全区养蚕量 150.1 万张，同比去年的 148.2 万张增加 1.9 万张，增加 1.3%，鲜茧产量 5.96 万吨，同比去年的 5.8 万吨增加 0.157 万吨，增长 2.7%，养蚕收入 29.68 亿元，同比去年的 28.6 亿元增加 1.08 亿元，增长 3.8%，产量、产值再创历史新高。全区小蚕共育率达 86%，方格簇使用率 100%，鲜茧上车率达 92%，平均解舒率达到 61%以上，净度达到 93—94 分，高于全广西平均水平。所产生丝 35%达到 5A 以上，90%达到 4A 以上。

种桑养蚕助农脱贫取得预期效果。通过给贫困户新种桑苗补贴，开展技术培训和实施小蚕共育试点示范、蚕房改造工程以及推广省力化养蚕技术、建立桑蚕高产高效示范片等工作，提高了贫困养蚕户的养蚕成功率，增加了贫困户的收入。全区已创建高产高效示范片 5 个，在贫困村中开展桑蚕产业技术培训 20 期，受培训贫困人数达 1099 人次，向贫困群众发放培训资料共4000多份。全区在安马乡的木塘屯、祥贝乡的桑麻屯及洛东镇的王格潘村屯实施了3个小蚕共育点，全年3个小蚕共育点向贫困户供应优质小蚕2482.75张。2017年，全区种桑养蚕贫困户有8694户，占全区贫困户的51.99%，参与种桑养蚕的贫困人口34776人，占全区贫困人口57909人的60.05%。养蚕贫困户桑园面积达22820.6亩，养蚕收入达1.8亿元以上，户均达2.1万多元。正如当地壮族山歌所唱：①

过去种植单打单，只种谷米在田庄；
油呀盐呀无钱买，只能路路通米缸。
单一种植真窝囊，生活过得好心伤；
其他收入又没有，唉声叹气住茅房，
长夜过去天会亮，雨过天晴出太阳；
党带穷人找富路，消除贫困有主张。
寻找富路党来帮，鼓励农民多种桑；
种桑养蚕收入大，来钱又快又稳当。

宜州茧丝绸加工产业也得到了快速发展。2004年，宜州市城西工业园区开园后，嘉联、恒业、茂源、金宜等茧丝加工企业陆续进园开工生产。2006年9月，恒源达公司生产出第一匹真丝绸面料，2008年初又生产出织绸经线丝，两项均填补了广西丝绸生产的空白。

桑蚕产业综合利用如桑杆食用菌、蚕沙无害化处理及利用逐步发展，蚕种生产经营、蚕茧收购秩序等环节的管理不断完善，实施“优茧工程”促进了产业发展的量和质同步提升。2017年，宜州区桑蚕生产、茧丝绸加工及资源综合利用总产值达到48亿元以上，桑蚕生产规模连续12年保持全国县域第一，茧丝加工和桑蚕资源综合利用继续保持全广西县域第一。

三、循环经济的崛起

随着桑蚕产业的发展，宜州区通过“龙头企业＋合作社（协会）＋基地＋养蚕专业户（养蚕大户）＋贫困户”的生产经营模式，加大了桑蚕副产品的综合利用，以桑蚕茧丝绸产业为代表的循环经济模式，既推动了桑蚕产业迅速发展和当地经济的良性发展，又加快了当地农民脱贫致富的步伐。

（一）茧丝绸加工

宜州现已建成以茧丝绸加工为主的丝绸特色工业园区，引进了壮歌、嘉欣丝绸园、桂华丝绸等企业和项目。据工信局、统计局及桑蚕茧丝绸协会统计，2016年，宜州区茧丝绸加工企业达20家，其中缫丝厂17家，自动缫丝机272组；织绸企业3家，织绸机40台（套），宜州区内所产干茧75%以上可以就地加工。2016年，全区生产白厂丝4491.5吨，坯绸400万米，蚕丝被20万床，茧丝绸加工业产值突破16亿元。2017年，全区生产白厂丝

①笔者于2018年11月6日在河池市宜州区德胜镇上坪村实地调研所得。

自动缫丝

缫丝厂生产的生丝

4600吨，产值16.5亿元；坯绸300多万米，产值超4亿元。全年丝绸企业总产值超20亿元，白厂丝产量、茧丝绸加工能力继续保持广西县域第一。

经过多年的实践，宜州区茧丝绸加工技术获得突破，自动化上蔟、轨道省力化喂蚕、自动取茧器等先进机具的推广和使用在全区属于领先地位，同时产品品牌普遍得到了认可。刘三姐桑蚕高效生态产业核心示范区被认定为“自治区四星级现代特色农业核心示范区”；恒业茧丝有限公司的图形商标、嘉联丝绸股份有限公司的“绮源”“南方丝缫”商标、皇家瑞禧蚕丝坊有限公司“皇家瑞禧”商标、宏基茧丝绸有限公司“刘三姐”商标等5个商标获“广西著名商标”；嘉联茧丝及其制品、东方丝路丝绸有限责任公司“丝路印记”牌生丝、宏基茧丝有限公司“宏基丝业”牌白厂丝及“刘三姐”牌蚕丝被等3个公司的产品获评为“国家生态原产地保护产品”；“谊人”“宜桑”2个品牌凤尾菇荣获广西“无公害农产品”认证，“谊人”“廖哥山”“宜桑”3个品牌桑枝秀珍菇荣获“广西富硒农产品”认证。2017年，宜州区蚕桑茧丝绸农业产业化龙头企业12家，其中国家级1家（恒业公司）、省级4家、市级7家。

（二）桑蚕资源综合开发利用

近年来，宜州区桑枝、蚕沙、下茧等蚕桑资源综合开发利用取得良好效果，2017年有相关加工企业15家。

1. 蚕丝被生产。2017年各加工企业利用缫丝下脚料、下茧加工生产蚕丝被达20.8万床，产值3亿多元，初步形成了如“刘三姐”“南方丝巢”“壮歌”等地方知名品牌。

2. 蚕沙处理和利用。蚕沙无害化处理对桑蚕产业的可持续发展至关重要，未经处理的蚕沙随意倾倒到田地或沟渠、河流，容易造成桑蚕病虫害多、环境污染等问题。因此宜州区政府相关部门及当地桑农对蚕沙治理积极应对，一是积极兴建蚕沙池，二是引进蚕沙收集加工企业，将蚕沙加工成有机肥，变废为宝。截至2018年9月底，结合“美丽宜州·宜居乡村”活动，已有刘三姐镇中和村下邓屯建屯级蚕沙池1个，怀远、安马、同德三个乡镇群众自建小型蚕沙池111个，全区群众自行无害化处理蚕沙约7万吨。此外，蚕沙加工企业已建成年产3万吨蚕沙生物肥的生产线，全部开工后年可处理蚕沙约15万吨，至2018年9月收

蚕沙无害化处理中心

刘三姐桑蚕丝绸文化展示中心

集处理蚕沙约1万吨。预计到11月初，全区群众和企业共无害化处理蚕沙约10万吨，蚕沙无害化处理率达到28.5%以上，蚕沙的无害化处理和综合开发利用率逐年提高，养蚕环境进一步好转。

3.桑枝、桑叶、桑葚的开发利用。宜州区从2008年开发利用桑枝为主基质栽培秀珍菇、灵芝等各种食用菌，经多年不断创新，形成了独特的“小规模、大群体”新型特色工厂化产业运行模式。据统计，2017年全区有桑枝秀珍菇小工厂生产企业15家，生产过程大多实现机械化、半机械化，比传统手工操作每棒降低成本达45%以上。2016—2017年，宜州栽培桑枝食用菌410万平方米，产鲜菇2.4万吨，产值2.25亿元。2018年1—9月，全区共生产食用菌5628万棒，其中桑枝食用菌5620万棒，产鲜菇1.52万吨，产值1.5亿元。预计2018年食用菌产量8500万棒，产鲜菇1.7万吨，食用菌产值1.7亿元，其中桑枝食用菌产值1.24亿元。各企业生产的食用菌品质优良，有2家获有机产品认证，3家获无公害产品认证，3家获得天然富硒产品认证，98%的产品远销广州、深圳、武汉、长沙、南宁等区内外主要市场及周边县市。桑枝秀珍菇是桑枝食用菌中的主要产品，产量处于全国前列，居广西第一位，2017年生产桑枝秀珍菇企业（合作社）有7家，年生产量达8500万棒，产值1.31亿元。

此外，宜州区还引进高科技企业，利用桑枝开发现代天然抗糖尿病中药“桑枝生物碱”，利用桑叶、桑葚生产桑叶茶、桑叶固体饮料、桑叶面、桑葚酒等产品，形成新的产业循环经济增长点，蚕桑资源综合利用成效广西行业领先。2017年，宜州区蚕桑资源综合利用产值达5.5亿元，蚕桑资源综合利用能力继续保持广西县域第一。

（三）新业态迸发

目前，宜州区围绕桑蚕业而兴的商贸、旅游、服务等新业态正在蓬勃发展。东盟国际茧丝绸交易中心、广西大宗茧丝交易市场、嘉欣丝绸园先后落户宜州；成立了茧丝绸企业科技孵化中心、电子商务协会；建成了电子商务运营服务中心1个、电子商务示范基地2个，电子商务孵化基地1个，村级电子商务服务站145个，电商企业15家，网商200多个，快递公司13家，从事蚕丝被等丝绸产品和特色农产品经营销售，2017年交易额5000多万元；建有蚕桑工业AAA级旅游景区1个；重点龙头茧丝企业在杭州、南宁、桂林、柳州等区内外城市开有实体店8家。新业态的兴起为宜州桑蚕业的进一步发展和桑蚕产业链的进一步拓展打下了坚实的基础。

目前，宜州区已形成“桑—蚕—茧—丝—绸”和“桑树（果）—食用菌—桑叶茶—桑叶固体饮料—桑果酒—药物（桑树生物碱）”“蚕沙—有机肥”“下茧（废丝）—蚕丝被”及蚕蛹等产品，以及终端产品线上（电商）线下（实体店、展销店）销售的产业链。宜州桑蚕产业已呈一二三产业融合发展的良好格局，成为行业标杆。2017年，宜州区蚕桑生产、茧丝绸加工、资源综合利用及电商销售总产值达60亿元以上。

经过多年的发展，宜州区桑蚕业发展成为引领当地经济发展、带动农民脱贫致富的重要支柱产业，成为广西第一大白厂丝生产基地县（区），先后荣获广西桑枝食用菌产业发展“十强县”、广西“十佳”桑蚕生产基地县市、“中国循环经济优秀品牌城市”和“中国优质茧丝生产基地”等荣誉称号。

亲身感受宜州桑蚕茧丝绸产业发展的最新成果，目睹宜州创建国家级桑蚕苗丝绸生态原产地产品保护示范区和国家级现代农业产业园的努力，追溯宜州种桑养蚕的悠久历史，展望宜州桑蚕茧丝绸产业发展的美好前景，我们为宜州打造“中国丝绸新都”宏伟目标的巨大魅力喝彩！我们有理由相信，宜州桑蚕业的明天会更好！

（作者系广西民族研究中心副主任，研究员）

弄拉奇迹——“绿水青山就是金山银山”的生动现实

黄润柏

一、弄拉：从贫困与石漠化到美丽富饶

弄拉是一个位于海拔600多米的山区小村屯，是广西马山县古零镇古零村的一个自然屯，距县城23公里。弄拉屯所处的区域属典型的大石山区，全屯25户共150多人，散居在大小不同的10多座山头上，全屯耕地只有46亩，人均耕地面积不足0.4亩。“地无三尺平，山无三寸泥”，贫瘠的土地零星分布在嶙峋山石之中，村民祖祖辈辈依靠种植山地玉米和采伐、变卖山上林木及野生药材维持生计。过去，村民辛劳一年所得的收入还不够一家人半年的口粮，日子过得非常艰苦。由于不通路不通电，村民所需的生产生活物资，全靠肩挑背扛爬山1个多小时才能运回家。村民日常燃料都靠烧柴，照明全靠煤油灯。而由于收入来源有限，生活贫困，人们不得不砍伐山上的树木换取粮食，到20世纪60年代初，山上的树木几乎被烧光、砍光、卖光，曾经树木茂密的弄拉山，只剩下光秃秃的石头，整个地区的石漠化日益严重。

据当地老人说，弄拉人的祖先在清朝乾隆年间来到弄拉定居时，这里古树参天，小溪长流，鸟语花香，非常适合人居住。后来随着人口的增加，资源环境的压力越来越大，加上特殊时期“大炼钢铁”，连续砍伐树木达两个多月，山上树木几乎被全部砍光，植被遭到了严重破坏。基岩裸露，绿水青山变成了大石山，水土流失严重，旱灾、涝灾、滑坡等灾害频繁发生，弄拉人的生活陷入困境，曾一度想要搬迁到屯外去。但权衡再三，弄拉人终究故土难离，于是想方设法，重新建设这片祖宗辛苦开垦并付出了几代人心血建设而成的家园。

从20世纪60年代初开始，为了重建家园，弄拉人想尽各种办法，努力让受伤的青山恢复昔日的美丽容颜。

一是实行封山育林。禁止本村和外村人随意上山砍伐树木，并派出多名青壮年男子日夜巡逻，一经发现违约者，处以罚款、扣工分等惩罚。

二是订立村规民约，保护山林。1967年制定的村规民约规定：

> 一、严禁在本队山林乱砍滥伐柴火、竹、木、果树，砍一棵，队里的人扣工分5—10分，队外的人罚钱5角至10元；二、严禁带火种进入山林，一（经）发现，罚工分

2—5 分，队外罚（款）1 元；三、严禁在本林区内用火，如烧蜂扫墓等用火的，务必开好防火道，监视火灭后方可离开；四、不慎被火烧山的，按过火面积计算，本队的人每亩扣工分 50 分，外队的人罚钱 30 元，并统统（通通）罚种，被烧一棵种十棵，保种保活，不活者补种，严重的交政法机关处罚。

以上名条本队社员及外队人必须遵守，互拥监督，举报奖励，保护我队山林资源，造福子孙万代。（如图）

此后不断修改细化的村规民约中还约定，村民如因制作生产工具、生活用具等需要砍伐树木来使用的，每砍 1 棵树，必须先种下 6 株树苗并保证成活；每户每个劳动力每年要种 10 蔸竹子，多种不限。村规民约既顾及长远也考虑了村民的眼前利益，如种竹造林可谓一举两得，因为竹子长得快，种下两三年即可出售，既保护了山林又增加了收入，满足了村民维持生计的实际需求。

三是加强用火防火安全教育。火灾对于石山地区的生态破坏是致命的，老人们说，被火烧过的石头山，树木过几十年都难长起来。因此，弄拉人对用火安全格外重视，除了村规民约有用火防火安全条款规定外，村中的大会小会、日常生活中也经常进行宣传教育，做到男女老少均知晓，用火安全意识深入民心，有效预防了火灾的发生。新中国成立以来，弄拉屯从未发生过一起森林火灾。

四是采取各种措施，减轻燃料使用对山林的压力。按照规定，村民只能上山捡拾枯枝败叶做柴火，不得砍伐树木。而历代

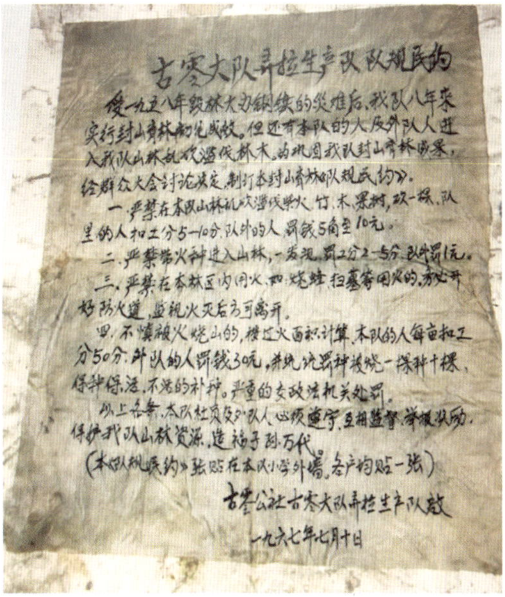
古零大队弄拉生产队队规民约

受一九五八年毁林大办钢铁的灾难后，我队八年来实行封山育林初见成效。但还有本队的人及外队人进入我队山林乱砍滥伐林木。为巩固我队封山育林成果，经群众大会讨论决定，制订本封山育林《队规民约》。

一、严禁在本队山林乱砍滥伐柴火、竹、木、果树，砍一棵，队里的人扣工分5—10分，队外的人罚钱5角至10元。

二、严禁带火种进入山林，一发现，罚工分2—5分，队外罚1元。

三、严禁在本林区内用火，如烧蜂、扫墓等用火的，务必开好防火道，监视火灭后方可离开。

四、不慎被火烧山的，按过火面积计算，本队的人每亩扣工分50分，外队的人罚钱30元，并统统罚种，被烧一棵种十棵，保种保活，不活的补种。严重的交政法机关处罚。

以上各条，本队社员及外队人必须遵守，互相监督，举报奖励，保护我队山林资源，造福子孙万代。

（本《队规民约》张贴在本队小学外墙，各户均贴一张）

古零公社古零大队弄拉生产队启

一九六七年七月十日

弄拉屯 1967 年制定的队规民约

昔日石漠化的弄拉山如今树木葱茏

以来弄拉人习惯用柴薪生火取暖，做饭烧菜。不让砍柴，生活何以继续？弄拉人想出了多管齐下的办法：第一，家家建起省柴灶，改变祖辈沿袭的三块石头垒成的灶消耗大量柴薪的传统做法；第二，全屯户户建起了沼气池，弥补了柴薪的不足；第三，鼓励有条件的人家使用液化气。

五是积极开展植树造林。村里的老人说，是树涵养了水源，是水造福了后世，树是他们的“衣食父母”，水是他们的生命源泉，因此，村民们无论男女老幼都积极参与植树造林，而且持续多年，不曾中断。

弄拉人在保护山林的同时逐渐发展种植了适应石山地区生长的树木、竹子、果树和各种药材，在艰难的探索中走出了一条适合喀斯特山区可持续发展的“山顶林，山腰竹，山脚药和果，地上粮和桑”的立体生态发展模式，形成了“以林为主、林果结合、套种药材、综合经营”的绿色经济发展新格局，使原来的石漠化山区变成了一片绿洲，弄拉屯成了人与自然和谐发展的典范。

自 1961 年以来坚持封山育林，经过几十年的努力，弄拉形成了以枇杷、黄皮果、李果、柑橘、柿子、龙眼等为代表的水果基地和以金银花、两面针、土党参、苦丁茶、青开葵为代表的药材基地以及以竹子、任豆树、椿树等为主的石山区用材林基地。到 2000 年，弄拉屯森林覆盖率达 90%以上。如今，150 多人的弄拉屯，拥有果树 650 多亩、药材 500 多亩、用材林 790 多亩，种植的中药材多达 200 多种。在药材种植、自然生态保护、造林绿化等方面取得佳绩，原来恶劣的大石山区环境，变成了一片绿洲，成为天蓝地绿水净的美丽乡村，被评为“中国西南石山地区生态建设示范点”。

弄拉景区大门

弄拉景区

弄拉景区停车场

二、“绿水青山就是金山银山”的生动现实

2017年，党的十九大首次将“必须树立和践行绿水青山就是金山银山的理念”写入大会报告；大会新修订的《中国共产党章程》总纲中明确指出：树立尊重自然、顺应自然、保护自然的生态文明理念，增强绿水青山就是金山银山的意识。

近60年来，弄拉人在实践中将“绿水青山就是金山银山”的理念化为生动的现实。经过长期的护山养山行动，弄拉已由原来的严重石漠化山区变成了一片绿洲，美丽宜居的环境和富足的生活随之而至。如今全弄场森林覆盖率达95%，先后被评为国家级“药材自然保护区”和国家级、自治区级“自然生态环境保护区”、全国“造林绿化千佳村”等，是南宁市石灰岩地区植被和生态环境保护较为完整的地区，每年吸引众多的旅游爱好者慕名而来。

绿水青山不仅成为弄拉屯以及马山县的金名片，而且成为弄拉人的摇钱树、聚宝盆。2008年12月，弄拉屯成立了广西首个由农民自发组织的旅游专业合作社——马山县弄拉旅游专业合作社，全屯23户农户自愿以耕地、山林承包经营权入股参与旅游项目开发和公司经营管理。合作社现承包耕地307公顷，山林近200公顷。弄拉将“立体农业生产模式”转变为“生态旅游业为主的生产模式”，是一个巨大的变革。

为解决群众行路难问题，合作社理事长李荣光积极自筹资金，带领群众在悬崖陡壁劈出了一条宽5—7米、长7公里的通屯道路，2001年出资100多万元，硬化道路近3公里；在建设弄拉旅游专业合作社过程中，自筹资金3000多万元，扩建进屯公路、平整土地和建设饮水池、普陀寺景点、弄拉旅游服务中心等基础设施，弄拉生态旅游景区已初步建成。

多年来，弄拉人整合生态资源，平整土地，建设山门，完善饮水设施，开辟了长近10公里的进山和环山观景水泥路，建设了一个双层钢筋混凝土结构近2万平方米的停车场，还建设了宾馆，打造了普陀寺等10多个景点，旅游收入不断提高。2012年，弄拉屯农民人均纯收入从1990年的328元提高到6000多元，全屯贫困人口实现全面脱贫。2013年，全屯人均纯收入达到7000元。2015年以来，弄拉年均接待的游客人数超过30万人次，餐饮收入和农特产品销售年均收入超过60万元。到2017年，弄拉居民人均可支配收入达19260元。

石漠化成功治理的立体生态保护和旅游开发和谐发展的“弄拉模式”于2010年4月经新华社报道后，得到中央和自治区有关领导的高度重视，人民日报、新华社、中央电视台等国家及广西主流媒体集中报道，向全国宣传推广。2010—2011年，弄拉旅游专业合作社理事长、党支部书记李荣光两次应邀到中央电视台录制“又是一年春来到”全国“两会”特别节目，向全国农村推介“弄拉模式”，李荣光本人荣获2011年度“中国农村新闻人物”开拓创新奖。

弄拉屯所属的马山县采取了一系列有效措施，投入大量人力、物力、财力，动员了一切可以动员的力量，推介和培育了“弄拉模式”。马山县位于广西中部偏西，居红水河中段南岸，大明山北麓。壮族人口占总人口的74.8%，是国家扶贫开发重点县。境内多山，东部

多大石山，西部多丘陵。山体自然坡度大，岩石风化强烈，地质复杂而且十分脆弱，是广西喀斯特地貌的典型代表和广西石漠化严重的县份之一。多年来，马山县历届党委政府坚持以水土流失综合治理为核心，以提高水土资源永续利用增加农民收入为主，把石漠化治理与扶贫开发有机结合起来。

2008年开始，马山县以弄拉模式为榜样，在全县范围全面推行石漠化综合治理，39个村委会全面开展石漠化综合治理试点示范工程，并取得显著的效果。从2011年开始，马山县由试点县转入综合治理重点县。2008年至2012年，全县岩溶地区石漠化综合治理项目总投资3554万元，主要通过七大工程实施：

一是封山育林、植树造林。在东部石灰岩石山区，大力倡导封山育林，严禁砍柴、挖树根，加强对石山植被的管护。截至2012年底，马山县累计封山育林面积135万亩，石山植被覆盖率达60%以上。

二是退耕还林。2002年以来，马山县荒山造林面积6.6万亩，退耕还林面积3.2万亩，其中石山地区退耕造林面积1.9万亩，大大减少了对地表土层的破坏，减少了水土流失，从而有效地遏制了石漠化的发展。在人工造林中，大力发展竹子、水果、金银花等经济林木，截至2012年底，全县种竹面积达6832.5公顷，果林2.82万亩，金银花5万亩，既增加农民收入，又提高了森林的覆盖率。

三是水土保持。在全县范围内实施水土保持培肥沃土工程，全县砌石墙保土坡改梯地面积累计1.15万亩，治理水土流失面积12.31平方公里，每年减少土壤流失2.01万吨，土壤保肥26.13吨，涵养水源30万立方米，有效地减少了沟谷的冲蚀和水土流失，保持了土壤肥力，提高了单位面积粮食产量。

四是发展生态能源。发展沼气池等生态能源，是该县石漠化治理的一项治本措施。截至2012年底，马山县共推广沼气池5.2万多座，更新省柴灶、煤灶9.3万户，安装太阳能热水器300户。新能源的普及和推广，大大减少了薪柴消耗量，有利于保护森林，增加森林覆盖率。

五是生态养殖。为解决畜牧放养与封山育林之间的矛盾，马山县积极引导生态养殖。截至2012年底，该县共建造标准畜舍1.5万多平方米，青贮池5000立方米，种植牧草1200亩，青贮、微贮、氨化秸秆1250吨。通过种植优质牧草等，促进圈养羊业向规模化、标准化、产业化发展，使石山区人民生态效益和经济效益得到均衡发展。

六是实施饮水工程，解决人畜饮水难问题。由于石漠化山区山地岩石裸露率高，贮水能力弱，缺水严重，饮水困难，截至2012年底，全县共建家庭水柜1390个，乡村人饮工程468处，基本解决石漠化地区人畜饮水难问题。

七是生态移民。对于居住环境恶劣，人地矛盾突出的地方，结合扶贫开发，进行生态移民。截至2012年底，全县共向县内县外、省内省外生态移民1014户，共5008人。移居后的村民，生产生活条件大为改善，生活水平大幅度提高，同时极大地推进了石漠化治理进程。

通过弄拉模式的推广及全面综合整治，马山县森林覆盖率逐年提高，石漠化面积不断减少，目前已经成为南宁市森林覆盖率最高的县份。石漠化治理工作取得了显著成绩，昔日环境恶劣的大石山区成为绿树丛生的秀美山川，马山县被列为全国生态示范区。生态环境的改善不仅带来了生产、生活条件的变化，还成为山区群众脱贫致富、增加收入的重要渠道，全县森林覆盖率从2005年的36.3%提高到2015年的62.96%，石漠化面积从2005年的48181.8公顷减少到2015年的33379公顷，农民人均纯收入从2005年的2081元提高到2015年的6664元。

如今，弄拉屯乃至马山县石山地区逐渐发展成为天蓝地绿水净的美丽乡村，这里的生态旅游景区和美丽新农村吸引着越来越多的游客前来旅游观光。可以预见，在不久的将来，这里的环境会更美，人们的生活也会更加富足。

（作者系广西民族研究中心副主任，研究员）

何伟的果子狸情缘

刘克俊　袁丽红

说起果子狸，相信很多人都不陌生，但在日常生活中真正与果子狸接触的人并不多，而把养殖果子狸当作事业来做的人就更少了。果子狸，学名花面狸，属于食肉目灵猫科花面狸属的一种珍贵的野生动物，主要栖息在森林、灌木丛、岩洞、树洞或土穴中。果子狸人工养殖是近些年兴起的一个特种养殖项目，广东、广西、海南、福建、江西以及北方部分地区都有人工养殖。何伟就是其中一个果子狸养殖专业户。

何伟的桌丰果子狸养殖场位于横县六景镇木塘村，是2018年下半年刚从南宁市江南区苏圩镇定计村的养殖场搬到这里的。基地占地面积约15亩，其中狸舍占地面积约12亩，新的狸舍全部采用钢筋结构。基地现还在建设当中，建好后可以养殖10000只果子狸。狸舍内的养殖笼是何伟亲手设计制作的方便喂食和清洗的果子狸养殖专用笼子，喂食时无须打开笼门，狸舍内还装有自动饮水设备和半自动化冲洗设备，既干净卫生又省时省力。目前，基地里有存栏果子狸1000多只，正计划进一步扩大养殖规模，力争建成广西规模最大的果子狸养殖场。

建设中的狸舍

建设中的员工宿舍

何伟从事果子狸养殖已经20多年，说起果子狸，他感慨良多。何伟原是糖厂的一名工人，2014年之前他一边在糖厂工作，一边养殖果子狸，后来辞掉了糖厂的工作，一心一意经营果子狸产业。这期间既有成功的喜悦，也有挫折与失败。何伟养殖果子狸始于一个偶然的机会。1998年8月，因

果子狸立体养殖笼

为办事路过南宁市的上尧农贸市场，他进去后发现里面有很多野生动物售卖，一时好奇就过去看，当看到果子狸的时候就被它给迷住了。于是就跟卖果子狸的老板详细地了解果子狸的售卖情况。当时野生果子狸每斤 72 元，一只八九斤重的果子狸就要 600 多元，而他一个月的工资才 700 多元。于是何伟就萌生了养殖果子狸的念头，如果能养殖果子狸成功，肯定很有发展前景。虽然有了养果子狸的想法，但刚开始不知从何入手，也不知道哪里有种苗卖。1998 年 10 月，何伟在《广西科技报》上看到一则湖北通城有果子狸种苗售卖的消息，于是和朋友马上坐火车赶到湖北。本来打算买 12 只果子狸种苗，但在那里等了 8 天，结果只买到 3 只带回来。何伟把这 3 只果子狸当宝贝一样放在精心准备的木箱子里饲养，但因为没有经验，第三天就有一只果子狸出现了拉稀的情况，后来发展成便血，死了。过了十多天，因为喂料时没有关好笼门，结果有一只果子狸跑掉了。剩下一只养到第二年的 5 月，发现它很圆很肥胖，拿到上尧农贸市场去问，才知道这是一只老狸，而且是北方的品种，最后只能以每斤 60 元的价格卖掉。何伟第一次养殖果子狸以失败告终，总共损失了 7000 多元。

第一次养殖的失败并没有让何伟放弃。1999 年 10 月，他看到报纸上说容县黎村镇有一个老人养了 30 头果子狸。于是他马上坐车到容县，向老人请教养殖方法和技术，并花了 2600 元买了一对果子狸回来饲养。2000 年，他又到大新县花 6000 元买回来 6 只果子狸。到 2001 年，其中一只母狸配种后成功产下 2 只崽，果子狸养殖取得了初步

果子狸

防疫前的准备工作

成功。何伟了解到当时广西农学院有广西最大的果子狸养殖场，便去那里考察，又买回来12只种苗，并建了4间房子专门用于养殖果子狸。到2003年5月，总共养有大小果子狸50只。但随后爆发了“非典”疫情，果子狸当时被认为是“非典”的传染源，果子狸养殖因此陷入了绝境。何伟身边的朋友都避开他，仿佛他也带着“非典”病毒，生怕跟他接触就会被传染上“非典”。那段时间果子狸不但卖不出去，连送人都没有人要，个个避而远之。虽然“非典”疫情将果子狸养殖业打入谷底，人人谈“狸”色变，但何伟并没有放弃，因为他太喜欢果子狸了，所以一直坚持着。两年后“非典”疫情平息，果子狸人工养殖行业逐渐复苏。

2010年，国家林业局放开果子狸养殖审批，果子狸种苗需求量激增，价格上涨，有丰富养殖经验的何伟迅速扩大养殖规模。2010年，何伟的养殖场有400多只果子狸，当年他卖种苗就获利20多万元；2011年，他卖种苗又获利40多万元。俗话说：“天有不测风云。”正当果子狸养殖发展势头良好，渐入佳境的时候，一场狸疫降临何伟的养殖场，2012年因为狸疫死了300多头崽狸，损失了几十万元。这件事对何伟的打击很大，同时也让他意识到做好防疫的重要性。之后，凡是新出生的崽狸，隔奶后就马上打疫苗，避免了疫情的再次发生。积累了经验后，何伟的果子狸养殖比较顺利。

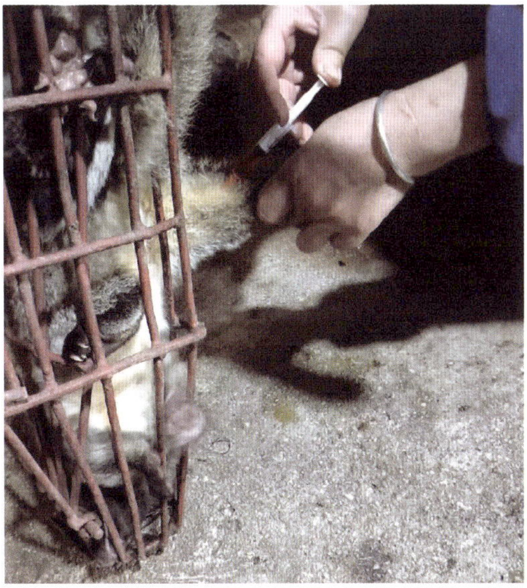
给果子狸做防疫

何伟在养殖技术方面有独到之处，基地自繁自养的果子狸毛色光亮，体型健硕。他说养果子狸除了喂饲料外，还要喂香蕉等水果，养殖果子狸工作量不大，一天喂一次饲料和水果，打扫一次卫生就可以了。一般果子狸养殖 7 个月体重可达 4 公斤左右，就可以当商品狸销售了，但何伟一般都养殖 1 年以上，因为这样的果子狸肉质、口感更佳，回头客也更多。果子狸养殖成本不高，一只果子狸从出生到出栏养殖 14—16 个月，养殖成本为 300 元左右，每只果子狸有 900—1000 元的利润。母狸养殖一年左右即可产崽，一只母狸每年可产崽 3 个左右，养殖效益非常好，比很多动物养殖行业的利润都高。

自 2016 年国家放开政策后，很多越南客商到广西收购果子狸，加上国内市场的需求，目前果子狸种苗处于供不应求的状态。只要掌握了养殖技术，果子狸养殖是一个非常有发展前景的产业。近几年，有不少人到何伟的养殖场参观考察，跟他学习果子狸养殖技术，他都毫无保留地教给他们。现在他已经有好几个徒弟因为养殖果子狸而走上了致富之路。

（作者刘克俊系广西畜牧研究所高级畜牧师，袁丽红系广西民族研究中心研究员）

从“困难村”到“示范村”——小都百屯发展纪实

袁丽红

小都百屯是马山县古零镇乔老村的一个自然村，西距县城 10 公里，东距古零镇政府所在地 8 公里。古零镇乔老村是壮族聚居村，也是一个典型的贫困村。小都百屯是乔老村里最贫困的屯，全屯 72 户，其中 28 户为贫困户，贫困发生率达到 38.9％。马山属于大石山区，山多地少，以前村民靠种地为生，收入微薄，生活艰难。为了提高收入，改善生活条件，很多人只能把老人孩子留在家中，自己外出打工，过着远离亲人、骨肉分离的生活。

小都百屯沿乔老河而建，青山绿水、风光秀美，附近又有古寺，旅游资源丰富，具有较大的旅游开发价值。2013 年 10 月，南宁市委、市政府将乔老村小都百屯确定为综合示范村进行建设。村里的示范区位于马山至上林二级公路旁，属于马山县环弄拉生态旅游区的核心区。随着各项建设的开展，外出务工的村民们陆续返乡，在村里办起了农家乐、特产店或者农业种植基地、养殖基地。小都百屯村民人均纯收入由 2012 年的 2000 元，提高到 2016 年的 10500 元。小都百屯由一个穷山村逐渐发展成为新农村建设的综合示范村，村容村貌大变样，村民的生活也发生了翻天覆地的变化，生活质量有了很大提高，幸福感也得到提升。

小都百屯的建设坚持“社区即景区、乡村即旅游”的发展理念，打造集“吃住行、游娱购”于一体的一站式时尚生活基地。首先在村民自建“别墅”主体框架的基础上，对全屯 86 栋房屋进行外立面改造，建设白墙灰瓦的壮乡特色民居，还对全屯房屋进行庭院改造、绿化美化彩化工作，打造农家院落特色。然后以“山水映农家，诗画小都百”为主题，重点打造乔老河“一河两岸”景观带，在河岸设计亲水平台，休闲健康步栈道和环河、环山自行车道、景观亭等，将小都百屯打造成“水车之乡”。如今它是南宁市最具代表性的乡村旅游区之一，是集休闲度假、美食、观光旅游于一体的新型农村。走进小都百屯，干净整洁的道路，错落有致的白墙灰瓦房，清澈的河水倒映着水车小桥，让人恍如置身于江南小镇。

为最大限度地维护农民的利益，小都百屯引进的马山中凯乡村旅游发展有限公司采用了“土地入股＋土地租赁”相结合的土地流转方式。农户租赁土地给公司经营，用于建设农家旅馆发展旅游业，在保证群众收益的同时，让农户以土地入股分红 15％，变农民为股东，成为公司的主人，和公司一同享受发展的成果。20 年后，中凯公司所建设的农家旅馆整体归集体所有。

乔老河风光

乔老河风光一角

小都百屯作为乔老河休闲农业（核心）示范区这条农业带上的重要一环，将休闲农业作为旅游和农业转型的重要方向，承载了小都百屯无公害蔬菜基地、新村特色农业基地和小都百屯乡村休闲基地等项目的建设，把种养与农家乐相结合，通过发展乡村休闲旅游吸引游客，带活了瓜果采摘等休闲农业项目的发展，反过来示范区项目的落户又促进了小都百屯群众致富增收，二者可谓相辅相成。在产业发展过程中，村里成立了多个专业合作社，其中规模较大的有五哥竹鼠养殖专业合作社、金果生态种养专业合作社、顶瓜瓜农民专业合作社等，这些合作社成为带动村民脱贫的重要方式。

如果进行土地流转打造生态农业基地是新农村的常态，那么，养殖竹鼠可以说是小都百屯的一大特色。竹鼠以竹子为食，成本低、市场需求大。五哥竹鼠养殖场就在小都百屯的边上，背靠大青山面向乔老河。老板潘耀军是一名残疾人，视力一级残障，手指不全，但他身残志坚，自主创业，被称为“竹鼠大王”。潘耀军是小都百屯专业养殖竹鼠的第一人，2008年就开始学习竹鼠养殖技术，试着养殖竹鼠，在熟练掌握养殖技术之后，不断扩大养殖规模。2012年，潘耀军仅种鼠就出售了200多对，再加上卖肉鼠的收入，当年他总收入近10万元。2014年到2015年底，共出售种鼠1000多对，总收入近40万元。潘耀军致富后不忘乡亲，将自己的养殖技术传授给本村及周边村民，在他的辐射带动下，有80多户村民加入竹鼠养殖队伍，仅此一项每户年收入都不低于2万元。五哥竹鼠养殖专业合作社成立之后，由潘耀军担任合作社的理事长，合作社通过技术骨干和养殖能人免费开展各类培训活动，让更多的群众掌握竹鼠养殖技术，壮大竹鼠特种养殖产业。现在，全村的竹鼠都放在合作社里由潘耀军统一代养，产品远销各地，且供不应求，创出了一条小竹鼠品牌特色产业发展之路。

2011年5月，黄文建成立了马山县金果生态种养专业合作社，和11名社员一起承包了300亩地种植龙眼、葡萄、草莓和柑橘，还饲养了土鸡、土鸭。2014年底，合作社抓住示范区建设的有利契机，拓宽产业链，投资60多万元发展农家乐，建成农家餐馆300平方米，农家旅馆80多平方米。如今，合作社已经形成“生态种养＋农家乐”的经营模式，每年通过销售鲜果和餐饮收入，可创造产值700多万元，带动社员户均增收1.3万元左右，为当地发展生态观光农业提供了一个成功的样板。

为更好带动当地农户共同发展，广西乔老爷农业开发有限责任公司的执行总裁覃建瞅准了休闲农业可以创业的机会，发动当地农户成立了马山县古零镇顶瓜瓜农民专业合作社，采取“公司＋基地＋合作社＋农户”的经营模式，创立了小都百屯无公害蔬菜种植基地，种植面积500多亩，搭建钢架大棚60多亩，种植青瓜、毛节瓜、丝瓜、苦瓜、生姜、辣椒、豆角、菜心、芥菜等十多个品种的蔬菜和百香果、圣女果、木瓜等四季水果。现在村里的耕地都流转给公司经营，村民每年拿租金，企业给农民的流转费用，跟农民种地一年的纯利润是一样的。农民还可以到企业来当农业工人，这样村里的老人就可以在家门口工作赚钱，不必外出务工。有一部分社员在基地参与劳动领取工资，在公司的统一安排下进行播种、栽培、采收、田间水肥管理、病虫草害防治等工作，每天每人收入50至120元，每年至少可以增加农户工资性收入240万元以上；还有一部分掌握种植技术的专业合作社社员选择承包一部分面积自己种植，与公司及合作社签订供销合同，提高经济效益实现共赢。这样一来就降低了土地流转风险，群众可以最大化赚取利润。

小都百屯竹鼠养殖基地

竹鼠大王潘耀军（左一）

村民住房

村里的戏台

还有的村民在家里开起了特产店、小吃店或零售摊点。2014 年 9 月，在深圳富士康工作了 6 年的韦云毅然决定结束打工生涯，和妻子回到老家开起了一家特产店，向游客销售黑山羊酒、旱藕粉、黑豆、红豆等农特产品。据韦云的妻子介绍："淡季的时候营业额每天有一两百元，到了节假日，营业额一天能达到 1500 元左右。除了经营特产店，我们还加入了村里的竹鼠养殖合作社，再加上土地流转的租金，一年下来不比打工的时候挣得少，还住上了这么漂亮的房子，又可以照顾老人小孩，真是一举多得。"

通过几年的建设和发展，山清水秀、环境优美、配套设施齐全的小都百屯已成为周边地区游客青睐的地方。每当假日来临，小都百屯里人山人海，热闹非常，游客在田园美景中采摘水果、钓鱼，在农家乐吃土菜，购买农特产品，体验农家生活，自然随性，其乐融融，村民则获得不菲的收益。

在小都百屯综合示范村的带动下，周边的大都百屯、西山庄园绿色农业度假区、灵阳寺、弄拉景区也作为环弄拉生态旅游区的重点旅游带进行整体规划连片开发，打造成一个集观光农业、运动养生、生态体验、文化旅游为一体的综合性生态示范区。

（作者系广西民族研究中心研究员）

第二章　汉族人民走上致富路

茉莉花开人欢笑——横县茉莉花产业发展之路

黄润柏

横县位于广西东南部，东连贵港市，南接灵山县、浦北县，西界南宁市青秀区，北壤宾阳县。全县总面积3448平方公里，据2010年第六次人口普查总人口86.3万，其中汉族54.68万人，占63.4%，壮族31.39万人，占36.37%。横县地处北回归线以南，属亚热带季风气候，长年雨量充沛，日照充足，土壤有机质含量高，十分适宜茉莉花生长。

横县人民自古就有种植茉莉花的传统，有文字记载的已有400多年历史。明嘉靖四十五年（1566），横州州判王济在《君子堂日询手镜》中记述：横县“茉莉甚广，有以之编篱者，四时常花”。洁白无瑕的茉莉花不仅美化了人们的生活，也带来了财富。20世纪70年代以前，茉莉花在横县乃至整个广西都是零星种植，不成规模。改革开放后，茉莉花规模化、商品化生产之路得以开启。

1978年，当时的横县茶厂（今“广西金花茶业有限公司”）凭借对本县气候、土壤等自然条件以及对茉莉花的了解，在深入调查研究的基础上，对市场趋势做出了正确的研判，决定大力发展茉莉花生产，开始引进双瓣茉莉花种苗，在县城附近的农户试种并逐步推广，取得了较好的经济效益和社会效益。1981年开始，横县茶厂以“订单”的方式，发动县城周边的农户种植茉莉花并按预先约定的价格收购。由于横县自然条件适宜茉莉花生长，且当时茉莉花茶在北方市场逐步走俏，横县茉莉花种植面积逐步扩大，茶厂逐步增多，到1985年，花茶加工厂发展到5家，茉莉花种植面积扩大到5000亩；1990年，花茶加工厂发展到23家，茉莉花种植面积扩大到1.2万亩。1989年，原国家商业部茶畜局在横县召开“全国花茶加工产销座谈会”，来自全国15个省、市、自治区的80多名代表出席了座谈会，会上把广西横县确定为新的茉莉花茶生产基地，从而提高了横县茉莉花的知名度。此后，全国的茉莉花茶生产重心开始逐步从福建、江苏、浙江一带转移到广西横县。

横县茉莉花种植生产主要分布在县城周边30公里范围内的横州、那阳、校椅、云表等10个乡镇。茉莉花产业发展的前10年基本上是自发生产，缺乏政府的引导，产业发展处于一种无序的状态，出现了“花多厂少”、花茶加工能力差、花贱伤农等现象，而当时国内茉莉花茶供不应求。有鉴于此，1991年横县县委、县政府成立“横县茉莉花茶产业管理办公室”，协调和管理茉莉花茶产业的发展。此后政府加大了产业引导力度，制订出台一系列的扶持政策，在金融、科技项目、税收、基地建设、招商引资等方面实行政策优惠，扶持新办茶厂。同时于1993年在横县举办首届“花茶节”，邀请全国各省、市1300多名茶商参加，以吸引全国各地茶商到横县生产、加工、采购茉莉花茶，增加对茉莉花的需求量，改变供求失调的状况。

茉莉花交易市场内的鲜花交易

一些交易市场等基础设施逐渐建立起来。1993年6月，建成了茉莉花交易市场，为茉莉花的交易提供了良好的交易场所，改变了茉莉花交易长期在交通主干道进行的混乱无序状况。市场建成后，每年茉莉鲜花交易期间，平均每天在市场内交易的花农在2万人左右，市场内茉莉花年成交量超过3万吨，玉兰花成交量在0.1万吨左右，市场成交额达2.7亿元左右，同时，在那阳、校椅等乡镇也相应建立茉莉花交易专业市场。1997年6月，建成了原料茶交易市场，用于绿茶茶坯交易，为横县茉莉花茶加工基地供应花茶茶坯，既为茶商买卖茶叶提供了方便，又规范了茶叶市场管理，增加了税收和就业机会。进入市场经营的茶商来自福建、云南、贵州、湖北、浙江等全国各地，茶叶品种繁多，市场内茶叶年均成交量在3.8万吨左右，交易额约为7亿元，横县成为真正的茶叶集散地。

农户在种植园里摘茉莉花

相关配套设施的逐步完善，促进了茉莉花产业的发展。至1993年，横县花茶加工厂增加至107家，茉莉花种植面积达7.1万亩。1997年发展最高峰时全县茶厂达到190家，花茶产量4.5万吨，1998年减至150多家，1999年稳定在180家左右，茉莉花种植面积稳定在6万亩，年产鲜花5万吨，花茶加工能力10万吨，实际加工量5万吨。

茉莉花种植园

坐落在县城附近的茉莉花标准化产业园

各级政府为推动茉莉花产业的发展可谓不遗余力。1999 年，横县县委、县政府与中国茶叶流通协会在北京成功举办了“中国茉莉花之都——广西横县茉莉花产业发展研讨会”，向全国推出了横县“中国茉莉花之都”的形象，进一步提高了横县的知名度。

2000 年后，在政府的全面引导下，横县茉莉花茶产业加速发展。到 2004 年，横县的花茶加工企业稳定在 180 家，茉莉花种植面积逐年增加。2005 年，茉莉花种植面积 7.5 万亩，年产鲜花 5.5 万吨，花茶加工量 6.5 万吨，全县茉莉花产量和花茶加工量均占全国的 70%左右，横县在全国的茉莉花茶产业中的地位进一步巩固。同时，一批有实力的花茶加工企业和花茶品牌逐步成长起来，市场体系进一步完善，成品茶市场建立了起来，茉莉花的种植技术和花茶的加工技术取得长足的进步，茉莉花文化内涵得到进一步丰富。

2005 年 9 月，横县成品茶批发市场建成开业。该市场首期工程占地 10860 平方米，有商铺 84 间，配套设施齐全。成品茶批发市场依托全国最大的茉莉花茶加工市场和中国东盟博览会，辐射到全国及东南亚各地，大批原产地茶商进场经营，直销安溪铁观音、云南普洱茶、红茶和全国各地名茶、茶干、横县茉莉花茶，以及各种茶具、茶叶包装等。至此，由茉莉花交易市场、原料茶交易市场、成品茶批发市场组成的横县西南茶城形成，并发展成为中国四大茶市之一。

2005 年以后，横县茉莉花产业规模不断扩大。2008 年初，虽然受冰冻雨雪灾害的影响，产量减少，当年产鲜花 5.3 万吨，但茉莉花平均花价达 13.5 元/公斤，销售收入 7 亿元；全年加工生产茉莉花茶 108 万担，比 2007 年增长 15%，产值 25 亿元。到 2009 年上半年，全县拥有自营花茶品牌 18 个，有 9 家花茶加工企业被评为“全国优秀花茶加工企业”。

2012年，横县已建立中国茉莉花茶专业门户网、茉莉花生活网和横县“三农”专业网3个网站，为茉莉花产业发展提供专业的电子商务平台。通过3个网站建设，该县网上商城快速发展，促进了横县茉莉花茶和各种特色农产品的网上流通。2012年，电子商务平台电子交易额达45.05亿元。2013年1—10月，电子交易额达到51.1亿元。其中，促成茉莉花茶现货交易额8500吨以上，实现销售5亿元以上，增加企业税利0.8亿元以上。

西南茶城

2012—2018年，横县茉莉花产业持续稳定发展，全县种植茉莉花的农户稳定在6.8万户左右，花农33万人，茉莉花种植面积稳定在10万亩，年产鲜花约8万吨，产值8亿元，全县花茶加工企业150家全部通过QS认证。2012年，生产茉莉花茶6万吨，产值达25亿元，全年花茶产业总产值达33亿元，每年仅茉莉花销售收入就为花农增加7亿—8亿元，人均增收2000—2400多元。2017年，横县全年茉莉花销售总收入由2002年的1.82亿元增长到7.6亿元。茉莉花产业所带来的旅游和商贸物流年产值超过20亿元，已超过茉莉花种植收入，茉莉花产业综合年产值达到80亿元，茉莉花和茉莉花茶综合品牌价值达180亿元，已经成为广西最具价值的农产品品牌之一。

西南茶城市场一角

如今，横县茉莉花产量和花茶产量已占全国80%以上，占世界总产量的60%，已经成为全国最大的茉莉花生产基地、花茶加工基地和花茶批发、交易集散基地。2018年，全县有茉莉花茶品牌40个，有12家茉莉花茶加工龙头企业被评为“全国优秀花茶加工企业”，6家企业获“南宁市龙头企业”称号。横县茉莉花茶获批国家地理标志证明商标，被评为“全国优秀茶叶区域公用品牌”；横县茉莉花茶和茉莉花双双登上2018年中国品牌价值榜，价值达197亿元。

茉莉花产业的快速发展，不仅实现了农民和财政双增收，而且带动了相关产业的发展，扩大了就业，活跃了市场，拉动了横县茶叶种植、交通运输、餐饮服务、商贸、旅游等相关产业的发展，为社会提供了20多万个劳动就业岗位。据统计，每年到横县经营茉莉花及各种茶品的客商达5000多人，参与花、茶运输的车辆有1000多辆，以茉莉花风情游为主线的观光旅游人数达到50万—80万人次。茉莉花产业已成为横县覆盖最广、带动农户最多、经济效益最好，最早实现产业化经营，辐射带动相关产业发展效果最显著的农业优势特色支柱产业。

（作者系广西民族研究中心副主任，研究员）

“天坑”牧歌——乐业县有机肉牛生态养殖

刘克俊　袁丽红

说起广西乐业，很多人会马上想到“天坑”。没错，乐业属于南方典型的喀斯特岩溶群地区，是世界著名旅游资源“大石围天坑群景区”所在县，已经发现的天坑有28个，被誉为“天坑之都”和“世界天坑博物馆”。乐业境内群山连绵，山、水、林、石、洞兼备，自然风光独具特色，美若画屏。在距离大石围天坑群景区5公里左右的地方，有一个以有机肉牛生态养殖为依托的“百色市农业产业化重点龙头企业”——广西乐业华东投资有限公司下属的康辉有机肉牛生态养殖基地。

康辉有机肉牛养殖基地

乐业县有“世界地质公园”“国家森林公园”“全国有机农业示范基地”之称，自然条件优越，气候条件适宜，空气质量优良，水质良好，牧草资源十分丰富。康辉有机肉牛生态养殖基地创建于2013年12月，基地位于乐业县同乐镇刷把村当顶屯、幼平乡介上屯、花坪镇啲哈屯三个乡镇交界处，交通便捷，远离村庄，四面环山，空气清新，水资源丰富，草原及农副产品充足，对发展肉牛养殖有着良好的饲养条件和动物疫病屏障，是有机肉牛养殖的好地方。

康辉牧场

基地负责人陈长军看到了乐业的资源优

势，同时注意到现在的民众普遍关注食品安全问题，觉得生态种养将是今后农业发展的主导方向。经过多方考察，决定在乐业发展肉牛生态养殖项目。康辉有机肉牛生态养殖基地从2013年创建至今，通过土地流转的方式承包了村民的土地6112亩，其中种植优质牧草2200亩，有机玉米和黄豆1000多亩，专门打造环保农业的循环产业链。

基地负责人陈长军

基地负责人陈长军和他的有机肉牛

该基地致力于改变传统的自由放牧肉牛养殖方式，探索集约化高效生态有机草食动物养殖模式，带动周边农户，利用本地丰富的天然草地资源发展生态肉牛产业，为社会提供健康有机肉牛产品，促进当地经济的可持续发展。通过种植玉米、黄豆和牧草等农作物，将秸秆进行青贮，让肉牛能吃上有机草料。肉牛排放的有机废水及粪便，被利用到沼气生产中，沼渣作为有机肥料，又为农作物提供肥沃的养分。养殖基地通过自繁自育，发展生态环保农业，打造循环经济产业链，不仅优化了养殖结构和养殖模式，提高畜禽产品质量，还对促进农业增效、农民增收起到积极带动作用。

为了更好地带动周边农户发展，2015年，陈长军成立了以公司为核心社员的广西康辉生态养殖专业合作社。该合作社有15名优秀创业青年共同参与，合作社取名寓意“康体养生，创造辉煌”，秉承“生态、健康、安全、放心”的理念，立足于高寒山区纯天然的生态环境，全力打造有机肉牛等养殖产业，全面带动全县贫困村脱贫致富。在项目实施中，公司实行创新养殖模式，在全县积极推行“公司＋基地＋贫困户”的主业脱贫养殖模式，即在全县

基地全体员工

范围内，公司提供崽牛给精准识别贫困户养殖，出栏后公司将高于市场价 2 元的价格回收，保证了贫困养殖户的利益，实现了企业与农户双赢、利益共享、优势互补。通过养殖项目的建设实施，提供直接或间接的就业岗位 60 余个。项目实施以来，共带动周边村屯 80 余户农户，平均每户每年增收 3 万元左右。2016 年，百色市扶贫开发领导小组授予广西乐业华东投资有限公司“百色市扶贫龙头企业”称号，基地负责人陈长军也获得百色市委统战部颁发的 2015 年度“千企扶千村”暨“商企扶贫统一行动”先进个人称号。

该公司以高起点、高标准、高要求为核心，严格按照国家标准化示范场进行建设，总投资已达 3600 多万元。基地内修建有牛栏舍 13000 立方米（可存栏 3500 头）、料场 2000 平方米、沼气池一座 740 立方米、办公楼一栋 400 立方米、屠宰加工厂房 3000 立方米，修建道路 5.3 公里、水池 600 立方米，架设管道 2000 米、高压线路 1500 米。目前康辉肉牛生态养殖基地已初具规模，康辉有机牧场和养殖的本土黄牛均通过了有机认证。2014 年，该基地被评为自治区养殖示范场；2015 年被中国农业部评为“肉牛标准化示范场（2015—2018）”。

2017 年下半年，“康辉”有机牛肉进入市场，立即受到市场消费者的青睐，产品供不应求，一些客人还亲自赶到养殖场来买牛肉。基地的生态优质牛肉除在本地销售外，同时销往南宁、深圳等国内大中城市，在市场上也赢得了广泛的赞誉和积极的反馈。

除了肉牛养殖，陈长军还在基地投资 600 万元建设了一家自动化屠宰场和国家卫生标准化深加工厂，加工厂内设有消毒室、排酸间、包装间、成品间、冷冻储藏室等，建设了一套集自动检验系统、屠宰系统、分割系统、排污处理系统为一体的自动化屠宰加工线，是广西拥有全自动屠宰设备的第一家深加工厂。为了保障牛肉品质，有机产品的绝对安全、新鲜，在产品运输上配备有专门的冷链运输车辆，运输环节严格按照国家有机肉牛产品的卫生标准执行，以达到牛肉品质的鲜美与安全。2016 年 12 月底，基地加工厂已正式投产。

康辉有机肉牛生态养殖基地集养殖、技术培训、深加工、销售于一体。基地采取订单式销售的模式。2018 年，基地出栏有机牛 1600 多头，每头牛纯利润约 5000 元，年底存栏 1000 头，产值 800 万元。目前基地还在建设之中，建好后将实现牛存栏 2000 头以上，年出栏 6000—10000 头，实现年产值 8000 万元，可以直接带动本县及周边邻县近千户农户发展养牛。

康辉有机肉牛生态养殖基地的负责人陈长军是一位年轻的“80 后”，他白手起家、自主创业，从一个一无所有的农村小伙，经过十几年的拼搏，成为现在资产过千万元的公司老总，可以说是一位传奇式的人物。陈长军出生在乐业县幼平乡上里村的一个汉族农民家庭，小时候家境极为贫困，全家 10 口人，靠种几亩薄田为生，曾因交不起学费而被迫中止学业。后来他通过自学，拿到了广西广播电视大学法学专业的大专文凭，之后又报读了土木工程专业的函授学习，并于 2014 年考取了全国二级建造师。

说起自己的职业生涯，陈长军感慨良多，虽然经历艰辛，但却是一笔不可多得的财富。俗话说：“穷人的孩子早当家。”因为家里穷，上小学时，小小年纪的他就常到本乡一些废弃的小煤窑淘矿卖，为家里赚取一点微薄的收入；读初中时，上课之余四处打小工，什么苦活累活都干过，上山伐木、当搬运工、修路挖沟，等等。初中毕业后，因为交不起学费，不得不中止学业，回到家乡当了一名代课老师。后来他考上河池市机电工程学校，也是过着边打工边求学的生活，但终因无法凑足学费和生活费，又被迫休学。之后去建筑工地打工，挣了一点钱后，曾试着做点小生意，走村串寨收购农特产品贩卖，因不懂行情，很快全部赔光。

2003 年，陈长军以负债 17000 元开始了自己的创业之路，接手县城一个老板的装修广告部，从事装修和广告制作。因为乐业县城不大，装修、广告市场小，每揽一项活都不容易，其间遭遇过欠款、欺骗、意外事故等，每一次遭遇都几乎让所有的努力付诸东流。2009 年，陈长军承接了县计生局的旧房改造项目，在各方支持和帮助下，项目顺利竣工交付。之后，业务不断扩大，逐渐成为建筑行业的一支新生力量。

2013 年，陈长军将目光投向了生态养殖产业，创建康辉有机肉牛生态养殖基地。一些人对他的举动不理解，认为农业开发项目投资大、投资期长，不好做，但陈长军却满怀信心。他说：“我的目标是要建成广西规模最大、标准化程度最高、养殖技术最成熟的肉牛生态养殖场，并打造康辉有机牛肉品牌。如今，康辉养殖基地得到了农业部、自治区畜牧局、百色市、乐业县等各级领导的大力支持和扶持，被评为全区‘养殖标准化示范场’。自治区检察院乐业扶贫工作队还将康辉养殖基地列为重点帮扶对象，这些，更让我信心倍增。”

在陈长军的带领下，康辉有机肉牛生态养殖基地致力于打造生态环保农业和循环经济产业链，形成规模化后将市场再延伸到多元化生态养殖，为社会提供更多、更安全的生态有机产品。未来还要结合生态旅游，打造一个集旅游、休闲、观光和养生于一体的生态农业文化示范园，带动当地群众走上共同致富之路。

（作者刘克俊系广西畜牧研究所高级畜牧师，袁丽红系广西民族研究中心研究员）

“野猪汪”的特色养殖之路

刘克俊　汪向东

2014年，经过了近一年的考察和分析，汪向东终于决定重新定位自己的人生，放弃打拼多年的外企工作，进入一个从未做过的行业——特种野猪养殖业，在资源县中峰镇的垌木坳创立了桂林资源县东翔农场，开始了以野猪养殖为主的特种动物养殖。按他的话说，创建野猪养殖场的初心，是想要做绿色健康食品，让家人朋友以及更多的人吃上放心肉。

汪向东，东翔农场的负责人，人称“野猪汪”。1995年毕业于安徽农业大学林学专业的汪向东，大学毕业后直接进入了App广东事业区，后来又到海南事业区、广西事业区、越南公司，从事纸浆材生产建设。他从一个小职员开始，做到一个负责集团业务经营的高管。虽然从经济以及个人的成长上来说收获不小，但一路走来充满了艰辛困苦，好不容易熬到所谓“出人头地”的时候，突然要放弃打拼多年获得的业务经验和良好的人脉，走进一个尚不知深浅的特种野猪养殖行业中去，而且要把打拼多年所得的全部收入投入其中，内心的挣扎可想而知。他反复问自己：“家人如何理解？这事成功的概率有多大？我能行吗？”带着这些疑问，他不由自主地陷入了沉思……

汪向东说他之所以想做绿色健康食品，始于日常生活中的所见所感。他说：“现在猪肉吃到嘴里没有什么味道，瘦肉更是乏味，一点都吃不出小时候的肉香。有时候家人会用猪肉做些叉烧肉或猪排让大家能多吃点，但我知道这完全是配料的功劳。小时候我们吃的猪肉怎么那么香呢？土猪，对，是土猪！农村养的土猪！都是养了一年多的土猪！可是，目前猪肉的价格如此不好，起伏不定，现在的人又急功近利，有几头猪是这样养殖出来的呢？而且由于多年的圈养造成了猪抵抗力的下降，有心也是无力啊！难道就没办法吃到健康安全又美味的猪肉了？”

一个偶然的机会，他的一个朋友介绍说附近有个人养了些野猪，肉质非常好，卖得不错，甚至说吃了那个肉再也不想买市场上的肉吃了。汪向东再也坐不住了，他赶紧约朋友一起去参观。当那个长鬃毛、目露凶光、身手敏捷的家伙映入眼帘，他内心激动不已，回到家赶紧查阅资料，才知道这是特种野猪，是具有野猪和家猪共同基因的猪。

经过学习和考察，汪向东对特种野猪有了更深入的了解。它既有野猪的野味又具有家猪的香味，不但野味浓郁，而且与家猪相比，蛋白质含量高，脂肪含量低，以瘦肉为主，板油

东翔农场俯瞰图

东翔农场远景

少，背膘薄，胆固醇含量比家猪低，符合现代食品营养的需要。由于具有野猪基因，特种野猪的抵抗力非常强大，耐粗食，基本上没有什么大的疾病发生。

从广西市场来看，每年生猪屠宰量达 3450 多万头，据不完全统计，目前特种野猪的市场保有量不足 10 万头，约占 0.3%，占比太少，市场前景异常广阔。汪向东想，如果专业养殖特种野猪，将其作为后半生的事业来做，经济效益又如何呢？经请教特种野猪养殖前辈，汪向东得知在良好的管理及优良的自然环境下，每头成年的商品特种野猪年生长可达到 150—200 斤，售价为 3000—5000 元。由于特种野猪食量小，食量只有家猪的 1/3，小肠又较家猪长近 2 米，消化吸收好，成本低、售价高，利润可观！重要的是由于吃得少，排出的粪便也少很多，养殖起来就更轻松了！肉质好、美味、抗病能力强，可延长养殖周期，又有较好的经济效益。这不就是最适合作为健康、安全食品的养殖品种和肉食的最佳替代品吗？

说干就干，在家人的大力支持下，汪向东毅然将打拼多年所得的 200 多万元全部投入到特种野猪养殖行业中来。于 2014 年 8 月在桂林市资源县创立了资源县东翔农场，致力于以特种野猪养殖为主的健康安全的肉食品生产。

东翔农场位于资源县中锋镇官田村中牛塘垌木坳，这里群山连绵，山高林密，周边无厂矿企业污染，青山碧水，为野猪的驯养繁殖提供了得天独厚的条件。东翔农场总面积 338 亩，分为生产区、饲料区、生活区和办公区，其中青绿饲料种植区 20 亩，蔬菜种植区 0.6 亩，果园区 1 亩。建有特种野猪养殖舍 10 栋，包括引种隔离舍、病野猪隔离舍、种野猪舍、小野猪舍、中野猪舍、商品野猪舍，鸡舍 1 栋，豪猪试养舍 1 间，总实用面积达到 2200 平方米。分别配套运动场（铁丝围网）10 个，总面积为 15000 平方米；饮用蓄水池 1 座 2 级（25 立方米），化粪池 6 个，固粪分解池 2 个，无害化处理池 1 个。

办公区和生活区面积达 600 平方米，配备有饲料间、青饲料处理间、防疫医疗室、消毒通道、办公室、活动室、厨房、宿舍、客房等。

东翔农场首先通过有资质的引种场引进种野猪 32 头（公猪 3 头），经过不断地选优淘汰和驯化繁育，现有优质种野猪 108 头，其中种公野猪 10 头（另有后备种野猪 15 头），品质优良。从2015年开始，引进广西四大名土猪之德保黑猪、东山土猪与纯野猪杂交，培育新的特种野猪，目前F1代（50%血统）已经顺利培育成功，F2代（75%血统）正在培育选优中，力争用3—5年的时间培育出野味足、肉质甜香的新品种并推广。目前野猪存栏达550头（不含已出栏部分），全年总产量近千头。从2019年开始，年产量可达1500头以上。

农场以特种野猪养殖为主，配以纯种德保黑猪为辅。为了饲养出肉质鲜美、健康的野猪，他们自配饲料，既满足了野猪日常营养的需要，又有效地降低了饲料成本。饲料配方分乳野猪、小野猪、中野猪、成年商品野猪、种野猪五种，饲料成分为米糠、玉米粉、豆粕、麦麸、食盐、青绿饲料（甜象草、红薯藤、萝卜菜）等。经多年试用，效果良好，日均生长量超过0.5斤。此外，还注意做好保健预防工作，建立以日常保健、常规防疫为主，治疗为辅的健康保障体系。

小野猪舍

农场生产的野猪已畅销到广西的桂林、贺州、梧州、贵港、南宁以及湖南、广东等地。外销野猪包括种用及肉用两种。东翔农场的野猪和野猪肉不但满足了安全、生态、绿色的基本要求，也达到了肉质鲜美、野味足的深层要求，客户的评价非常高。由于野猪的乳猪饲养难度很大，尤其是季节气候不稳定时，导致很多野猪养殖场无法扩大规模，区内外各地的人前来询问和预订、采购本农场中、小野猪的人络绎不绝，导致农场中、小野猪脱销，供不应求！

商品野猪舍

目前野猪肉市场良莠不齐，低纯度（有的纯度不到50%）的特种野猪和各种催长的特种野猪以低价充斥着市场，严重的还用老母猪冒充特种野猪，严重地侵害了消费者的权益，同时也误导了消费者对特种野猪的认识。为了让消费者吃到真正的特种野猪肉，汪向东觉得有必要设立一家甚至多家真正的特种野猪肉品尝体验店。带着这个想法，2017 年底，他在桂林七星区开设了首家以特种野猪为主题的农庄“野猪寨”，开发出特种野猪肉菜系十多种。农庄的开设，给了市民一个体验的机会，也有效地解决了部分销售问题。从当年的经营情况来看，效果良好，前景喜人！

小野猪

创业的路，既有欢乐更有艰辛！一路走来，跌跌撞撞，辛苦劳累自不用多言，而期间经历的几次事故，让汪向东至今仍心有余悸！那是 2014 年的 11 月底，野猪种猪刚引进农场不到一周，所有的野猪突然出现了集体拉稀，不吃贪睡，猛喝水的症状。汪向东看在眼里急在心头，急忙四处求医。很多兽医也是头一次遇到这样的问题，结果是药买了一大堆，针也打了好几天，还是一直不见好转！留下汪向东和工人在农场束手无策，一天到晚苦思冥想，寻找原因。终于，一个念头闪入大家的脑海，是不是冷的缘故？这些种猪来自温度较高的南宁，11 月底时资源的气温只有 4℃，天气太冷，野猪对喝冷水不适应？他们赶紧买来大塑料桶装上温水接入猪舍饮水管道给野猪换温水喝，再给野猪补充多种维生素。下午，奇迹发生了，所有的野猪都开始吃料了，拉稀也减轻了！到第三天时，所有的种猪全部恢复了往日的光景，汪向东一颗悬着的心终于放下来了。

商品野猪

2015 年刚过完春节，汪向东回到农场，发现很多猪舍里面满栏的带血脚印，整群野猪日渐消瘦，不发情，不能配种，甚至开始出现了死亡现象。各种方法都试过了，情况依然没有好转，死亡继续发生！无奈之时，他跟随工人一起去拔萝卜菜喂猪，突然发现工人在拨出霜冻后的萝卜菜时只是简单地甩一甩泥土，那些腐烂的萝卜叶并没有按照要求严格剔除掉。原因终于找到了！后来经过 3—6 个月的精心护理，绝大部分的野猪终于被调理过来了。很多工人总认为野猪好养，什么都可以吃，所以喂料时简单粗暴，不注意卫生，腐烂变质的食料一样丢进去给野猪吃，严重缺少“爱心”，从而造成野猪生病。

很多初养者由于没有接触过野猪，非常害怕，野猪一开始也不熟悉饲养人员，因此容易造成互相敌视，甚至会有攻击事件发生，给养殖工作带来诸多不便。经过四年的摸索和总结，汪向东发现野猪也有它们的沟通语言，只要耐心去注意和了解，一样可以跟野猪相处得非常融洽。总的来说，在野猪养殖过程中，既要“细心”，还要有“耐心”，更要有“爱心”，此“三心”是养殖好野猪的前提。

养殖野猪取得较好的经济效益后，汪向东和他的团队带动周边的村民也加入养殖野猪的行列。2017 年初，东翔农场免费发放小猪崽给农场周边村屯的 12 户贫困户，每户 2 头。在发放小猪崽之前，东翔农场先对他们进行了技术培训，并约定养成后由农场帮助统一销售野猪。到了年底，他们去回访，并告知可以按照当时的约定由农场帮助销售野猪，结果没有一个送回来要求帮销售，全部都被他们卖光了，初步估计户均增收 3000—4000 元。如果说户均养殖 3—5 头，那么按照目前的价格，每户可以赚取 3000—5000 元的利润。发展野猪养殖，还可以把往年丢荒的田地充分利用起来，种植红薯藤、南瓜、青菜等生态养殖野猪的优良原料，既消除了荒田荒地，又利用了闲散劳动力，减少了无事可干唯有打牌赌博的风气，还可以增加养殖户的收入，可谓一举多得。

前段时间，中牛塘自然村的黄德元队长特意打电话给汪向东，说：“我们这有六个自然村，想由你们东翔农场牵头成立合作社，大家一起来发展野猪养殖业和其他种植业，你回来我们一起商量一下怎样？”突如其来的电话着实让他吓了一大跳：“合作社一般不都是由本地较成功的人带头组织的吗？怎么要我一个外地人来牵头？但这是村民对我的极大信任，我一定要把这个合作社给办好，带动周边村屯的村民走上共同致富之路。”

这几年，不断有新的朋友加入野猪养殖这个行列，随着他们的成功，也必将带动当地更多的人加入，给当地的农村经济注入新的活力。五年，说长也不长，虽然比起原来在外企工作累了很多，但是汪向东心里充满了自豪和希望。

（作者刘克俊系广西畜牧研究所高级畜牧师，汪向东系桂林资源县东翔农场负责人）

广西最美海岛：涠洲岛

袁丽红

涠洲岛，又名大蓬莱、涠洲墩，位于北部湾海域中部，距离北海市区 21 海里，与北海银滩隔海相望，是我国最年轻、规模最大的火山海岛。涠洲岛总面积 24.74 平方千米，是北部湾内最大的岛屿，岛内最高海拔只有 79 米。涠洲岛碧海蓝天、风景秀丽、空气清新、气候温和，是一个集自然风光、人文景观、客家民俗风情为一体的旅游休闲度假胜地。

涠洲岛是火山喷发堆凝而成的岛屿，有海蚀、海积及熔岩等景观，沿岸海水碧蓝见底，活体珊瑚瑰丽神奇，名贵海产种类繁多。1982 年，涠洲岛被评为自治区级自然保护区。2004 年，涠洲岛被评为“中国唯一的海岛火山国家地质公园”。2005 年 10 月，涠洲岛从中国 6500 多个海岛中脱颖而出，被《中国国家地理》杂志评为“中国最美十大海岛”之一，位列第二，有“大蓬莱”仙岛之美誉。2012 年 12 月，经国家海洋局批准成立了广西涠洲岛珊瑚礁国家级海洋公园。

400 多年前，明代著名戏剧家汤显祖游览涠洲岛，曾经留下“日射涠洲廓，风斜别岛洋”等诗句。但在古代，涠洲岛因为孤悬海外，交通不便，朝廷无力管辖，长期以来成为海盗出没之地和犯罪之徒藏身之所。清代初年，为了切断台湾郑氏集团与大陆的联系，清廷厉行海禁。清康熙元年至嘉庆十一年间（1662—1806），涠洲岛居民曾三度被迫内迁。咸丰、同治年间，由于广东发生大规模的土客械斗，一些客家人陆续渡海逃到涠洲岛。咸丰十年（1860），

涠洲岛风光

海枯石烂

涠洲岛上的清代禁海碑

海洋灯塔

有内地人400名因避战乱，不顾艰险和官府之禁，来岛定居。同治六年（1867），官府鉴于岛上民居已成事实，便重开岛禁，移雷廉二州船户客民于岛上，相继登岛者达数千之众。

现在涠洲岛上的居民有16000多人，其中85%以上是客家人，客家话（汉语方言）是岛上通用的语言之一。客家人上岛后，最初以他们最熟悉的农耕技能生存，努力开垦。但因为海岛范围窄，种植品种的同一性大，岛上商品交易不活跃，故居民少有积蓄，普遍贫穷。为了改善生活，客家人开始了“耕海”的尝试。他们先是在海滩捡拾螺蚌，挖沙虫、泥虫，继而学习在浅海垂钓、下网，撒网捕鱼、设钓作业。后来，做海者逐渐增多，但多半仍以农耕为辅，半耕半渔，且多数从事近海渔业，只有小部分人拥有大船，可出远海捕鱼。与农耕相比，捕鱼的经济收入要高一些，但风险也大，特别是远海作业，一旦发生不测，就可能船毁人亡，遭遇灭顶之灾。当地客家人说：“行海走马三分命。”但为了生活，即使有风险，他们仍毅然前往。

与中国沿海地区的其他渔民一样，岛上居民普遍信奉妈祖（当地人称三婆），岛上有一座专门供奉妈祖的三婆庙（又称天后宫）。每逢年节、渔船出海和返航，当地人都要用鸡鸭鱼肉、珠宝敬拜妈祖，每年农历三月二十三日妈祖的生日和农历十月的收获季节，渔民均举行隆重的庆祝仪式，谢妈祖保佑平安、丰收之恩。

改革开放以后，特别是20世纪90年代以后，岛上居民的生活发生了很大变化，除了农业、渔业和海水养殖业，他们又多了一条发展的路子——利用当地独特的资源发展旅游。涠洲岛具有非常丰富的旅游资源，拥有旖旎的海岛风光、全国罕见的火山地貌景观、完整的海洋

涠洲岛上的三婆庙

生态体系，同时还拥有历史文化内涵丰富的人文景观。自然与人文相互结合，各具特色，相对于其他海岛而言，具有更大的旅游开发潜力。

涠洲岛的旅游业始于 20 世纪 80 年代末 90 年代初，当时的发展定位主要是为外国和港澳台游客服务，是具有旅游度假等特定功能的综合性旅游度假区。国务院在 1993 年国发〔1993〕56 号文件中提到将涠洲岛建成国际旅游娱乐城。1994 年 7 月，成立了北海涠洲岛旅游度假区管理委员会，负责度假区的旅游项目、规划、开发、建设和管理工作。1995 年，涠

国家地质公园标志碑

滴水丹屏

洲岛被自治区人民政府批准为自治区旅游度假区。涠洲岛一度成为人们关注的热点，但发展较为缓慢。进入21世纪以后，涠洲岛的旅游业获得了较快发展。以2004年1月国土资源部批准建立涠洲岛地质公园为标志，地方政府致力于将涠洲岛打造成为“国内一流、国际知名的休闲度假海岛”。经过这些年的旅游开发，码头、道路、供水、供电等基础设施不断完善，已建成了国家地质公园标志碑主题广场、火山地质博物馆、鳄鱼山火山口、滴水丹屏、石螺口、五彩滩（也叫芝麻滩）、嘉庆古炮台、海洋灯塔、天后宫、天主教堂等景点。

2012年以来，北海市推动包括海景精品酒店、国家地质公园旅游设施及配套设施建设、海滩景区建设、地质遗迹保护和绿化工程、灯光工程、城乡风貌改造工程在内的涠洲岛十大基础建设项目。这些项目的建成极大地改善了岛上休闲度假的设施条件，使涠洲岛旅游业进入新的发展阶段。近年来，随着涠洲岛知名度的不断提升，加上风景优美宜人，促使涠洲岛旅游持续火热，上岛的游客逐年增多，旅游收入持续增长。2017年，涠洲岛接待游客130万人次，旅游总收入24.5亿元。2018年，接待上岛游客138万人次，再创历史新高。2018年3月，成功创建广西特色旅游名区。据新浪微舆情大数据平台发布的《2018年11月广西旅游行业数据报告》，在广西50多个旅游景区热度指数排名中，涠洲岛位居第二。

自从搞旅游开发后，岛上居民从中获益不少。随着涠洲岛旅游产业的快速发展，农家乐休闲旅游应运而生，很多村民在家里办起农家旅馆、餐馆，基本上每个村委都有村民开办“渔家乐”或“农家乐”。据2013年统计，当时涠洲岛上由村民开办的农家乐旅馆已达347家，床位约7000张，远超商业宾馆的1000多张。据农家乐办得较好的村民介绍，一张床位一年能带给村民1万—2万元的收入。农家乐休闲旅游是随着涠洲岛旅游发展起来后一种新兴的经济增长方式，岛民们依靠无微不至的服务赢得了外来游客的欢迎，相对于商业宾馆，农家乐能够提供人性化的服务，让游客有宾至如归的感觉，所以涠洲岛农家乐在游客当中获得了极好的口碑。它不仅可以让游客了解渔民传统淳朴的生活，还可以亲身体验出海捕鱼垂钓、制作海鲜、海景观光、潜水、海中冲浪、沙滩排球足球、抓螃蟹捡海螺等休闲活动。

近年来，涠洲岛因地制宜，大力发展精品民宿，推动高端民宿特色化提升，使村落的保护和旅游业的发展有机结合，走出一条具有涠洲岛特色的海岛休闲旅游产业发展路子。涠洲岛旅游区管委会引入外来资金将涠洲岛圩仔村在内的100处民房进行改造升级，在原有村落基础上对珊瑚石房子进行改造，不仅最大限度地保留了村落的原貌，也提高了入住率，提高了村民的收入，改变了村民的理念。旅游业对涠洲岛所有居民的生活都带来了极大的影响，虽然有的村民没有直接从事旅游业，但他们把自己种植的农产品、养殖或捕捞的海产品卖给游客，无形中也提高了经济收入。总的来说，自改革开放以来，特别是发展旅游业之后，涠洲岛居民的生计方式有了很大改变，生活水平也有了很大提高，如今已成为北海市农村人均纯收入最高的乡镇之一。

（作者系广西民族研究中心研究员）

第三章　春到瑶山景色新

家有梧桐树，自有凤凰来

——恭城瑶族自治县传统古村落蕉山村侧记

瑶　梓

蕉山位于广西壮族自治区东北部湘桂交接处，属恭城瑶族自治县观音乡狮塘村委会。因村落倚一外形似香蕉的青山而建，村前有一条蜿蜒清澈的小河通过，故名“蕉山”。全村有近200户人家，600余人，均为瑶族。蕉山所在的观音乡，地处湘桂粤三省区瑶族聚居区的中心地带，瑶族人口占全乡总人口的90%以上，是我国瑶族比例最高的乡镇之一。有明一代，观音乡瑶族居住地区被划分为上、下五排，蕉山村属上五排之第一排。由于上五排地区四面环山，地形封闭，20世纪50年代以前只有一条崎岖的山间小路相通，加之地处南岭都庞岭腹地，因此当地民间有一种说法，即瑶族传说中的千家垌圣地就在这里，蕉山村的所在正是千家垌三垌之上垌。传说虽美，但由于年代久远，又缺乏实物佐证，真假与否，已难以考证了。

蕉山村门楼

然而，蕉山村历史悠久，瑶族文化底蕴深厚，却是确切的。据村中俸氏先祖俸荣迁墓碑记载，该村始祖俸富三公于洪武十三年（1380）来此开基立业，距今已有637年的历史。该村瑶族有俸、秦、尹、刘、周等姓氏，其中俸姓占70%左右。由于长期受中原汉文化的影响，当地瑶族文化极具地域特色，属典型的平地瑶文化。传统的房屋建筑以砖瓦结构的封闭式方形院落为主，院落由主屋、厢房、天井及储物间等构成，上下两层。外墙多以青砖砌就，墙面粉以青灰色或灰白色，上绘各种花卉或瑞兽图案，屋宇飞檐翘角，此伏彼起，极富美感。由于当地瑶人喜聚姓或聚族（宗族）而居，同姓或同族之间自成系统，房屋之间由青石板路或人工铺就的鹅卵石小径相连。整个村落即由若干不同的宗祠单元（当地人称“围”）组成。驻足观之，或鳞次栉比，错落有致，或巷深路雅，曲径通幽，皆别具韵味，令人流连。

在村子东头，有一座背靠村寨，三面通透，仅靠四根石柱支撑而起的亭阁式建筑，那是村里的凉亭，又名圣亭。据镶砌在圣亭一角的石碑记载，该亭建于清乾隆年间，距今已有二百多年。期间虽几经修葺，但始终保存着其最初以巨型青石板、青石条、青石柱铺地面、围坐凳、做立柱的基本结构。凉亭是桂东北地区平地瑶村寨中的一种常见公共建筑，多建在村头或村尾，具有多种功能，一是供村中孩童嬉戏、娱乐，二是供村中老人、成人茶余饭后歇息、交流，三是做村干部的临时议事场所，四是供过往行人歇脚、避雨之用。蕉山圣亭位于船型村寨的东头，还有一个妙处，就是可以看到蕉山村的两大美景——站在亭中朝下看，可以看到一口水面如镜、清澈见底的古井，古井分上中下三格，上格最小，不到两个平方米，水最深，水亦最清，因为那是专供全村人挑取饮用水的所在，可惜现在挑水的人没了，人们通过自来水管直接从井中抽取泉水，导致上格水井中水管簇簇，像一个插满吸管的巨口。中、下两格面积相对较大，均有七八平米见方，中格主要用来清洗蔬菜、鸡鸭鱼肉以及漂洗衣物等，下格则主要用于清洗较大件的农具和日常用具。井水冬暖夏凉，四季恒定，夏季清冽爽口，冬季暖如温泉。水井四周用青石板辅以水泥铺就，一颗枝繁叶茂的桂花树俏立一侧。试想在盛夏的早晨或黄昏之时，一群身着彩衣的少女和村妇围井而蹲，或洗青蔬，或涤衣物，笑语欢声，声声入耳，是怎样赏心悦目的一幅图景！而站在亭中朝东望，则可以看到一条不大的河流正（五排河）溯源而上，河流经过卵石河床发出的声音清晰悦耳，两岸峰峦或高或低、或远或近，连绵不断，山脚河谷处，炊烟袅袅，隐隐露出几处村寨的轮廓，原来那就是上五排的其他四排。观音乡上五排的特色之一就是各“排”均沿同一条水路，依山傍水而建，有如一串明珠，在早晨或夕辉中从亭里远远望去，或隐或现，尽收眼底，恍如仙境——俯观远眺，皆成美景。由此我想，当初蕉山村的先人之所以将凉亭建于此处，绝非随意为之，必定是在堪舆上下了一番功夫的。20世纪90年代，该凉亭（圣亭）被列为县级文物保护单位，成为上五排唯一获此殊荣的传统建筑，有关部门之所以会看中它，我想也必定是发现了蕴藏其中的独特价值。据村中年长者说，类似规模、造型的凉亭，村里原来还有两个，一在村中，一在村尾，但在“破四旧”时被毁坏了，凉亭何以成为“四旧”，今天已无人说得清楚，值得安慰的是，毕竟还留下了一个，也算是不幸中之大幸了。

蕉山古村落一角

蕉山村后的长山，亦即蕉山村借以得名的“蕉山”也颇值一说。瑶族作为典型的山居民族，爱山爱树是其传统，蕉山瑶人自不例外，其对村后的长山及山上的树木更是爱护有加。当地传统观念认为，一个村庄的后龙山关乎村寨的风水、气运，因此，不仅山上的石头、树木不能采、不能伐，在一些大树、神树面前甚至还不能随便大小便，否则会被认为是对山中神灵的不敬，会给村寨带来灾祸。所以，蕉山的长山尽管在“大跃进”大炼钢铁时也受到了一定的破坏，但后来很快就自动停止了，到 20 世纪 80 年代后很快就恢复了，到如今山上的各种林木苍翠茂密，合抱的大树随处可见，林中鸟声阵阵，生机盎然，与古老、典雅的瑶寨浑然一体。

建村早、景色美，是蕉山的两大特色。而在传统文化建设方面蕉山村也有深厚的积淀。在蕉山，虽有若干不同姓氏的村民同住，但不同姓氏的村民之间，尊老爱幼，互帮互助，和睦相处，蔚然成风。不同姓氏之间相互通婚、共建“老人会”（当地为解决老人去世办丧事时面临的经济、人力困难而建立的一种互助组织）早已成为常态。受中原文风的熏陶，蕉山村民对教育极其重视，无论家境好坏，均把对孩子的教育视为家庭的头等大事来抓，颇有些“天寒迎风站，家贫子读书”的风骨，自国家恢复高考以来，五六百人的村寨，几乎每年均有子弟考入高等院校，如今全村有毕业之后在外工作的各类干部、技术人员、人民教师 50 余人，其中正厅级 1 人，正处级 3 人，副教授 2 人，可谓奇迹。

此外，蕉山村在瑶族文化认同、民族节庆以及风俗习俗等方面，都具有显著的自身特色，在五排瑶中具有重要影响力。

或许正是由于自身蕴藏着丰厚的民族历史文化资源的缘故吧，2013 年，在我国公布的第一批传统古村落中，僻处边远山区的蕉山村竟赫然在列，成为广西入围的几个传统古村落之一。这对全体蕉山人来说，无疑是一个天大的喜事、好事！同时也给他们带来了难得的发展机遇。近年来，他们充分利用国家级传统古村落这一品牌优势，大力发掘和打造民族和村寨传统文化，取得了一系列成绩：凭借古村落保护和建设的东风，对村中县级文化保护单位凉亭进行了全面维修，对部分老旧、毁坏的代表性建筑景观进行了抢救、修复，疏通了传统村道。为了进一步完善和美化村寨环境，村里还通过集资和争取政府支持的方式，修建了一个村寨活动中心、两个篮球场、一个村寨门楼，尤其难得的是，还在村尾原址上修复了原有的凉亭，从而使整个村寨的面貌更显美观、协调和自然。

在注重外观建设的同时，蕉山村还十分注重内部的文化建设，该村独特的“七月香”节庆文化品牌，已连续打造多年，2016 年、2018 年招徕的外地游客都逾万人，令许多七八十岁的老人都叹为观止。据县民宗局和文化部门的同志反映，县里已有计划将其列为县域重点打造的瑶族传统节庆文化品牌。村里的女子啦啦操队已有近十年的历史，蕉山村是全县最早出现啦啦操队的村寨之一，其女子啦啦操队多次参加县里举办的啦啦操比赛，获得佳绩，成为上下五排的常青树女子啦啦操队。蕉山村逢年过节的舞狮调龙文化更是古已有之，于今更盛，当地习俗认为，凡逢年节喜事，都应该舞狮调龙，且多多为善，一则可以增加喜庆气氛，二则可以显示村寨内部的团结与实力，三则可以增强村寨之间的感情和友谊，四则还可以祈愿来年的吉祥如意。因此家家户户成年男子甚至少年都以参与这种活动为荣，2018 年春节，蕉山村竟出现了六龙同舞的空前盛况，一些外出打工回乡的青年女子组成的女子调龙队也加入其中，成为一道亮丽的风景线。

“家有梧桐树，自有凤凰来”，目前，蕉山村正凭借其自身深厚、独特的历史文化底蕴及其散发的魅力，吸引着越来越多的外地游客前来观光游览，相信在不久的将来，她必将成为瑶乡一颗新兴的旅游明珠。

（作者系广西民族研究中心副研究员）

瑶山花开鲜如许 缘有痴心护花人

——记恭城瑶族自治县瑶学会会长莫纪德

瑶 梓

恭城瑶族自治县瑶学会会长莫纪德

在恭城瑶族自治县，一提起瑶学会会长莫纪德，可谓大名鼎鼎，极少有人不知道的。一个既不是官、又不算富的人之所以有这样的知名度，不因为别的，就因为他对瑶族和瑶族历史文化一往情深、痴心不改的爱及无私的奉献。

莫纪德1949年10月出生于恭城县西岭乡，是恭城土生土长的瑶族研究专家。从青少年时代起，他就对从小耳濡目染的瑶族文化情有独钟，以至于后来沉迷其中，难以自拔。早在20世纪七八十年代在西岭乡当老师之时，他就在教学之余，利用一切闲暇时间，有计划、有目的地深入到周边瑶族村寨进行调查访问，了解和收集有关瑶族历史、文化和民风民俗方面的资料。1984年，为加强《恭城县志》修订力量，莫老师被抽调到县志办工作，其时县里正在组建民族工作调查组进行民族工作调查，鉴于他的特长和爱好，被抽调到调查组，全程参加了调查组的民族调查（主要是瑶族调查）、民族识别工作，由此正式开启了他的瑶族调查研究之路。进入调查组后，他利用自己家在西岭瑶族乡并在当地任教，地头熟悉的有利条件，常常自购酒肉果蔬深入到瑶家农户进行调查，和他们喝酒聊天，了解当地瑶族的历史文化。当地瑶族好客，加之彼此熟稔，因此在酒酣之时，话头也多，老人们在交谈中往往知无不言，言无不尽，他因此对整个西岭瑶族的历史和文化有了较为全面和深入的了解和认识，获得了大量的第一手资料。1984 年 9 月，他将调研所得整理成一篇调查报告——《新合瑶族调查》，尝试着投稿到广西民族研究所主办的《广西民族研究》，不料竟得以在该刊次年的第 5 辑上顺利发表，并收到了 60 多元的稿酬（当时的月工资仅 30 多元），这无疑进一步激发了他的瑶族历史文化研究热情。20 世纪 80 年代的恭城尚未成立瑶族自治县，但在当地的干部、群众中要求成立瑶族自治县的愿望十分强烈。由于当时县内了解瑶族历史文化的中青年人才极少，所以莫纪德在这方面的专长很快得到了县领导、特别是瑶族领导的重视，1987 年原县人大副主任李绍任专门把他叫去，嘱咐他一定要把瑶族研究搞下去，而且要注意带动其他瑶族青年加入这一行列。老领导的嘱托让他深受感动和鼓舞，同时也进一步坚定了他从事瑶族研究的信念和决心。

1996 年，他从学校调到乡政府工作。工作的平台更高，接触面更广，下乡的机会更多，从而也有了更便利的与不同地方瑶族交往、接触的条件。在乡政府工作期间，他在完成本职工作之余，一如既往地进行着对瑶族历史文化的调查和研究，继续深入基层，走村入户进行调研，不断丰富和充实相关资料。1985 年，他加入了广西瑶族研究学会，此后参加了广西民族研究所、广西瑶族研究学会主办的一些学会年会暨学术研讨会，时常与时任广西瑶族研究学会会长黄钰、张有隽，以及玉时阶、莫金山等瑶族研究专家联系、交流。通过这些活动，拓展了视野，了解了广西乃至全国瑶族研究的总体状况和最新动态，明确了自己今后的调研重点和研究方向。2000 年，他将自己的调研视野扩大到整个县域，计划从宏观上对全县瑶族的历史来源、宗教信仰、节庆习俗以及文化特征等有一个全面、深入的了解和把握。为此，他利用下乡、出差、探亲访友等一切机会到乡外进行调研、考察，收集到了不少有价值的资料。2002 年，为了能够更专心地致力于瑶族研究，根据当时县里年满 50 岁的干部即可提前退休的有关规定，莫纪德办理了提前退休手续，从此，他将全副精力都投入到了对瑶族历史文化、特别是瑶族的宗教信仰研究之中，开启了他瑶学研究成果的丰产期。通过持续深入的实地调查，他对恭城伸家瑶、平源瑶、平川瑶、平地瑶、唐黄瑶、保庆瑶等不同支系的历史及发展源流、姓氏、信仰、习俗、文化等有了一个总体的认识和把握。在他的带动和影响下，全县关注和喜爱瑶族研究的同志不断增多。2004 年，他首倡成立恭城瑶族研究学会，得到了县领导的支持。于是他积极投入到学会的筹备工作之中，亲自草拟学会章程、物色学会会员、筹备成立大会等，2005 年 9 月，恭城瑶族研究学会正式成立，成为广西首个县级瑶族研究学会，共有学会会员 32 人，其中有机关干部、有学校教师、有医院医生，还有一些乡镇的瑶族知名人士。在他的主导下，恭城瑶族研究学会确立了“坚持瑶学研究，推进文化发展”的学会宗旨。由于他的积极奔走、呼吁和宣传，恭城瑶族研究学会得到了县委、县政府领导的重视，县政府每年从县财政中拨出 10 万元作为专项经费，支持学会开展工作。从此，莫纪德通过瑶学会的平台和力量，对全县瑶族（包括壮族）展开了更全面、系统的调查和研究。他要求会员们发挥自己身在瑶乡、身为瑶族，谙熟地方风土人情的优势，开展本土瑶族历史文化风俗等方面的调研，鼓励他们把调研成果整理成文字，汇集到学会，再由学会择优汇编成《恭城瑶学研究》成果定期出版，由此逐渐摸清全县的民族历史文化家底。学会在他的领导和带动下，调研热情高涨，成果连连，先后出版《恭城瑶学研究》14 期，120 余万字；召开了 12 次学会年会或学术讨论会，中央民族大学、广西师范大学、广西社会主义学院、广西瑶族研究学会、广西民族研究中心等院校和科研机构的专家学者受邀前来参加研讨会；研究队伍不断壮大，会员由成立之初的 30 余人发展到如今的 60 多人，后备人才越来越多，学会的知名度和影响越来越大；研究视野不断扩展，在深入调查、了解本土瑶族历史文化的同时，还到广西其他瑶族地区乃至云南、湖南、广东等地的瑶族地区进行了考察交流，并与当地的瑶族研究同行建立了联系。鉴于恭城瑶族自治县瑶族研究学会的成功实践，巴马瑶族自治县、金秀瑶族自治县以及河池市、百色市等瑶族人口较多的地方也纷纷效仿成立了当地的瑶族研究学会，促成了目前广西瑶族研究风生水起的局面。

莫纪德瑶学研究成果

鉴于恭城瑶学会的调研成果不断增多，影响不断扩大，2015 年，莫纪德以恭城瑶学会会长的名义与中央民族大学恭城籍知名瑶族研究专家、中国民族文化产业创意研究中心负责人朱雄全教授联系，双方达成了合作，将瑶学会优秀调研成果汇编成《恭城瑶族历史与民俗文化》专集并将其列入国家“985 工程”资助项目的合作意向。2016 年 4 月，由朱雄全、莫纪德主编的

《恭城瑶族历史与民俗文化》在中央民族大学出版社公开出版，这是莫纪德本人及恭城瑶学会集体调研成果的第一次集中公开对外展示。

在带领和推动全县瑶族研究事业不断发展、研究队伍不断壮大的同时，莫纪德会长本人更是以身作则，率先垂范。除亲自编校出版定期或不定期的《恭城瑶学研究》外，他自己也撰写了大量有影响的调查研究文章，如《瑶族的来源及特点》《恭城瑶族非物质文化遗产现状及保护对策》《新合村盘瑶历史文化再探》《势江源冯姓来历及文化初探》《黄泥岗盘王愿及瑶族宗教的思考》《瑶族始祖盘王及其传说考析》《盘瑶三大文化流派初探》等，凡70余万字，发表在这本学会内部期刊上，以期引起更广泛的关注和响应。近年来，随着掌握的瑶族资料的不断充实和研究的不断深化，他开始将研究视野转向更高更专的维度和目标。1984年7月，在当时恭城县观音瑶族乡发现的《梅山图》是迄今为止在中国境内发现的唯一的、以连轴彩色图册形式集中反映瑶族历史文化的画卷，引起了瑶学界的高度关注，但由于该类画卷存世少、目睹者寥寥，加之画卷的图案神奇、配文少而含义深奥、晦涩，因此尽管学界一致认为其蕴涵着重大学术研究价值，但至今鲜有专门研究者，更未有能全面辨析其内涵、用途及价值者。为此，已故广西瑶学会会长、著名瑶学专家张有隽先生深以为憾。有感于此，莫纪德先生决心下几年苦功夫，啃下这块“硬骨头”，以告慰当年曾鼓励、支持他进行瑶学研究的张老会长的在天之灵。说做就做，此后几年，他果然将全副精力投入到对《梅山图》的钻研之中。功夫不负苦心人，经过数年的努力，他的研究终于有了成果，2016年，他研究《梅山图》的第一个成果（瑶族）《梅山图注》在广西师范大学出版社出版，全书以图文并茂的形式对《梅山图》的分布、性质、内涵、结构、用途等做出了系统的阐述和说明，成为国内首部专门研究（瑶族）《梅山图》的专著。2017年10月，他研究《梅山图》的第二个成果（瑶族）《梅山经校注》由广西人民出版社出版，成为《梅山图注》的姊妹篇专著。这两部专著面世后，引起了瑶学界的广泛关注，覃德清、莫道才、冯智明等知名学者纷纷撰写书评与之交流，《广西民族研究》将之汇成专栏公开发表，成为一道亮丽的特色品牌。

恭城瑶族自治县地处桂湘交界处，属中原文化与岭南文化的交汇处，当地的瑶族文化极具特色。近年来，莫纪德先生开始将研究视角转移到这些地域的特色文化。碑文石刻是恭城最突出的地域特色文化之一，县境内留存有大量明清时期甚至更早时候的各种碑刻，极具整理和研究价值。有鉴于此，早在20世纪90年代，莫纪德就在田野调查之余，有计划地收集和整理各种碑文石刻，经二十余年的持续累积，竟达400余件。2017年，自治区少数民族古籍整理办公室得知这一消息，专门和他联系，请他将收集的石刻碑文整理汇编成《恭城瑶族碑文集》，纳入自治区古籍办的古籍出版项目。各类民歌是恭城瑶族自治县的另一重要民族文化资源，也是莫纪德关注的特色地域文化对象，他在田野调查中，在注意收集各种石刻碑文的同时，也注意调查、收集各类民歌，经年累月，积累了近千首之多，得到了广西民族出版社的关注，双方已达成出版意向。可以预料，这两部瑶族地域文化的编著面世后，必将成为瑶族研究的又一姊妹篇著作，受到学界的关注与喝彩。

“学以致用”“研以致用”，难能可贵的是，莫纪德先生在恭城倡导瑶学研究、发展瑶学研究，并不是纯粹地“为学而学”“为研而研”，他研究瑶族历史文化的目的十分明确：一方面是为了了解和掌握瑶族的历史和文化，另一方面是为了传承和保护瑶族优秀传统文化。所以，他在从事瑶学研究的过程中，始终关注着当地瑶族传统文化的保存和发展状况，注意将个人和学会的研究成果应用到县域瑶族文化的保护、传承和发展的实践之中。特别是进入新世纪我国确定了文化软实力发展战略以后，少数民族文化作为中华民族文化的重要组成部分，越来越受到社会各界的认可和重视。顺此潮流，莫纪德先生将自己的研究与当地瑶族文化发展实践结合起来，他秉持“百姓文化百姓做”的理念，指导和帮助相关人士对一些具有地域特色、内涵的瑶族文化进行发掘和整理，并向县里建言予以区别对待。在他的指导和帮助下，恭城瑶族自治县一大批具有民族特色和地域特色的瑶族文化项目得以保护、传承和发展，成为对外展示民族文化的亮丽品牌。全县申报成为省级非物质文化遗产项目名录的瑶族文化 7 项；三江花炮节、水滨盘王节、嘉会婆王节被打造成为恭城标志性的三大瑶族节庆活动，规模、影响持续扩大；三江的羊角舞、水滨的吹笙挞鼓作为对外展示瑶族文化的传统节目，更是声名在外，屡演不衰。

恭城瑶族自治县是我国最晚成立的一个瑶族自治县，但单就瑶族文化发展造成的声势、影响而论，颇有一种风生水起、后来居上的趋势，这其中，瑶学会及其会长莫纪德功不可没！

俗话说：“家有一老，如有一宝。”那是说对年轻晚辈居家过日子干事业而言，有一个阅历丰富、富有生产生活经验的老人在旁指点提携，不啻一笔重要的财富。我认为对瑶族的民族文化事业的发展而言，莫纪德正是恭城瑶族自治县的“一宝”！

（作者系广西民族研究中心副研究员）

从偏僻落后的瑶寨到“民族团结进步模范村”

——贺州市平桂区沙田镇金竹村的变迁

袁丽红

金竹村是贺州市平桂区沙田镇最边远的三个瑶族行政村之一，全村面积 18.92 平方公里，村委会驻地距镇政府 18 公里。全村共分金竹、水竹、黄南、鸭尾 4 个自然村，8 个村民小组。全村有 286 户，1711 人，全部为瑶族人口，其中金竹自然村是过山瑶，有 73 户、485 人，其余 3 个自然村均是土瑶。

金竹村位于海拔 1000 米以上的大桂山脉腹地，风景优美，但过去由于山高林密，山多地少，交通不便，与世隔绝，发展极其缓慢。近年来，在各级党委、政府的关怀帮助下，村两委在抓好经济建设的同时进一步巩固民族团结进步事业，使全村形成和睦相处、共同繁荣发展的良好局面，这个“落后村”变成了远近闻名的“民族团结进步模范村”。2013 年，金竹村分别获得广西壮族自治区第七次“民族团结进步模范集体”称号和贺州市第二次“民族团结进步模范集体”称号；2014 年，金竹村获得国务院颁发的第六次“全国民族团结进步模范集体”称号。

金竹村的荣誉墙

金竹村委大楼

金竹村一角

村里的茶园

2000年以前，金竹村还是一个极为偏远落后的瑶族村，那时村里没有电，没有自来水，通往外界的那条不到1米宽的羊肠小道也只能供行人通行，连自行车都无法进入，运送货物只能靠肩挑背扛。从村里到镇上，赶圩往返要走七八个小时，每到沙田街圩日，村民们经常是凌晨天未亮就出门，挑着自产的茶叶、箩筐、粪箕、木板等山货到街上售卖，再购买一些生产生活用品挑回来，往往天黑才能到家。

俗话说："要想富，先修路。"为了改变贫穷落后的状况，村民们全员出动，自发修路，全村16岁以上60岁以下的劳动力，都自带锄头、铁锹等工具去参加修路，当时连炸药都是村民买原料自制的，只是向上级部门申请了一些雷管和导火索。经过三四年的努力，到2003年，终于开通了一条可供摩托车和小型农用车通行的泥石路。2014年，村委所在的金竹片修通了水泥路，之后的几年，各片区也陆续修通了水泥路，虽然路面还相对较窄（进屯路一般只有3.5米宽），但毕竟是水泥路，农用车和小汽车可以随意进出，极大地方便了村民的出行。目前，村民出行的交通工具以摩托车为主，部分家庭有小汽车或农用车。

金竹村委始终把维护民族团结，促进民族进步，振兴民族经济作为全村的重要任务来抓，带领村民积极探索适合瑶族山区经济发展的新路子。国家实施精准扶贫政策以来，金竹村把精准扶贫作为"总钥匙"，将产业扶持和民生工程作为解决问题的关键，村两委班子积极示范带动，除了传统的种养之外，还因地制宜大力发展茶叶种植、中药种植以及传统手工艺等产业，群众的收入水平有了较大提高。每到春茶采摘的季节，天刚蒙蒙亮，山里的雾气还未散去，妇女们就已背上背篓，前往村里的集体茶园采茶。男人们也开始忙碌起来，到村里的竹林中寻找合适的竹子，为制作竹编制品做准备。竹编工艺是瑶乡人民世代流传的手艺，竹编制品可以让山里的竹子发挥出更大的经济效益，成为名副其实的"金竹"。

为了改善村民们的生产、生活条件，村委积极向上级部门申请资金和项目，村民们有钱出钱，有力出力，积极投工投劳，村里的各项基础设施逐步得到完善。各自然村基本实现了村村通，村民住房条件得到极大改善，饮水问题基本解决，瑶族同胞的生产生活水平得到了显著提升，瑶村生产发展、环境和谐稳定，安定有序。如今进到村里，一栋栋外观装修漂亮的楼房就出现在眼前，有一层的、两层的、三层的，其中最显眼的应该算是村委办公楼，这是一栋三层的楼房，楼顶插有国旗，还装有两个大喇叭。村委前面的空地、围墙和村主巷道上均设置有宣传栏，介绍村情、宣传党和国家的政策，悬挂宣传标语等。

在经济条件改善的同时，金竹村也没有忽视文化上的充实，村子里不仅办起了瑶绣班，还组建了文艺队。金竹村是传统文化保存得较好的瑶族村，当地的瑶族妇女擅于刺绣，农闲的时候，随处可见做刺绣的妇女。瑶绣班设在金竹小学，由该校的冯红芳老师负责教学生，瑶绣班学生多的时候有30多人。村里的黄春金老先生是瑶族神像画制作大师，他的神像画远近闻名，周边地区很多道公所用的神像画均出自他的手，广西民族博物馆也收藏有他制作的瑶族神像画。现年78岁的黄春金老先生于2017年被认定为贺州市非物质文化遗产"平桂瑶族神像画制作技艺"的代表性传承人。目前，金竹村正在打造瑶情特色旅游乡村，瑶族文化展示将是其中一个重要的内容，正在建设的民族风情展示馆，房屋主体已基本建成，建好

瑶族神像画代表性传承人黄春金

黄春金制作的瑶族神像画

瑶族刺绣代表性传承人冯红芳

后将用于展示当地瑶族的传统文化。

“就学难”问题长期以来困扰着金竹村的老百姓。20 世纪 90 年代以前出生的人，因为条件限制，读书普遍很少，尤其是女孩子，大多数只上过小学一、二年级。为了解决村里孩子上学难的问题，2005—2015 年，金竹村先后投入 100 多万元建起了一栋两层砖混结构的教学楼，一栋两层学生宿舍楼和一个篮球场，配备有厨房和食堂，学生可在学校寄宿。目前金竹小学校本部设有学前班和一、二、三年级，此外还下设有 3 个教学点，各教学点设学前班和一年级的课程，黄南教学点还设有二年级，不实行寄宿；四年级以上的学生则到沙田镇中心小学上学，那里设有寄宿制民族班。现在年轻一代的受教育水平有了较大提高，基本上都能读完九年义务教育，还有不少学生读高中、上大学。从 20 世纪 70 年代至今，有 10 多位从金竹小学毕业的学生考上了本科院校。

在新时代中国特色社会主义思想的指引下，在各级党委、政府的殷切关怀下，金竹村的生产生活水平不断提升，民族团结氛围愈加浓郁，“民族团结和谐幸福”之花愈加绽放。

（作者系广西民族研究中心研究员）

旧貌换新颜　“土瑶”寨已不再“土”

——记贺州市平桂区沙田镇狮东村大冲土瑶寨的变迁

袁丽红　袁泽宁

大冲屯以前的泥石路和木板房

村里的小路和木板房

大冲土瑶寨是沙田镇狮东村的一个自然屯，坐落在沙田镇南面的大山深处，距离沙田镇政府约 18 公里，全屯有 86 户，480 多人，全是土瑶。这里山高林密，空气清新，风景亮丽，环境优美，但土地资源匮乏，只有坡地，没有水田。

改革开放后特别是近十年来，在党中央和各级政府的关怀帮助下，大冲瑶寨在交通、住房、电力、通讯等方面均发生了很大变化。昔日只有一条羊肠小道通往外界的小山村，如今从镇上有水泥路可以直接通到村口，木板房也已逐渐被砖混结构的小洋房所代替，靠点柴火、煤油灯、马灯照明的日子也已经一去不复返，村民们不仅用上了电灯，电视机、电饭锅、电风扇等各种家用电器也已进入各家各户，手机已成为绝大多数成年人的标配。

20 世纪 60 年代以前，大冲瑶寨的人外出只能通过崎岖的山路翻过一座又一座的大山。1962 年开始，村里各家各户投工投劳，修了一条相对平整的羊肠小道通往外面，但这条羊肠小道只能供行人通行，车子根本无法进入。瑶民们外出赶集，只能靠步行，要走四五个小时才能到达集市。

山里的货物如果要运出大山，完全依靠人力肩挑步行，出入非常艰难。每当沙田街圩日，为了赶集，瑶民们经常半夜就要起床，挑着货物点着火把赶路，赶在天亮前走出大山，这样才能在当晚赶回家里。有时货物卖不出去，只能贱价卖掉，换回一点生活必需品，有时实在卖不出去，无可奈何的他们只好投奔亲朋好友家，或在集市的小客栈住宿一晚，如果住小客栈，辛辛苦苦卖山货换得的一点钱可能还不够支出，生活极为艰辛。

为了改变落后的交通状况，从 2000 年开始，在村干部的带领下，瑶民们发扬愚公移山精神，以冲天的干劲凿山开路，每年修通一段，每家每户投工投劳，用锄头、锤子、铁锹等工具把狭窄的路面拓宽到一两米，遇到巨石无法开凿的路段，就向上级政府部门申请一点炸药用于爆破。经过几年的努力，到 2005 年，终于修通了可供摩托车通行的道路。但道路仍然崎岖狭窄，特别是一些陡坡路段，驾驶摩托车进出都要小心翼翼，提心吊胆。

狮东村各土瑶村寨交通落后通车难的问题引起了上级有关部门的重视，从 2006 年以来，每年划拨部分资金用于狮东村扩建村道。在各级党委和政府的关心帮助下，经过多年的努力，2012 年大冲瑶寨修通了可供小车和农用车通行的泥石路。2017 年，在原来的道路上铺上了水泥。如今，水泥路已经从镇上一直通到村里，极大地方便了村民的出行，过去赶集要四五个小时，现在只要 40 分钟便可到达。瑶民们家家户户都买了摩托车，有少数家庭还买了汽车或农用车。

大冲瑶寨不但道路交通方面得到了改善，瑶民们的居住状况也发生了很大的变化。过去，这里的瑶民们住的大多数是木板房或者是泥夯房，由于房子搭建在冲槽溪流边上，所有房子不但黑暗而且潮湿，属于危房的占大多数。近几年来，各级党委和政府响应党中央的号召，加大农村贫困地区特别是边远贫困山区少数民族的扶贫攻坚力度，对大冲土瑶寨实行了危房改造补贴和异地搬迁补贴，现在 85%以上的土瑶家庭都建了水泥楼房。

由于受旧村地形的限制，大冲瑶寨的大多数家庭都迁移到地势开阔、阳光充足的原老田厂周边建造新房。今天，如果你来到当年生产队时用于干活歇脚的田厂，会发现当年用木板搭建起来的厂房已不复存在，出现在眼前的是一幢幢水泥楼房，数不胜数，有一层的、两层

通往村里的水泥路

村民建的楼房

的，还有三层的。这里已经成为大冲土瑶群众的新家园。新建的小楼房里，不但通水通电，而且普遍都有卫生间，有些人厨房里还装上了漂亮的橱柜，用上了热水器、电冰箱、洗衣机等。

进入21世纪以来，大冲瑶寨村民们的生计方式也发生了很大的变化。以前村民们靠山吃山，采用刀耕火种的方式种植一些山地作物，以此来维持生活。如今，很多人已走出大山，年轻人大多外出打工，一些中年人也在周边地区打工，打工已成为很多家庭最主要的收入来源。那些留在村里的村民，以种植生姜、油茶、茶叶、杉树、竹等经济作物或林木来增加收入，还有的从事竹艺编织、黑茶养护等工作。

狮东村是一个瑶族贫困村，为了让土瑶人民摆脱贫困，奔上致富路，过上好日子，平桂区政府派出一名党员干部担任狮东村驻村第一书记。在驻村第一书记的带领和帮助下，大冲瑶寨已办成第一间竹艺编织加工厂，从此瑶民们在家门口就能从事竹艺编织工作，工艺熟练者每天可以获得100多元的报酬。当前，驻村第一书记正带领大家计划在大山深处种茶，发展茶叶产业，以此来增加土瑶村民的经济收入。

大冲土瑶寨的变化，充分展示了改革开放所取得的丰硕成果。我们坚信，在以习近平同志为核心的党中央的坚强领导下，在各级党委和政府的关心帮助下，大冲土瑶村寨将会以崭新的面貌展现在世人面前，大冲瑶寨的明天定将更加美好！

（作者袁丽红系广西民族研究中心研究员，袁泽宁系广西贺州市平桂区沙田镇教委退休教师）

竹艺编织

编织好的竹制品

土瑶族群的教育发展及现状

袁丽红　袁泽宁

土瑶是我国瑶族众多支系中的一支，人口较少，总人口约8500人。主要聚居在贺州市平桂区鹅塘镇的明梅、大明、槽碓和沙田镇的金竹、新民、狮东6个行政村。土瑶村寨多数坐落在山腰和幽谷之中，高山峡谷连绵，沟壑纵横，居住分散，位置比较偏僻，交通不便，远离乡镇中心，最近的瑶寨到达圩镇也有十几公里，远的有30多公里。

由于土瑶族群居住分散又较为偏远，因此他们的受教育水平非常低。20世纪50年代以前，土瑶山区没有正规的学校教育。95%以上的土瑶子女没有读书识字的机会，妇女的文盲率100%。对于大多数民众来说，求学从来都是一种奢望，因为一天三餐还不能保证，哪有余力求学？因此，不管男孩还是女孩，都没有就学的机会与想法，于是几乎整个族群都是文盲。为了改变土瑶几乎文盲的状况，从20世纪50年代开始，党和政府相继在各个瑶寨办起了学校，50年代建立了14所（个）小学（教学点），60年代以后又创建了7个教学点。1952年，整个狮狭乡（即现在贺州市平桂区沙田镇狮东村）只有学生28人；1956年，则有99人；1958年9月底统计，全乡共有学生175人，在设立了学校的村寨内，适龄儿童大都进了学校。教学点的条件虽然比较简陋，每个教学点只搭建一间教室，安排一位教师，采用复式班教学，但土瑶家的孩子从此开始走进学校，接受学校教育，结束了整个族群都是文盲的历史。

由于交通不便，各个土瑶自然村寨又远离学校，远的走路要一至两个小时才能到达，并且要翻山越岭，早出晚归，对于一个几岁到十几岁的孩子来说，上学之路确实困难重重，让家长们很担忧。过去很多土瑶孩子读了二年级便辍学在家，不愿上学，只有学校所在自然村的孩子能读到三四年级或小学毕业。直到20世纪90年代，土瑶学生能读到初中毕业的大约只有10%。

土瑶孩子上学难，完成学业难的问题引起了党和政府及有关部门的高度重视。为了解决好土瑶孩子上学难的实际问题，首先要改变土瑶地区交通落后的状况。所以从2000年以来，在党和各级政府的关怀帮助下，凡通往各土瑶自然村寨的主干道都打响了通路的攻坚战。经过10多年的努力奋战，如今各土瑶自然村寨主干道都修通了路，并且大部分路段都是水泥路。路修通了，土瑶孩子的上学之路也走得更顺畅了。现在，土瑶的孩子基本上能完成九年

明梅小学教学楼

明梅小学的学生利用休息时间写作业

义务教育，还出了不少大学生。据统计，2007 年至 2017 年，沙田、鹅塘两镇寄宿制瑶族班共培育小学毕业生 1859 人，初中毕业生 1206 人，考上高中的学生 95 人，考上大学的学生 41 人。

目前，土瑶聚居的各行政村均设立了寄宿制小学，开设学前班至三年级（或四年级）的课程，建有教学楼和学生宿舍楼、学生食堂，学生平时吃住在学校，寄宿的瑶族学生均有每人每学期 500 元的生活补助。距离村小学较远的片区则设立教学点，其中沙田镇的狮东村小学、金竹村小学、新民村小学各有 3 个教学点，鹅塘镇的大明村小学也设有一个教学点。因为师资力量不足，目前教学点采用的是复式班教学，一位教师要负责两个以上班级的各科教学，一般教学点只办学前班和一、二年级。在村小学读完三年级或四年级以后就要到镇中心小学就读。鹅塘镇的中心学校开办有四至六年级的寄宿制瑶族班，沙田镇中心小学开设有五至六年级的寄宿制瑶族班。镇中学开设有七至九年级的寄宿制民族班，土瑶的孩子在镇中心小学民族班读完六年级后，全部安排到镇中学就读，直到初中毕业。目前，平桂区政府正在平桂城区建设一所 1500 人办学规模的九年一贯制的全寄宿制民族学校，学校建好后，沙田镇和鹅塘镇民族班的瑶族学生全部都可以到该校上学。

金竹小学干净整洁的食堂

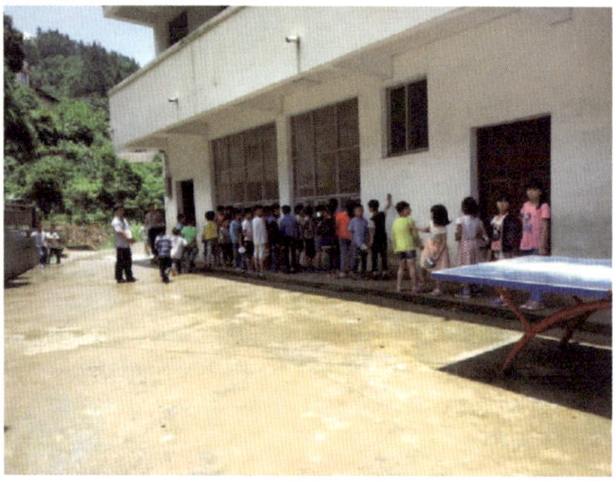

金竹小学的学生们排队打饭

新民小学马窝教学点

师资配备方面，当前每个土瑶行政村小学均存在教师严重匮乏，教师老龄化严重等问题。就拿沙田镇狮东村小学来说，总共只有 9 名教师，其中 5 位是公办教师，4 位是代课教师。5 位公办教师中只有 2 位是本村的瑶族教师，其他 3 位是外地的汉族教师；4 位代课教师全部是本村人，只有初中文化水平。9 位教师中有 3 位在各教学点任教。村中心点学校只有 6 位教师，办有一至四年级四个班级，其中有 3 位老师分别兼职校长、教导主任和事务，每位教师的工作任务都很繁重。而教学点因为学生人数较少，只有一个老师，但要同时教授两个年级以上的课程，只能采取复式教学，教学质量可想而知。

金竹小学教学楼及运动场

此外，土瑶行政村小学的基础设施落后，教学质量滞后，教学方式陈旧，创新能力差等问题也较突出。6 个土瑶行政村村小学普遍存在住宿条件差，缺少运动场所等问题，但受地理条件影响，6 个村的小学均无扩建条件。如新民小学马窝教学点只有几间教室，教室前是一条水泥路，没有运动场所，也没有饭堂。各村小学的教学设备也较落后，普遍缺乏先进的教学设备，一些教学点甚至连普通的教学器材都不完善。

学前教育方面，由于土瑶族群分散居住在方圆几十公里，生源分散，很难集中办幼儿园，目前土瑶聚居村还没有幼儿园，要上幼儿园的孩子只能送到乡镇的幼儿园。许多瑶族学生家长已逐渐认识到学前教育的重要性，所以也有很多土瑶家庭把孩子送到圩镇上幼儿园，接受学前教育。很多家庭为了孩子上幼儿园，特在圩镇上租房子居住，为了解决生计问题，有的家长在镇上一边陪读一边打工。

从纵向发展来看，土瑶族群的教育发展有了很大进步，从中华人民共和国成立前的几乎整个族群都是文盲，发展到现在，所有适龄儿童都能接受义务教育，还出了不少大学生。但从横向对比来看，因受地理环境和教育观念等诸多因素的影响，土瑶的教育还相对滞后。据统计，土瑶地区的教育水平在平桂区的沙田和鹅塘两个乡镇各个行政村中一直是最低的。总的来说，要提高土瑶族群的整体教育水平，依然任重道远。

（作者袁丽红系广西民族研究中心研究员，袁泽宁系广西贺州市平桂区沙田镇教委退休教师）

瑶族地区的特色养殖——恭城竹鼠

何国庆　吴翠红　刘克俊

竹鼠，又称竹馏、芒狸、竹狸、竹根鼠、冬毛老鼠等，属哺乳纲啮齿目竹鼠科竹鼠属，是广西的重点保护动物。竹鼠以竹子、芒草、植物茎杆等为食，因喜吃竹而得名。它体大肉多，肉质细腻精瘦，味道鲜美，是一种营养价值极高的低脂肪、低胆固醇、高胶原蛋白的野味上品。人工饲养的竹鼠也是地道的山珍野味，既没有膻味等杂味，又保持了野味原有的肉质鲜嫩、风味浓郁等特点。它的毛皮绒厚柔软，以竹鼠的皮、毛、胡须等为原材料制成的皮衣、皮包、毛衣、毛笔等商品，在国际市场上极为抢手。竹鼠还具有很高的药用价值。现代医学证明，竹鼠肉具有促进人体白细胞和毛发生长，增强肝功能和防止血管硬化等功效，对抗衰老、延缓青春期有良好效果，是天然美容和强身佳品；竹鼠的胆、肝、心、脑、睾丸、肾均可入药；中华竹鼠的油可治烫伤、烧伤等病；竹鼠尾中的线状白筋可制成外科手术缝合线。由于竹鼠具有较高的经济价值和药用价值，在国内已被大规模养殖，成为具有经济效益的养殖产业之一。

正在吃竹子的竹鼠

中华竹鼠

恭城瑶族自治县地处桂东北，属亚热带季风气候区，良好的生态环境和丰富的自然资源非常适宜象草、茅草、竹子等植物的生长。恭城瑶族自治县的竹子资源丰富，20 世纪 70 年代末，农民为了编织竹篓及其他竹制品出售，发展农村经

竹鼠多层立体养殖模式

竹鼠立体养殖笼

济，种植了大量的竹子；进入80年代，随着农村经济转型，竹篓等竹制品需求减少，很多竹子无人利用，造成浪费。恭城瑶族自治县也非常适合南方禾本科牧草的生长，山区可以充分利用门前房后的空闲土地来种植牧草。竹子、象草秸秆、木薯秆、甘蔗等都是竹鼠纯天然的食物来源，且在当地取之方便，这就为民众养殖竹鼠提供了有利条件。

恭城瑶族自治县的竹鼠养殖已有多年历史，有“中国竹鼠之乡”的美称，是目前全国竹鼠养殖最集中、繁育多、质量上乘、技术成熟的地方。2014年，“恭城竹鼠”入选农业部农产品地理标志保护登记产品。“恭城竹鼠”获国家级农产品地理标志认证后，恭城瑶族自治县利用这一知名品牌，进一步严格饲养管理规程，生产出符合无公害农产品要求的竹鼠产品，努力打造成全国竹鼠产业基地。到2018年，全县的竹鼠存栏20多万只，出栏34万只，全县规模竹鼠养殖户达2000多户，其中养殖200对以上竹鼠的示范户有150多家，成为华南地区最大的竹鼠养殖基地。

早在20世纪80年代，恭城瑶族自治县就有群众开始驯养野生竹鼠，当时养殖的规模不是很大。90年代以后，恭城瑶族自治县竹鼠养殖业得到了迅猛发展，竹鼠养殖成为恭城瑶族自治县的新产业。特别是近年来恭城瑶族自治县的柑橘主导产业遭受黄龙病重创之后，农民增收无路，收入普遍下滑。县委、县政府及时调整优化产业结构，充分挖掘竹鼠等经济效益高、群众养殖基础好、具有地方特色的产业，把发展特种养殖作为一项促进农民增收的短、平、快经济养殖项目来抓，积极引导农民发展特色生态养殖，全县竹鼠养殖户迅速增多。

2011年，为提升恭城瑶族自治县生态养殖农业品牌，加快特色养殖产业化健康发展步伐，恭城瑶族自治县出台了养殖业奖励扶持政策。县财政每年预算畜牧业养殖发展奖励资金300万元，其中100万元用于特色养殖奖励扶持。从2012年开始，县委、县政府每年都在全县农业农村工作会议上，对发展养殖、销售成绩突出的养殖户、流通组织、合作社进行表彰奖励，有力地促进了全县特色养殖业的发展。县里还对具有一定规模和具备优势条件的养殖大户进行重点扶持，引导其开展食品加工质量认证。2013年，亿富升竹鼠养殖有限公司的竹鼠产品加工顺利通过食品加工质量QS认证，成功打入市场并获得消费者的认可。

2012年以来，恭城瑶族自治县整合自治区扶贫办争取的“十百千工程”项目，连续3年共整合资金900万元，用于发展竹鼠特种养殖。至2015年底共发放种鼠42000多对，扶持

上林竹鼠创业团队到恭城考察学习

农户 2100 户。2017 年，恭城瑶族自治县人民政府出台了《恭城瑶族自治县竹鼠产业精准扶贫实施方案》，以竹鼠养殖合作社为依托，带动贫困户发展竹鼠养殖脱贫致富。恭城瑶族自治县走“合作社+农户”“公司+农户”的路子，采取供鼠、供料、供技术、回收产品的一条龙服务经营模式，不断提高养殖户的凝聚力和抗风险能力。同时，对全县特色养殖产、销、供等环节统一规范，确保广大养殖户在合作社的统一指导下，有序地积极发展养殖，确保带动全县特色养殖不断发展壮大。目前，全县已成立竹鼠养殖专业合作社 30 个，养殖公司 5 个。合作社带动养殖户 1000 多户，“公司+农户”模式发展养殖户 30 户，2017—2018 年带动 300 多户贫困户脱贫致富。其中西岭镇茅坪竹鼠养殖专业合作社总户数 56 户，带动 11 户贫困户养殖竹鼠，户均养殖种鼠 96 只，2017 年户均获利 2.88 万元。合作社实行分养联销，每销售一只竹鼠，提 3 元钱作为合作社的经费。经费主要用于合作社组织培训、参观，建立销售网站。

为进一步扩大在特种养殖市场的知名度和影响力，拓宽销售渠道，竹鼠养殖专业合作社、销售公司通过网络信息平台对外发布商品信息，商品鼠已远销到北京、上海、重庆、天津、广东等多个省市，鼠苗也已畅销到江南四省。每年销售到外省的竹鼠达 15 万只。

竹鼠养殖生态环保，竹鼠粪便可作农家肥和食用菌的原料，规模养殖可形成“竹鼠养殖+甜竹种植、竹鼠养殖+食用菌”模式，有利于提升“养殖—沼气—种植”三位一体的生态农业发展模式。目前商品竹鼠每斤价格在 50 元左右，种苗在 250 元/对左右，假如一户养殖 100 对竹鼠，养殖户一年平均可获纯收入 4 万—6 万元。据测算，竹鼠产业为该县农民人均增收的贡献值为 80 元/人左右，竹鼠产业在农民人均增收方面立下了一定功劳，成为本县农业产业结构中重要的一员，也是近年来农民增收中短、平、快的致富项目之一。

恭城竹鼠作为优秀的地方珍稀特产品种，深受群众喜爱和消费者的欢迎。自 2009 年中央电视台第七套节目《每日农经》《致富经》《农广天地》等相继报道恭城瑶族自治县的竹鼠产业后，外地养殖户纷纷到恭城学习技术、购买种竹鼠及成品竹鼠。恭城瑶族自治县畜牧单位联合当地的竹鼠养殖企业依靠自身的技术优势，制作竹鼠养殖专题片，撰写了科普书《恭城县扶贫培训养殖技术手册》，免费为全国各地的养殖户进行技术培训，并通过广播电视媒体广泛宣传，扩大了规模特种养殖的影响面，所撰写的特色养殖技术科普书被列为广西壮族自治区水库移民培训教材和广西农业广播电视学校电教教材。

恭城瑶族自治县立足县情，以促进农民增收为目标，立足自身资源优势，坚持彰显特色，积极引导农民走特色生态养殖发展之路，全县以竹鼠为代表的特色生态养殖发展势头迅猛，取得了良好的社会效益、经济效益。今后，仍需积极引导特色养殖户进一步向产业化、规模化、集约化、信息化方向发展，确保全县的竹鼠特色养殖产业持续健康稳定发展。

（作者何国庆系恭城瑶族自治县水产畜牧兽医局高级畜牧师，吴翠红系平乐县水产畜牧兽医局畜牧师，刘克俊系广西畜牧研究所高级畜牧师）

第四章　芦笙吹响　苗岭春来

创业大苗山——“贝江村”品牌创始人蒙可畅

袁丽红

蒙可畅，这个“80后”小伙子，是融水青年创业协会会长，融水百姓宣讲员，现任广西融水苗族自治县牧恩生态养殖有限公司的总经理。

牧恩生态养殖有限公司成立于2013年1月，该公司注册了“贝江村”品牌，以“勤劳、创新、责任、感恩”为品牌文化，以“传承民族味道”为品牌理念，通过“公司＋合作社＋农户基地＋专卖店＋电商”的模式不断发展。公司主营产品有融水香鸭、贝江土鸡、七彩土鸡蛋、山茶油、苗家腊味、黑木耳、枫木香菇、野生重阳笋干、重阳酒、有机元宝山茶等原生态森林食材和融水特产。牧恩生态养殖有限公司现有员工30人，品牌专卖店6家，全国直销点36家，全国合作星级酒店、农庄近百家，全国电商代理商900多名。公司还与7家专业合作社合作，带动260家农户进行生态养殖、生态种植，让每户农民平均增加年收入2万元。

说起蒙可畅，他虽然年轻，却颇具传奇色彩。他出生于融水苗族自治县汪洞乡产儒村一个壮族农民家庭，从小在山里长大，养成了吃苦耐劳和敢闯敢拼的性格。他的职业生涯经历了从“城市白领”到“鸭司令”，再到“电商王”的转变过程。

2003年中专毕业时，蒙可畅跟大多数年轻人一样，选择到大城市闯荡。他刚到广东深圳新兴工业集团的时候，做过搬运工，后来通过自学，不断提升自己，当上了设计师。2006年，他到汕头市时佳实业有限公司，经过努力，当上了该公司的设计总监，进入公司高层，成了名副其实的“城市白领”，年薪达20万元。自己的生活虽然越过越好，但每次回到家乡，看到乡亲们的生活没有多少改观，山区依然没有多大变化，虽然特产众多，却搁置深山卖不出去。蒙可畅觉得自己有责任为家乡的发展尽一份力，于是他毅然决定放弃干净整洁的办公室，放弃待遇优越的设计师身份，甘愿做一名返乡创业青年，走上了每天与鸡鸭打交道的创业之路。

蒙可畅的公司从融水香鸭做起，采取“公司＋基地＋农户＋品牌专卖店”的模式，与养殖户签订养殖合同，由公司提供种苗，香鸭出栏后由公司统一收购。养殖户只管喂养，不用担心销售问题，对香鸭的养殖热情便空前高涨起来。传统卖鸭子都是按重量来计算价值，在利益的驱使下，养殖户不断使用催长剂和高能饲料，使鸭肉的品质不断下降，而高能饲料的成本也很高。为了保证香鸭的品质，让消费者买到货真价实的香鸭，蒙可畅要求养殖户生态

融水香鸭鸭苗

会飞的融水香鸭

放养，并强调养殖天数要达到100天以上才能出栏，收购香鸭时论只不论斤。他把鸭苗供应给有规模、有条件的农户养殖时，在产销合同上就约定，香鸭出栏时只论只数不论重量。蒙可畅的做法让养殖户吃了定心丸，安心用五谷杂粮喂食，养足天数后就打电话叫蒙可畅来收购，香鸭品质有了保障。2014年，融水水产畜牧兽医局将中国地理标志"融水香鸭"的唯一合法使用权授予蒙可畅的公司。"融水香鸭"是国家工商总局商标局注册证明商标。

除了融水香鸭外，蒙可畅还把产品延伸到了贝江土鸡和鸡蛋等农产品。他和全县20多个土鸡散养基地合作，售卖乌鸡、凤鸡、家鸡、苗鸡，以及这些不同品种的鸡所产的颜色各异的"七彩蛋"。刚开始，家乡的土鸡蛋可真让他犯了难，他发现农户每次送来的鸡蛋规格、颜色、品种都不统一，很难整合。有一天，蒙可畅突然灵光一现，他发现把这些不同颜色的鸡蛋组合在一起，是那么漂亮，这可能是销售的一个亮点。于是，经过精心组合包装后，这些混合颜色的鸡蛋就变成了"七彩土鸡蛋"。2017年，"七彩土鸡蛋"的销售量就高达1500万元。仅此一项，他就带领180多户贫困户走上了脱贫致富之路。

蒙可畅在不断向外推广融水香鸭和贝江土鸡的同时，还为调整地方的生态养殖结构，培育新型高效畜牧销售服务产业，为加快生态养殖业的健康平衡发展做了不少贡献。他将原来各自为政的养殖户进行统一养殖计划安排，规范了养殖时间、养殖环境、养殖方式、品质标准、回收最低价格等，引导养殖户有计划进行销售工作。这不仅增加了农户的收入，还为农户与消费者搭建起产销桥梁，所销售的香鸭、土鸡，受到了佛山、茂名、贵阳、南宁、柳州、融水等多家星级酒店的青睐，纷纷与之建立长期良好的合作关系。

当上"鸡鸭司令"的蒙可畅并不满足，他又开始琢磨着把苗山的更多特产销往全国各地。蒙可畅和他的创业伙伴通过QQ群、微信朋友圈以及淘宝网等网站平台，发展电商销售，如今他已成为苗山里的"电商王"。蒙可畅说："我们'贝江村'不仅销售融水香鸭和土鸡，还包括香菇、木耳、竹笋、灵芝、七彩土鸡蛋等大苗山的土特产，我们要把大苗山广大农村的原生态优质土特产销售到世界各地，让大苗山群众获得更好的收入。"

蒙可畅和他的创业团队，遇到不同的节日就会推出不同的热销产品。新年临近的时候，

蒙可畅查看融水香鸭

蒙可畅观察贝江土鸡生长情况

公司热销“新年大礼盒”，大礼盒包括腊鸡、腊鸭、腊肉、彩蛋、香菇、干笋等苗山土特产，2017 年第一季度就销售“新年大礼盒”6000 余套，销售额在 120 余万元。端午节前，“七彩粽”又成了公司热销的产品，他们推出的“七彩粽”包括经典白米粽、小米粽、彩米粽、黑米粽、紫黑香糯粽、白蛋粽、咸蛋粽等。通过彩粽的销售，原每公斤 6 元的优质大米可提高到每公斤 20 元。这样，与他合作种植优质大米和包粽子的村民都增加了收入。

除了直接与养殖户和种植户签订种养合同，他还与香粉、大浪、汪洞、安陲等乡镇合作，销售这些乡镇所产的农副产品；与白云乡瑶口村山茶油基地、红水乡黄奈村紫黑香糯基地合作，推广农耕文化“生态之旅”，通过生态旅游带动更多农民致富。目前，与他合作的有广西融水铭株农业合作社、联众果蔬种植合作社、三融合作社等 7 家专业合作社以及永富生态农业有限公司等企业，带动 260 家农户进行生态养殖、生态种植，让生态观念深入农户心中。

经过多年的诚信经营，企业得以扎实稳健发展，销售额从 2013 年的 40 万元，发展到 2017 年的 3000 多万元。其实蒙可畅的返乡创业之路并非一帆风顺，其中的艰辛只有他自己最清楚。创业初期，货源方面十分短缺，为了找到纯正的融水香鸭，蒙可畅跑遍了融水的大小山村，听说哪里有鸭子就跑去找。蒙可畅要寻找的鸭子，是 4 代之间互相没有血缘关系的融水香鸭。香鸭性情温顺，比较耐寒，它们在九万大山里已经有 200 多年的历史，村民们都是散养十几只，留着自己吃，或者卖了赚点零花钱。而蒙可畅要做的可是大生意，他打算把家乡的融水香鸭卖到大城市去。如果把香鸭的产业做起来，销到全国各地，市场规模肯定是非常大的，这是一个巨大的商机。2013年，蒙可畅一共找来300多只符合他要求的鸭子，给它们建起了种鸭房，还给每一只鸭子详细记录了家系图，给每一只鸭子都建立了档案。为了培育出优质的香鸭，鸭子之间谁跟谁谈对象，也得蒙可畅说了算。为了防止融水香鸭近亲繁殖，影响鸭子的品质，他让不同家系的鸭子互相交配，每隔两年，还要和别的种鸭场的香鸭走外亲。

蒙可畅把种苗提供给养殖户，香鸭、土鸡出栏后又要亲自去收购，而他所找的养殖户都是在十分偏远的山区，如同练乡、安陲乡一些偏远的村落，有的还要翻山越岭、跋山涉水；最远的养殖户要翻过九万大山，在与河池市接壤的边界，通常行车要五六个小时。因为创业初期资金短缺，没钱雇请员工，蒙可畅只有等店里收工之后，才赶往养殖基地，等赶到时，通常已是凌晨，然后与农户到树上捉鸡，或河边赶鸭，装满一车又匆匆赶回来。因返程途中都是半夜在幽静的山区里行车，常遇到野生的飞鸟、走兽，如猫头鹰、野猫等。蒙可畅说："一个人偶尔也会害怕，但更多的是想到一天的收获以及离目标又近了一步，所有的艰辛都被抛之脑后，车里放着大声的音乐快乐返程。"

为了带动更多青年共同致富，蒙可畅发起成立了融水苗族自治县青年创业协会，被推选为会长。青年创业协会每月召开理事会，经常组织会员交流学习，曾组织会员与融安、鹿寨等创业青年搞交流活动，为协会请创业导师进行培训，力所能及地帮助农户、创业青年解决创业困难。为了向社会分享自己的创业经验，蒙可畅主动报名加入融水的"百姓宣讲团"，成为融水苗族自治县一名百姓宣讲员。他会到柳州市的学校、农村，给学生、市民、农民工、创业青年等，讲自己的故事与经验，传递正能量、生意经、社会主义核心价值观。他一共宣讲20余场，听众约2万人。蒙可畅还非常热心公益事业，一直关心与帮助融水县奈尔泰勒关爱协会、县福利院的工作，参加社会各界的关怀慰问活动，并一直资助3名留守儿童至学业完成。创业五年，蒙可畅不仅整合了家乡的资源，实现了自己的财富蜕变，同时也带领更多农民走上致富之路。在创业的路上，蒙可畅时常说起一句话："请记住，每天清晨叫醒你的永远不是那只公鸡，而是心中的梦想！"

蒙可畅先后被评为2014年"广西最具潜力企业家"、2015年融水苗族自治县"十佳创业典型"、2017年"全国农村青年致富带头人"；获得2015年广西创业创新大赛二等奖、2016年柳州市"电子商务先进个人"奖、2017年第九届"中国青年创业奖"创业新星奖、2017年柳州市"践行核心价值观""向上向善好青年"奖等。在短短的5年时间里，他不仅把融水苗族自治县地理标志产品"融水香鸭"做得有声有色，而且带领着众多农户，走上共同致富之路。

（作者系广西民族研究中心研究员）

融水雨卜苗寨

袁丽红

雨卜村位于融水苗族自治县香粉乡中北部，该村坐落在元宝山下，距离乡政府驻地5公里，距融水县城40公里，辖7个自然屯，13个村民小组，共有368户1226人，其中卜令大寨约占全村人口的一半，苗族占总人口的95%，还有部分侗族和汉族。雨卜村是一个依山傍水、环境优雅、具有浓郁民族特色的村寨。贝江支流六甲河从雨卜苗寨穿流而过，两岸竹海连绵，景色迷人，各种原始地貌保持完好。这里不仅拥有千亩原始森林，还有漫山遍野、连绵起伏的竹海，森林覆盖率达80%以上，是个难得的天然氧吧，可谓绿水青山，是人们旅游度假的好地方。

雨卜风光

雨卜村风雨桥

雨卜村获得过很多荣誉，算是柳州市的名村。2007年，雨卜村被评为柳州市“十大美丽乡村”；2011年，雨卜村被评为柳州市“精品美丽乡村”。2012年，卜令屯荣获“名村名镇”称号；2014年，卜令屯荣获“中国少数民族特色村寨”。现在的雨卜苗寨是国家AAA级景区，景区内有美丽神秘的苗岭晨光、惊险刺激的龙贡漂流、雄伟奇丽的三友瀑布，还有千年古榕、雨梅观景、大盘竹海、龙宝大峡谷、卜令天然泳池、卜令沟侗寨等10个景点。该景区

卜令屯芦笙场

苗族传统民居

2006年被评为“全国农业旅游示范点”；2010年，荣获“国家级AAA级景区”称号，是融水苗族自治县主要旅游景区之一。随着知名度和影响力的提高，旅游产业不断发展，辐射并带动周边行政村群众发展了游泳、漂流、竹海等十多个有特色的景点。

改革开放以前，雨卜村的人们世世代代以农林为生。雨卜村地处高寒山区，耕地较少，全村总面积9.7平方公里，耕地面积1982.9亩，其中水田1081.5亩，旱地901.4亩，林地面积10451亩，平均每人只有0.88亩水田和0.73亩旱地，而且都是梯田和槽田，小块而石头多，田基高，地不平。主要的农作物有水稻、木薯、芋头、红薯、玉米等。水稻一般是种一季稻，产量不高，大多供自家食用。山林较多，盛产杉木和毛竹。杉木成材后，经济效益比较高，但杉木生长周期长，一般需种植15—20年才能成材，短时间内无法产生经济效益；毛竹每年可以砍来卖，是雨卜村人重要的经济来源之一。在以农林业作为主要生计的年代，雨卜村群众的收入水平很低，生活条件比较差，很多家庭都生活在贫困线以下。

20世纪90年代以后，雨卜村开始发展旅游业，还有一些年轻人外出务工，村民的收入来源逐渐多样化，村民的生活水平也逐渐提高。进入21世纪以来，随着旅游基础设施建设的逐渐完善，旅游业收入所占比重越来越高，雨卜村休闲度假村景区年接待游客达11万人次，产值500多万元。

雨卜村是融水较早发展旅游业的村子。早在1984年，融水苗族自治县政府就引导外国游客到此地旅游，但那时游客较少，该村也没有开发成旅游点。雨卜村真正被开发为旅游点是在1993年。当时，由县政府出面向农业银行贷款，由村民集体出工、出木头，请师傅建造了一栋木楼用于接待游客。这栋木楼分上下两层，下层为娱乐场所，上层为游客住宿，有34个床位。这个位于卜令大寨的旅游点由本村的人承包，每年要交承包费和税。据说当时生意挺好的，从1993年至1997年几乎每天都有游客，简易的木楼接待了来自全国乃至世界各地的众多游客。村里还组建了一支苗族风情表演团（包括芦笙表演队、斗马队），表演团曾到海南、广东、上海、河南等地进行表演，受到观众的普遍欢迎，他们也获得较高的经济收入。不过当时只是小规模地搞旅游，虽然在木楼旁边的居民已经参与旅游接待事宜，但参与的人不是很多，而且因为缺乏建设资金，旅游基础设施也比较差。随着游客的增多，木楼的接待能力不足，周边的一些村民就把自己家里的房间腾出来，用于接待旅游楼接待不下的游客。这样，就有越来越多的村民参与到旅游业当中，从旅游业中获得收入。

融水苗族自治县为创建广西旅游名县精心打造了一台纯粹的苗族风情歌舞——《雨卜苗韵》，每晚8点正式在雨卜苗寨景区上演；白天还有极具苗族特色的“斗马”表演。《雨卜苗韵》有反映苗族习俗的《祭芦笙》《祭鼓》，展现苗族民间男女青年缠绵悱恻的爱情故事《坡会情歌》和苗族奇特的婚俗《新娘》；此外，也有阵容庞大、气势恢宏、华丽多姿、精彩纷呈的《苗族服装秀》，还有展示改革开放以来苗山各族人民共同团结奋斗、共同谱写中华民族繁荣富强的《民族团结舞》。参与苗族风情歌舞表演和斗马表演的都是当地人，他们从中可以获得一定的经济收入。

现在，雨卜村共有农家乐29家，约有1000个床位，其中规模较大的有雨卜民族风情度假村、龙雨山庄、苗家儿女等，从业人员155人。还有部分兼职人员，在黄金周等节假日游客多的时候临时参与到旅游接待当中。从事旅游业的主要是东兴、卜令、雨伞、卜令沟等屯，其他屯也有部分人参与到旅游业当中。2018年5月，雨卜村组建了众诚旅游合作社，发展村集体经济，以合作社、村民入股的形式，与龙雨山庄合作，开发特色美食一条街、旅游商品一条街、家庭小作坊、农业观光等项目，龙雨山庄每年返还8%的红利给合作社作为雨卜村集体经济收入。

雨卜村作为深度贫困村，近几年也发展了一些扶贫产业项目，如种植竹荪、养殖蛋鸡等。其中2017年雨兴种养合作社种植竹荪15亩，年收入达20万元，带动6户贫困户，人均年收入约5000元；农户马某养殖蛋鸡400只，年收入约5万元。

总的来说，自从发展旅游业以来，村容村貌有了很大改观，有二级公路可以通到村里，交通比较便利，村民的收入水平和生活质量也有了很大提高，发展前景看好。

（作者系广西民族研究中心研究员）

第五章　侗寨鼓楼下的欢歌

立法为侗家留住乡情保驾护航

罗柳宁

“中国侗族在三江”，广西三江侗族自治县是中国五个侗族自治县中侗族人口最多的一个县。当你信步徜徉在三江侗族自治县侗族山乡的房前屋后、田间地头，会感觉到时光的脚步是如此的悠慢甚至是静止的，现代与传统的切换是那么的自然，丝毫不违和。侗家人传统的风雨桥、鼓楼、戏台、吊脚木楼在现代生活里展现着令人赞叹的遗世独立的美，但却又不急于跟现代社会做泾渭分明的分割，而是延续传统精华的同时又融入现代的精神风貌，宛如一个能者在出世与入世之间自由地切入、转换。三江侗寨那热情好客的拦路酒、傍山而建的错落有致的吊脚木楼与那溪水潺潺、松杉茂盛、翠竹摇曳的村寨自然景观相托相衬、彼此交融，让人置身其中就犹如迷于桃花源而忘返。这些景象和感触不仅仅是烙在远离家乡游子心头上浓烈的乡愁印记，而且也如吸铁石般牵引着旅人一次又一次地去感受浓墨重彩的古村落散发的乡愁之情。

鼓楼、风雨桥、凉亭是侗家建筑的“三宝”，是侗家人的建筑图腾，是精神世界的外在支撑。鼓楼，侗族称为堂瓦，意为公共场所，“阳春收罢邀同伴，吹彻芦笙坐鼓楼”，鼓楼内设长形皮鼓，遇事则鸣鼓聚众，故称鼓楼，象征着团结、幸福、兴旺发达的寓意，被视为侗族村寨的民族图腾。作为侗族灵魂建筑的鼓楼几乎遍布于侗乡的每村每寨，一般是一姓一座，寨子里有几族姓，就建几座鼓楼，一般村寨有两三座，人口多的村寨按照氏族而建，会多达七八座，从而形成鼓楼群。鼓楼有四角、六角、八角等形式，像宝塔又似楼阁，雕梁画栋，金碧辉煌，柱头挂满金匾、对联。鼓楼底部多为四方形，上部为塔阁式结构，中央矗立四根巨柱，并依相对高度等距分层挑出屋檐，形成层檐。鼓楼作为一种纯木结构的建筑，不用一铁一钉，全用卯榫嵌合，飞檐重阁，层叠而上，画凤雕龙，檐角或翘飞如翅，或塑以鸟兽花卉图案，古色古香，风格奇特，将古建筑之遗风与因地制宜的灵趣完美结合。鼓楼在侗族人的心目中有着神圣不可侵犯的崇高地位，所以侗寨对鼓楼建筑格外看重，每一个家庭在自动捐款、献料、出工出力建设鼓楼上齐心合力而不遗余力。鼓楼是侗家集会、议事、休息和进行文娱活动的公共场所，是侗寨夏季纳凉、冬季围火取暖、春节欢聚与外寨青年跳“哆耶”舞、八月中秋吹芦笙的最佳场所，蕴含着侗家人热爱集体的精神内核。风雨桥，花桥或福桥，桥梁由巨大的石墩、木结构的桥身、长廊和亭阁组合而成，亦是另一侗族引以为傲的民族建筑物。风雨桥除石墩外，全部为木结构，全由卯榫嵌合，不需一钉一铁。游廊上一般建有三至五座桥亭，呈四角形或八角形，正梁顶上塑有双龙抢宝，长廊两壁上端用木板雕刻各种历史人物或绘制神话故事彩画，长廊中间为过道，两旁铺设长凳供人歇息。凉亭，多建于山坳或路旁，供行人乘凉歇息之用。侗乡的凉亭建于泉水之旁，亭畔多古树遮阴，因侗家人热衷公益事业，每三五里即建一亭供人歇息纳凉，故侗寨多凉亭。

197 座风雨桥、228 座鼓楼，以及散落在 2430 平方公里土地上的 1000 多个侗族村寨，构成了“千年侗寨·梦萦三江”的美丽画卷，让三江侗族自治县享有“世界楼桥之乡”“中国侗族在三江”之美誉。在“拆”字成风的中国，多少山乡抛弃了祖辈们沿袭积淀下的建筑风格，盲目地融入“千村一面”的现代农家楼房里，但三江侗族自治县的千村万寨却在这股洪流中逆袭而上，不仅承袭延续本民族的传统建筑风格，而且因地制宜、循时而动地将其建筑精神内核发扬光大，这引人深思。侗族是一个没有文字的民族，从古至今，他们叙事、传史、抒情都是通过口传心授，文化精髓藏于侗歌。而侗族大歌只有在重大节日或接待远方尊贵的客人时才能在侗族村寨的标志性建筑——鼓楼里演唱，倘若随着现代化进程的加速而导致侗家鼓楼的消失，那么侗族大歌赖以生存的经济基础和文化土壤也会遭受严重破坏，侗族大歌就将面临后继无人、濒临失传的尴尬境地。所以，风雨桥、鼓楼、吊脚楼这些构成侗寨的有着浓郁的民族特色的传统建筑，支撑着侗族精神文化的内核，让侗家人最为浓郁的乡情得以寄托。

三江侗族民族传统村落保持着较为完整的民居及鼓楼建筑群，体现了少数民族地区的传统文化、建筑艺术和审美情趣，有着极其丰富的历史记忆和根脉。但近年来，当地原有的生态环境、生活空间以及传统文化不断受到了外来文化和生活方式的影响，少数民族特色村寨传统文化的保护面临危机。2015 年 9 月 25 日，在广西十二届人大常委会第十九次会议上，批准了三江侗族自治县第十五届人民代表大会第六次会议通过的《三江侗族自治县少数民族特色村寨保护与发展条例》（本篇以下简称《条例》）。这意味着三江侗族自治县将在法律层面对民族特色村寨的传统物质文化和非物质文化进行保护，成为广西首个立法保护少数民族特色村寨的县。通过立法为侗家留住乡情保驾护航，展现新时代延续传统的新思路，增益千年侗寨在新时代的洪流中散发历史的魅力光彩。该《条例》明确了民族特色村寨的概念以及认定标准，确立了民族特色村寨的规划保护制度、对民族村寨特色建筑风貌制定专门保护制度、对民族特色村寨木质建筑的安全保护设定规范、以侗族为主兼顾其他世居少数民族的民族文化保护传承制度、民族村寨特色建筑与特色文化的开发利用及利益分配等多项制度。条例明确对鼓楼、风雨桥和吊脚楼等民族村寨特色风貌制定专门保护制度，编制保护规划要听取村民意见。目前，三江侗族自治县 167 个村（社区）的 510 个自然村屯中，有 4 个村屯被列入中国传统村落名录，12 个村寨被命名为“中国少数民族特色村寨”，9 个村屯入选了广西传统村落名录。《条例》明确规定，由县政府建立少数民族特色村寨保护名录，对列入保护名录的村寨予以重点保护，在资金上给予扶持。除了保护村寨的物质文化与非物质文化，还要保护村寨的整体景观以及生态系统等方面。在编制保护规划时，乡（镇）政府应当将规划草案予以公告，并采取论证会、听证会或者其他方式，广泛征求相关部门、专家以及村寨村民的意见。《条例》要求，保护规划区内的吊脚楼、鼓楼、寨门、戏台、风雨桥、踩歌堂、竞技场等建筑物及场所，应当加以保护、修缮，保持完好。由于民族特色村寨大多为木质结构，火宅隐患较大。《条例》要求做好预防和消除火宅隐患工作，尽可能在不破坏村寨原貌的基础上，合理开设防火通道，配备消防设施。任何组织和个人不得占用、堵塞、封闭消防通道，也不得损坏、挪用或者擅自拆除、停用消防设施和器材。三江的木结构村寨在进行防火改造时，改掉了原先的民族特色。因此，《条例》规定，应当尽可能在不破坏村寨原貌的基础上，合理开设防火通道，配备消防设施。在保护规划区内进行建筑工程施工的，开工前应当依法办理施工许可证。经依法批准的，施工单位应当制定施工方案，采取有效措施保护人文景观及周围的植被、水体、地貌，不得造成污染和破坏；工程竣工后，施工单位应当及时清理施工场地，恢复原状。对村寨内格局不一致的建筑物，《条例》要求按照保护规划逐步进行改造或者迁出，自治县政府应当依法给予相应补偿。同时，《条例》要求设置保护标志，对少数民族特色村寨保护规划区内具有代表性的街道、建筑物、构建物、公共活动场所、古树古木进行登记，以维护村寨的完整性。此外，《条例》针对环境污染防治、生态保护方面也制定了专门条款，完善排污体系，施工不得造成污染，修缮典型建筑物及公共场所，严禁从事：电鱼、毒鱼、炸鱼；擅自采伐林木、采挖树兜树木；乱占土地，擅自开山、采矿、采石、挖沙、取土、修坟；在非指定区域倒垃圾；随意张贴广告、标语；刻划、涂污、损坏建筑物、文物，移动、损坏文物保护措施等行为。在传承民族文化方面，《条例》鼓励村寨村民穿戴民族服饰，开展“三月三”、抢花炮、斗牛等健康有益的民族节庆；支持民间艺人、工匠开展民族传统技艺的培训、研究和交流等活动，培养传承人；在自治县中、小学应当开设民族文化课，民族文化课使用少数民族语言和汉语双语教学。

通过立法为侗族传统村落的延续保驾护航，让越来越多的侗寨村民意识到了传统村落立法保护的重要性，促使其发挥主人翁精神，为自己的家园建设与保护积极地建言献策，为后续的开展传统村落保护的立法工作提供更接地气、更贴近生活、更具有实践指导的意见和依据，确保条例的可操作性、实效性、具体性、灵活性、动态性，让千年侗寨的历史传承在时光潋滟中经久不衰，在岁月荏苒中愈发流光溢彩。

（作者系广西民族研究中心副研究员）

一片小茶叶撑起大布央

罗柳宁

“山高水远布央村，有女莫嫁布央郎”，30 年前这则民谚曾一度让三江侗族自治县八江乡布央村抬不起头，至今老人们还记起穷得出了名的艰难岁月。1988 年，布央村村民吴运雄作为第一个吃螃蟹的人在仙人山上种下第一棵茶树。1989 年，布央村党支部书记陆小障就在各种痴人说梦的不解与嘲讽中，带领着相信他的村民把茶籽树砍掉来发展茶叶种植，那时周围村屯的人没人会相信陆小障、吴运雄等人竟然用“小茶叶”书写了布央村的大文章，在他的引领下创出了一条辐射全县农民的致富新路子——茶叶产业。

布央村位于三江侗族自治县八江乡南部，现有 7 个村民小组 286 户 1145 人，均为侗族。布央坐落于县境中部大山脉乌狼坡——青鹅岭主峰三把叉南边半坡上，有耕地面积 1020 亩，主要种植水稻、茶叶、油茶等，布央寨尾有株 600 多年的老樟树，枝繁叶茂，粗壮的树干需两人环抱，老樟树被当成神树来供奉，享受着人间烟火。布央屯海拔在 450 米至 850 米，因受地形影响，从东南方向来的气流沿坡爬升，形成温和湿润的浓雾缭绕着布央的寨前屋后。空气清新、气候宜人的布央屯有一则动人的传说，相传有两位下棋成痴的仙人常到布央村山中对弈寻乐，某天对垒正酣的仙人沉迷于棋局中，一位过路老农的咳嗽声惊动了仙人，于惊乱中打翻了杯中茶水，茶水滋润处逐渐蔓延开来就变成了美丽的茶园，布央仙人山茶园由此得名。美轮美奂的仙人山因最早引进绿茶，布央屯也成为三江绿茶的发源地。1989 年，县里根据该屯特殊的地理及气候条件，在仙人山上开始引进绿茶种植，经过 30 年的发展，整座仙人山 3700 多亩的茶叶形成了一层层碧绿的茶叶梯田，成为三江侗族自治县目前最大的优质生态茶园。“布央仙人山”茶已经成为三江侗族自治县的茶叶品牌，其产品远销浙江、福建、江苏、湖北等地，并多次在全国、全区各种名优茶比赛中获得金奖、银奖，茶业更是走出国门销往英国、美国等国家。2012 年，布央村被授予全国“一村一品示范村镇”。中国名茶之乡、全国重点产茶县、全国十大生态产茶县……三江侗族自治县茶叶取得的丰硕成果，离不开布央人敢为人先、勇于探索致富创业之路所做出的各种努力。

20 世纪 60 年代，布央村也曾经萌发过“茶香之梦”，村民们满怀信心地将茶籽树砍掉，取而代之进行茶叶的种植，结果赔掉了茶油的收成，却没能盼来茶叶的好收成，真的是赔了夫人又折兵，以失败结束了第一次创业的尝试。1988 年，现已是三江侗族自治县农业局茶叶办主任的陆小璋当选为布央村党支书，收到县政府决定发展茶叶产业的信息，他苦苦思索如何寻找脱贫致富的突破口，如何改变村民第一次种茶的失败带来的对茶叶种植的反感，于是他决定带领村民学习种茶技术，让村民从别人种植茶叶致富的经验中重拾希望、信心和勇气。从1988年至1990年，陆小璋每年都带领100名左右的村民去桂林茶科所参观学习。在这里他们学会了育苗、管理、采茶、加工、销售等茶叶产业的技术，更重要的是看清了发展茶叶种植的美好前景。1988年，村民们在仙人山上种植了220亩“福云六号”绿茶，为了扩大种植规模，村两委成员白天带头开垦茶园，为村民做表率，到了晚上就集中讨论研究如何解决遇到的难题，他们想用最短的时间取得最大的效益以此消除那些不配合的、消极沮丧的村民重重的戒心。接下来，布央村的茶叶面积一年比一年大，而且形成了集研发新品、苗木繁育、生产加工、销售推广、技术服务于一体的茶叶产业，“布央”“三省坡茗”等品牌远销浙江、福建、江苏、湖北等地，众多村民也靠茶叶走上了致富路。待到放下思想顾虑的村民积极加入茶叶种植的队伍之时，茶树到了修剪期，有村民直接拿镰刀去砍枝，采摘茶叶时也用镰刀割，苦于没有技术，只能蛮干。而之前外出学习茶园管理技术的村民在这个时候发挥了重要作用，他们将在桂林茶科所学到的技术毫无保留地教给其他村民。使得布央村的茶叶产业成功起步。如今，布央村已成为远近闻名的茶叶村。2017年，布央村茶叶总收入达3000万元，平均每亩茶园产值达8000元，成为因茶叶而致富起来的“茶叶村”。曾经“山高水远布央村，有女不嫁布央郎”的贫困村，变身为户均3亩茶叶的富裕村。目前，布央村作为三江侗族自治县茶叶产业发展“第一村”，形成了从茶苗培育、茶叶种植、加工、销售等一条完整的产业链。目前，全村有茶叶专业合作社5个，茶叶经纪人17名，注册商标3个，即“三江春”系列的“布央”“三省坡茗”和“多谐”，运行“公司＋基地＋合作社＋农户”地方茶业公司3个，在柳州市及三江侗族自治县、横县县城有直销店8个，其产品远销全国各地。产品先后荣获“中茶杯”金奖、特等奖，“觉农杯”金奖等奖项20余个。而陆小璋在带领村民脱贫致富上攒集了丰富的经验，后来被调到县扶贫办、茶叶办专管三江茶叶产业发展，负责全县的茶叶种植管理等工作，他为三江侗族自治县的茶叶产业走向专业化、标准化、规模化、品牌化发展之路做出了重要贡献，成为三江侗族自治县20多万名农民脱贫致富的摇钱树。

布央屯四面环山，山上的茶园连成一片，与错落有致的侗家建筑构成一幅美轮美奂的画卷。茶叶产业发展起来了，布央村人并不满足于此，他们开始着手挖掘、提升茶乡的内涵，谋求拓展茶叶产业发展的空间，把茶叶种植与农业观光结合起来，全村齐心协力发展旅游项目。布央村以茶叶种植、制作、加工、销售产业链发展为基点，在茶园间建设旅游步道、茶园农宿等基础设施，将茶园与环村石板路、风雨桥和飞山庙等侗族建筑、千亩茶园等自然风光构成农业生态旅游线路，建立了旅馆、引入了百家宴，招待远方朋友，游客可以亲自采摘茶叶，现场加工，品尝到最新鲜的茶香，闯出一条茶旅融合发展的新路，将“茶旅融合”的发展思路做大做强。经三江侗族自治县县委、县政府的决策部署，三江侗族自治县文化旅游投资公司在2017年7月开发运营仙人山景区，农户通过合作共建、资源入股、土地流转等多种方式在原有基础上开始投资建设景区，在不到一年的时间里布央村成功创建国家AAAA级景区，创造出旅游开发的布央速度。村民可以通过采茶、育茶苗来获得收入，也可以通过在文旅公司提供的景区工作岗位获得收入，还可从景区的门票分红中获得一部分收入。今后，布央村将全力打造成为“五个示范村”：即深入开展创先争优活动，加强基层党组织建设，建立党员培训中心，巩固提升基层组织建设“创星升级”示范村；继续发扬军民共创致富精神，打造军民共建先富带后富示范村；加快推进布央新农村建设，打造成为生产发展、生活宽裕、村风文明、村容整洁、管理民主的社会主义新农村建设示范村；建设高标准茶叶生产示范基地，加快“公司＋合作社＋农户＋基地”及龙头企业运作，配套建设标准化茶叶加工厂和茶叶展示体验中心，推介宣传“三江春”茶叶品牌，打造成广西农业产业发展示范村；结合侗民族文化旅游开发，极力开发“仙人山”千亩茶园观光游、云雾山上“观日出”“千人采茶廊”、农家乐等旅游品牌，配套建设接待休闲山庄等设施，打造成生态农业观光旅游示范村。

有了小茶叶撑起大布央这样的榜样，近年来三江侗族自治县通过“茶旅融合”，把布央屯的经验在全县推广，把满山的绿茶变成扶贫攻坚的支柱。全县贫困人口从2000年的15.65万降为2018年的4.39万，其中茶叶产业帮助8.5万多人脱贫。30年时间，三江先后涌现八江、同乐、独峒、良口4个万亩茶叶大乡和布央、八协、七团、思欧、高露等20多个千亩茶叶生态村。茶业产业做好三江侗族自治县的“绿色文章”。

小茶叶汇聚大茶园，小茶叶书写美文章，小茶叶撑起大布央，小茶叶建设新三江。

（作者系广西民族研究中心副研究员）

走出“深闺”的林略村

罗柳宁

“高寒秀美”“风情如画”“如梦如幻”“古朴简美”“养在深闺”“遗世独立”，这些都是领略过三江侗族自治县独峒镇林略村的旅人恰如其分的评价。这里上百亩的松木林风景点（林略草坪景点）以及5座各具特色的侗家鼓楼，让人一见倾心。如果拿龙胜各族自治县龙脊梯田的瑶族村寨与三江侗族自治县独峒乡林略村侗寨的梯田做对比，前者的集中连片、高低错落构成了壮美气势，而后者的陡峭独秀则是清灵俊美。可惜的是后者的美还未被世人所熟知，是一块长期养在深闺的处女地，但也正因为处于开发的准备阶段，所以保留了更多本真、毫无做作的质朴美。林略村地处贵州、湖南、广西三省交界处，北面、西面均与贵州省黎平县接壤，距离三江侗族自治县城50公里，由林略屯、新寨屯两个自然屯组成，共13个村民小组约930户3340人。“林略”，侗语意为火烧过的林地，侗族先民们发现这块风水宝时是一片茂密的原始森林，后来烧山开垦建村立寨，林略村由此而得名。这里海拔高度近千米，气候较为寒冷，并不适宜粮食的种植，在20世纪“农业学大寨”期间，林略村村民为了砍树造田，花费两年时间将老树木全部砍伐，这些老树都要3到4个人才能合抱，将它们砍伐后做成24段枕木，再花费了8年时间将林地深耕为水田，因为缺水灌溉，每年都需要买水，入不敷出。1981年后，林略村村民从偏离的轨道上重新回归，再次培育树木发展林业生产，但之前深耕的一部分梯田还是保留了下来，成为今后能够从许多侗寨中脱颖而出、有着鲜明特色的一个竞争优势。林略侗寨与其他侗寨相比，最具特色、最让人印象深刻的是：集中连片的侗家吊脚木楼下连接层层叠叠的梯田，水中的涟漪不断向山脚推开，像自由体操的彩带飘逸地盘旋，又像灵活的小神龙盘亘而上。陡峭清俊的梯田与古朴有致的侗寨完美地结合，相得益彰，自然景观与人文景观携手描绘出一幅如梦如幻的画卷，是文人墨客赞叹的人间佳境，是摄影爱好者寻觅的绝世美景。林略村寨头有上百亩的松木林风景点即林略草坪景点，林略草坪过去作为侗族青年男女情歌对唱、约会定情的好地方，现作为三江侗族自治县旅游开发景点，如今铺设了两条进入景点的青石板路，浪漫情怀倍增。

前几年，林略村因为火灾烧去了半个寨子，村民们痛心之余想在重建时做成防火砖的小洋楼以抵御火灾风险，但经过集体深思熟虑后决定还是放弃那种千村一面的现代楼房，在考虑水、电、路、通讯、网络等基础设施布局不断完善的规划上，村民们注重与周边人文、自然环境的统一协调，按照侗族民居传统建筑风格建好了木结构的吊脚木楼，木质鼓楼也相继建设好，使得传统村寨整体风貌和建筑风格得到延续和保护，彰显侗族村寨的特色，经历了火灾重创后的林略大侗寨又再次涅槃重生。林略村古香古色的侗族建筑应功劳归于那些土生土长的木匠师傅。他们世代传承，技艺高超，在设计鼓楼以及民居时可以构思熟练，不用一张图纸，凭借着独特的“墨师文”为设计标注，以简单的竹签为标尺，使用普通的木匠工具和木料就能制造出样式各异、造型美观的木楼。林略村最为有名的木匠师傅是韦定锦，他是三江侗族自治县非物质文化遗产木构建筑技艺代表传承人之一。他说，侗族村寨有寨必有鼓楼，鼓楼是侗寨的标志性建筑，鼓楼占据侗寨族群的中心位置，是侗寨的政治、经济和文化中心，韦定锦师傅有着深厚真挚的鼓楼情节，他的足迹遍布三江的大村小寨，为的是提炼侗家建筑技术各家之长加以融会贯通并尝试吸纳新鲜元素。林略村有风水楼、百艳楼、花鼓楼、高盘楼、楼务楼等 5 座鼓楼，根据名字就能在脑海中勾勒出鼓楼的模样，5 座鼓楼美得各具特色、别具心裁。这里的侗寨吊脚木楼依山而建，多为外廊式二三层，沿斜坡层层而上，远远望去鳞次栉比、美不胜收。2016 年，作为首批中国少数民族特色村寨的林略村，获得了“全国乡村旅游扶贫重点村和中国传统村落”的称号，它不仅具有三省之坡、高山梯田的自然风光和千户侗寨、百年鼓楼的民族风情，还具有浓郁的侗家节日文化。大年三十进庙烧香拜土地公，正月初一整村狂欢式地吹芦笙踩歌堂；正月初三至初五唱侗戏热闹得沸反盈天；“三月三”的芦笙“月也”响彻云霄！吹芦笙、跳“多耶”、“百家宴”、打油茶、情歌对唱这些极具民族浓郁传统的文化，出现在侗族各种节日庆典活动中。

林略村侗族鼓楼

除了将旅游业规划为本村今后经济发展的新

路径外，林略村还积极大力培育发展茶叶、茶油种植，提高传统的种植的附加值，发展家庭养牛养猪等种养业。村民们为了提高茶叶的亩产价值，每年会选择优质茶叶品种种植，同时对油茶林进行低产改造，垦复施肥。为了改变传统产业品类多但规模小且分散、种养劳动力消耗大的局限，林略村在2015年立足村情，制定了“电商＋养牛＋旅游”的三个产业脱贫战略。2016年3月，林略村成立了三江侗族自治县第一个农村电商服务站，林略高山生态农产品的品牌价值凸显。通过电商，把高山特色农产品更加精准地推广出去，减少中间环节，不仅使林略村逐渐摆脱信息不畅的农业发展瓶颈，更成为远近闻名的“电商村”。林略村立足本地耕地有限但牧草资源丰富的实际，充分发挥本村成立的高山小黄牛养殖合作社的组织优势、技术优势和渠道优势，鼓励村民大力发展养殖高山小黄牛。除此以外，饲养梅花鹿的产业尝试也在进行中。

从前“养在深闺人未识”的林略村正凭借着如诗如画的风景、特色浓郁的民族风情、因地制宜的农业生产转化为现实生产力而走出“深闺”。

（作者系广西民族研究中心副研究员）

诗境的家园——高友村

罗柳宁

三江侗族自治县林溪乡高友村在广西自驾群有着很高的知名度，被誉为隐士追寻的“世外桃源”，迁客骚人精神世界中的“诗境家园”。它位于大伞山峰东侧，距三江侗族自治县县城 39 公里，隶属林溪乡，东连湖南省通道县裤田坳，西接本乡弄团村，南依湖南省通道县新盘寨，北靠高秀村，地处“湘桂百里侗文化长廊”中心地带，是桂、湘两地侗族文化的交汇点，是为数不多属于长江洞庭湖水系源头的寨子，是广西壮族自治区林溪八江风景名胜区中最重要的民族生态休闲摄影旅游景点，距离著名的世界名桥程阳桥和程阳八寨景区 22 公里，它是三江侗族自治县程阳桥风景区的延伸，同时又是广西侗族文化与湖南侗族文化的交接点。高友村全村只有一个自然屯即高友屯，辖 10 个村民小组，502 户 2145 人，有潘、杨、吴、李、罗、陆、韦、石、黄、陈 10 个姓氏。村级公路穿村而过，把村子分为西面、西北面、东面、东北面四片，依次称为崖上、崖下（亦称寨脚）、大寨、竹冲。高友村作为一个人口超过两千的村庄，全村几百户人家，几乎家家户户都有拖把，天天拖地板。这儿的巷道、石板路干净整洁，房前屋后、鼓楼坪上、戏台旁边很少看见乱丢垃圾的现象。高友侗寨传统的农耕文化历史已有 600 年，全村土地面积 6900 亩，其中水田面积 1008 亩，旱地 335 亩，有林面积 4056 亩。村子依山而建，四面环山，森林茂盛，生态环境保护完好。这里稻作文化相对发达，水田以种植中稻为主，山地里则种玉米、红薯等农作物。水田里种植水稻的同时养鱼，到收割稻谷的季节，稻谷鱼儿双丰收。高友村民风民俗、民族语言、民族建筑、民族服饰、民族饮食、民族歌舞等保护完好，农田、山林、河流、古树、古墓群、村落等人文景观和自然景观布局合理，结构科学，比例得当，形成了独具特色的原生态侗族古村落群。目前，全村有 6 座鼓楼、1 座风雨桥、1 座古庙、1 座戏台、3 个寨门、27 个凉亭、13 个古井亭、10 个古墓群和 390 座吊脚楼，这些宝贵的历史遗存并不是与现代生活完全切割，成为高高在上的、只能供瞻仰、供凭吊的文物，而是与现代生活紧密结合、融入普通侗人平凡的生产生活里，凝聚着千百年来侗家人生存的智慧结晶，记录和见证着侗家人生气腾腾的生产生活，形成既游离于现代之外又紧跟时代脉搏的独具特色的原生态侗族古村落群。秀丽的风景，奇特的民居，浓厚的民族风情，高友村美丽绝伦的自然及人文景观吸引着大量的游客和摄影爱好者，被人们称为“诗境家园”。

高友村自1993年获全国生态村称号以来，2007年被评选为柳州市“十大美丽乡村”；2012年荣获柳州市十大“精品美丽乡村”，被建设部列入全国首批传统村落名录；2012年，荣获列入第一批中国传统村落名录；2013年12月，被广西壮族自治区环保厅评为“自治区生态村”以及被广西壮族自治区环保厅评为“自治区生态村”；2014年入选中国首批少数民族特色村寨，2015年入选广西第一批传统村落。高友村地处偏远，受到外来文明的冲击较小，使得这里不仅具有侗族优秀的传统文化，又有本村寨别具一格的生活习惯和文化资源。高友鼓楼在湘黔桂交界毗邻地名声在外，作为高友村最富有特色的建筑，它是村民议事、典礼、迎客的场所，是侗族村寨布局的核心，吸引了区内外大批专家学者前来调查研究，是自驾游和摄影爱好者的旅游目的地，让人流连忘返。高友村最具诱惑的魅力及最大的优势就是景观独特且拥有多姿多彩的民俗文化。高友村村民崇拜多神，相信万物有灵，山神、水神、土地神、树神、石神、桥神、火神（太阳神）等都是他们崇拜的对象，视鸟、太阳、鱼为图腾并大量运用在传统建筑中。寨内建有“萨坛”，供奉着侗族最高神即祖母神“萨岁”，还建有飞山庙，供奉本民族的英雄神——飞山大王（即为唐末五代时期侗族地区的十洞款首杨再思）。村子附近有田地、鱼塘。高友村一年四季“月月有节”，是三江有名的“多节之村”：芦笙节、乌饭节、尝新节、斗牛节、吃冬节、韭菜节以及各种歌会。

这里的谷雨韭菜节不仅极具地方特色，还富有浪漫唯美的气息。这一天，姑娘们白天去溪边戏水捞虾，黄昏到意中人的菜园里割下清灵灵、油滋滋、肥壮壮的韭菜，谁家小伙的韭菜被割的越多，谁家就越有面子。晚间，姑娘们三五成群聚集某一家打油茶，小伙子们则吆五喝六地走门串户品尝油茶，谷雨油茶配有猪肝、粉肠、花生、韭菜、虾子等，滋味清香可口，青年男女一边享受美食、一边对唱情歌，爱情的甜蜜与独特的油茶香相互交织，使得食物倍增香甜，欢声笑语，兴致盎然，情意绵绵。这天大家还唱起了“多耶”，“耶”就是“耶歌”，侗族最古老的一种歌种，演唱时男的围成圆圈，互相攀肩边走边唱；女的手拉手围成圆圈边唱边走。“耶歌”的内容繁多，一般分为六大类，即祭祀耶、祝福耶、赞颂耶、礼俗耶、对答耶、谜耶等。此外，人们还吹起芦笙，唱起侗族大歌助兴，老人们趁机“讲款”（即讲村规民俗），引领侗寨的精神风貌和做人的规矩准则。高友村传统的谷雨韭菜节发展成林溪乡一年一度的“文化林溪”。韭菜节始于2007年，至此谷雨节不再是高友村人独享的节日，而是成为体现侗家人热情好客、海纳百川的民族特性的又一大规模狂欢化的节庆活动。“文化林溪”韭菜节以田里抓鱼、山上采茶、园内割韭等农耕文化体验，芦笙、多耶、纺纱、百家宴、行歌坐夜等民族文化展演，以及韭菜擂台赛、特色农产品展销等多彩节目上演最炫民族风，每年都会吸引近万名中外游客前来狂欢。如今在“韭菜节”的基础上，林溪乡又增设了“红薯节”，打造了高友韭菜 、高友红薯两个农产品品牌。高友村还不断推进茶叶、油茶、竹子、稻田养鱼、韭菜种植、红薯种植等特色产业发展，拓宽市场销售渠道，成为村民增收的重要渠道。通过引进大型蔬菜企业，高友村扩大韭菜种植面积，成为当地农民实现增收的主要渠道之一，以旅游带动特色农业的壮大，以特色农业增加旅游的附加值。

高友村村民的生活一天比一天富裕起来了，妇女们聚在鼓楼前的空地上缝制新衣，老人们则坐在屋边闲聊，共享太平，安度晚年。这里的人们勤劳善良，助人为乐，夫妻恩爱，没有赌博和偷盗等行为。高友村以“环境优雅，乡风文明，村容整洁，管理民主，山寨和谐”而闻名遐迩，村民们对精神世界的追求与丰盈也日益增长。村里成立了茶叶协会、书法协会、摄影协会、老年协会。侗族人热衷公益事业，大家对建造鼓楼、架桥铺路等公益事业总是乐意捐钱捐物，出工出力。2005年秋竣工的13层瓦檐的福星鼓楼成为高友村文化交流的中心，是侗家人热于相集的场所，是高友侗族集体智慧和辛劳汗水的结晶。高友村像一块磁铁，以独特的魅力吸引了八方游客，真不愧是高朋满座的“高友”，是世人心底最深处的“诗境家园”。

（作者系广西民族研究中心副研究员）

高秀村脱贫致富的新尝试

罗柳宁

高秀村位于三江侗族自治县林溪乡东北部，距乡政府 10 公里，距县城 40 公里，地处“桂百里侗文化长廊”中心地带，是桂、湘两地侗族文化的交汇点，具有优秀的侗族传统文化。高秀村地处高山河谷地带，四面环山，地形平缓，发源于上游高友侗寨的高秀河自南而北从村前流过，是三江侗族自治县为数不多属于长江洞庭湖水系源头的寨子。高秀村村容整洁、环境优美，曾被评为广西壮族自治区“卫生村”“文明村”等称号，2011 年被评为柳州市“十大美丽乡村”，是三江侗族自治县新兴的旅游胜地，是自驾游爱好者的首选基地，又有本村寨别具一格的生活习惯和文化资源。由于地处边远山区，自古以来交通不便，高秀村古朴浓郁的原生态民俗民风、民族建筑，很少受到外部文化的影响。高秀村共有 7 座鼓楼，建筑群体主要以中心鼓楼为核心，以其他 6 座鼓楼为次中心，再与 3 座风雨桥及四周田园相接，再配上保存完好的吊脚楼、寨门、戏台、井亭、凉亭、寺庙、城墙、水碾、水渠、池塘、古树、古石板巷道等古建筑及自然景观，构成了一幅具有侗族文化风韵和风情浓郁的原生态侗族古村落群，形成人与人和睦相处，人与自然和谐共处的原生态环境。建造于 2009 年的高秀中心鼓楼，从上到下一身金黄色，悬梁上布满图腾，中心由 4 根上百年的大杉木支撑着，周围 12 根柱子稳稳地顶住四方的瓦檐。据介绍，鼓楼的建筑费用、建造材料和人力劳动均源于百姓的自愿捐赠。高秀鼓楼是三江侗族自治县境内村级鼓楼瓦檐层数最多和垂直高度最高的鼓楼，其瓦檐层数和垂直高度仅次于三江侗族自治县县城多耶广场的三江鼓楼。其建筑工艺十分考究，结构复杂，造型优美，具有代表性，是研究侗族鼓楼建筑技艺的实物史料。村里有明显的“斗”（侗族对“房族”的称呼）意识，同一“斗”内的男女青年互为兄弟姐妹，严禁通婚；有共同墓地，有共同的田产和山林；有一名至数名族长，负责召集本房族会议，决定“斗”内事务；“斗”内成员间有互相扶持和帮助的义务以及维护“斗”声誉的责任。侗族传统的款文化在该村也还有一定的影响，所以高秀村民风淳朴，文化底蕴浑厚，村民团结互助，和谐共处，热情好客。高秀村曾被柳州市评选为“十大美丽乡村”，被列入中国侗族村寨（联合）申报世界文化遗产预备名录，是三江侗族自治县乃至湖南通道县坪坦河一带远近闻名的侗族村寨，具有“侗乡世外桃源”之称。高秀村地处‘湘桂百里侗族文化长廊’中心地带，是桂、湘两地侗族文化的交汇点，具有优秀的歌舞文化、祭祀文化、

高秀村侗族鼓楼

美食文化、稻作文化及社交文化等原汁原味的侗族传统文化。

近年来，高秀村通过“扶贫+产业+生态+旅游”的模式，努力打造宜居、宜游、宜购的侗寨升级版，为乡村振兴建设打下坚实基础。全村共有高秀屯和马哨屯两个自然屯，8个村民小组，411户，总人口1653，均为侗族。全村总面积1.1万亩，其中有经济林面积9346亩，旱地190亩、水田714亩，人均水田0.4亩，全村经济作物主要是茶叶、油茶、红薯、杉木、水稻、韭菜，经济来源主要是种植经济作物及劳务输出。全村有茶叶、油茶、优质稻、高山红薯4个特色产业，2017年8月成立了三江侗族自治县林溪镇高秀村村民合作社，法定代表人杨仕林，经营范围为集体资源开发利用和集体资产经营管理，致富带头人有杨仕林、吴家勋、谢文锦3人。这里的产业布局情况是：1. 种植业：全村茶叶种植面积约330亩，油茶种植面积约700亩，优质稻谷种植面积约600亩，红薯种植面积约200亩；2. 林业：经济林种植面积约5000亩；3. 养殖业：稻田养鱼100亩，优质稻248亩，鱼塘养鱼30亩，红薯300亩，种植红薯而且加入农业协会有145户，其中贫困户38户、150人，另外各种猪、牛、鸡、鸭等养殖少许；4. 旅游业：因各种旅游设施未完善，该项产业尚未形成规模；5. 加工业：全村目前唯一一家茶叶深加工工厂正试运行，尚未形成规模化生产。全村建档立卡的贫困户有185户、759人，贫困发生率45.92%；2014年，退出户21户、85人；2015年，退出户12户、50人；2016年，脱贫26户、103人；2017年，脱贫6户、22人。2018年9月，全村未脱贫贫困户120户、贫困人口499人（其中高秀屯113户466人、马哨屯7户33人），贫困发生率30.19%，2018年底计划脱贫104户、453人，贫困发生率降至2.78%，实现整村脱贫摘帽。高秀村通过制定实施“七个一批”精准扶贫措施来帮扶贫困户措施：1.产业扶贫：鼓励贫困户自主创业，大力发展种植业，调动贫困户自主脱贫的积极性。按照“两茶一稻一薯”特色产业的年度计划，发动、组织贫困户开展油茶品改、挖鱼坑、种植优质稻和红薯等，严格按照程序规范操作，积极落实产业奖补政策，逐户找准发展思路，制定帮扶措施，保证贫困户增收效果明显提高。2.就业扶贫：实施全村转移性就业项目，组织村民参加上级开展的各类培训，争取实现“培训一人、就业一人、脱贫一人”，积极介绍有劳动力的贫困人员参与各种劳动就业，增加家庭收入。据初步统计，全村185户贫困户中有147户、253人外出务工。3.易地扶贫搬迁及危房改造：签约的易地扶贫搬迁户77户，易地扶贫搬迁户分别安置在县城古宜镇的富安家园小区、三江南站、厘金滩、风雨九寨安置点，37户已领到房屋钥匙，24户已有分房计划。2015—2017年，获得危房改造补助24户，其中13户贫困户。4.生态补偿扶持：落实全村28户贫困户生态公益补助和退耕还林补助及时到账。5.教育扶持：全村贫困户子女就读中职、高职、大学本科等，有17人获得“雨露计划”补助，贫困户适龄儿童接受义务教育获得免费午餐或免住宿费补贴85人。6.医疗保险救助：建档立卡贫困户185户、759人全部参保，参保率为100%。7.社会保障救助：截至2018年9月，全村共有69户、252人享受低保救助。

高秀村地形地貌大致呈“高低不平”土丘陵地貌，土壤深厚肥沃，森林植被很好。在三江侗族自治县一谈到高秀红薯和韭菜，无人不知，无人不晓，这是大家餐桌必上的菜肴。高秀村地处湘桂两省区交界处，海拔600—800米，处于中亚热带气候区，这里气候温和、雨量充沛、土壤肥沃，非常适宜红薯、韭菜生长。高秀村种植红薯非常讲究，薯种为本地原产，为保证薯种的纯正品质，当地群众从不引进其他薯种进行杂交，保证了高山红薯香甜脆爽的品质。红薯种植时不用化肥，而是施放草木灰和牛粪等农家肥，既可避免红薯长虫，又保证了红薯香、甜、脆、粉等独特口感。这样种出来的红薯不仅产量高，营养价值也极为丰富。高秀村种植高山红薯已有数百年历史，其红薯以香甜脆爽而著称。该品种红薯含有膳食纤维、胡萝卜素、花青素、维生素等10余种微量元素，有预防胆固醇高，辅助降血压，防癌抗癌等食疗功效，是纯天然、无污染的绿色健康食品，营养价值很高。2012年，以“一村一品”为名，高秀村首届红薯文化节一炮打响，“高秀红薯”自此走出深闺让人识，令村民们畅享了丰收的喜悦，红薯种植规模也逐年增加。2016年，该村共种植红薯82亩，亩产量高达750公斤，产值30余万元，高山红薯已成为该村脱贫增收的“金钥匙”。高秀村因山高林茂、土地湿润肥沃、无污染，其大叶韭菜以香、脆、嫩、甜等特点而备受青睐。高秀村地处“湘桂百里侗族文化长廊”中心地带，具有独特的歌舞文化、祭祀文化、美食文化、稻作文化及社交文化，而以红薯、韭菜为媒，邀请周边村屯村民来“月也”（集体访问做客），可“打包”展示高秀的浓郁文化和生态农产品。通过多年办节，高秀红薯的品牌效应已初步显现。但目前由于缺少资金，村民人均用地少、外出务工多，进村道路窄等因素制约，村里发展乡村旅游及扩大红薯种植规模受到限制。高秀村要实现“供血式扶贫”转变为“造血式扶贫”的转化尚需要一定的时间，在努力发展乡村旅游业的同时，通过扩大规模种植高秀红薯以增强品牌效应和知名度，通过加工红薯粉、红薯酒、红薯干等产品进一步拓展市场，催火“红薯经济”，并在茶叶、茶油、韭菜等农产品的精深加工方面做文章，把高秀打造成集乡村旅游、特色农产品、特色民族文化为一体的综合性旅游示范区，实现农民创收和产业脱贫。

（作者系广西民族研究中心副研究员）

冠小“百家宴”吃出侗家致富经

罗柳宁

三江侗族自治县冠洞村冠小屯位于林溪乡中部，距县城27公里，距乡政府所在地4公里。冠洞寨内有雄伟的鼓楼，精巧的风雨桥，连绵的吊脚楼，幽雅的凉亭、井亭，别致的寨门，这些都体现了冠洞侗族工匠们高超非凡的建筑水平。鼓楼是冠洞村民精神继承之所，他们把鼓楼比作寨胆，视为寨魂，当作凝聚民族情感、传承民族精神的重要载体。以鼓楼为中心，鼓楼象征太阳、月亮，吊脚楼围绕鼓楼四周而建，代表星星，寨里巷道的石板路代表阳光放射的光芒，集楼、桥、木楼、鱼塘、井亭、戏楼、山水、田园为一体的侗寨格局与独特的非物质文化遗产构成了人、物与大自然和谐共生、完整的侗寨文化体系。冠洞村文化气息浓郁，文艺特色显著，文艺阵地稳固，文化基础设施建设良好，文艺活动开展活跃，是广西民间文化艺术村，拥有数量众多的文艺人才，文艺队伍达500多人，有柳州市首届非物质文化遗产项目代表性传承人5人：其中侗族款文化传承人1人，侗戏文化传承人1人，传统木构建筑营造技艺传承人1人，侗族乐器（侗笛、芦笙）传承人1人，百家宴文化传承人1人。冠洞文化传承人和民间艺人作为文艺主要倡导者和带领人积极投身全村文化事业。冠洞村做好民俗文化旅游文章的同时，积极做好“山”上文章，开荒坡造梯地，大力引进茶叶新品种种植。目前茶叶种植面积已达760多亩，成为林溪乡茶叶种植大村。一坡又一坡绿绿的茶叶已成为冠洞村村民增收致富的又一条重要的途径。为了有效保护生态环境，并促进本村的种植和养殖业，村民积极兴建沼气池，走“养殖＋沼气＋种植＝效益”的生态农业发展路子，目前沼气入户率已达85%以上。

2015年，由各地民委推荐，经国家民委组织专家评审，三江侗族自治县林溪镇冠洞村冠小屯等59个村寨被国家民委命名为首批“中国少数民族特色村寨”。这里居民住房以木质吊脚楼为主，民风淳朴，村容整洁，民族风情浓郁，特色产业发展迅猛。近年来，冠洞村紧紧围绕“生产发展、生活宽裕、乡风文明、村容整洁、管理民主”的目标要求，结合本村民风淳朴、民族风情浓郁的特点，狠抓社会主义新农村建设，成功打造了“冠洞侗族百家宴”品牌。“冠小百家宴”享誉中外，“百家宴”是侗族一种特殊的饮食习俗，又名“合拢饭”“长桌宴”，是侗家集体待客的宴席，是侗族待客的最高礼仪。2008年，“冠洞侗族百家宴”被列入广西壮族自治区非物质文化遗产保护项目，并以其独有的民族特色与风情吸引了大量游客，使该村成为外来客人品味侗族特色美食的主要地点。冠洞村成为自治区民族团结进步创建示范点，先后被评为“全国农业旅游示范点”、“桂北木楼民居消防工作示范点”、“柳州市民族团结进步模范集体”、三江侗族自治县“十佳生态文化寨”等。如今，冠洞村已成为四海宾朋体验和谐民族文化、八方游客实现“吃百家宴、纳百家福”美好愿望的福地，而“百家宴”也成为冠洞村引以为豪的“金字招牌”。

冠小屯侗族歌舞表演

冠小屯的百家宴民族风情接待点建于2005年，在列入非物质文化遗产后得到大发展。冠小屯自2005年对外接待游客以来，百家宴的收入逐年增加，成为村民致富奔小康的重要途径。2008年，村民推选外出打工返乡的石繁成作为百家宴主要负责人，承担牵头组织工作。石繁成挨家挨户做工作，动员群众参与百家宴旅游开发。当年，村民们就尝到了“甜头”，开办57次百家宴，接待游客4500多人次，实现收入9万多元。三江侗族自治县冠小屯依托靠近程阳八寨景区的优势，大力发展旅游业，将侗族百家宴作为旅游产品推向市场，经过多年发展，迄今已有较大名气。如今，冠小侗族百家宴传承点已实现全民化，148户人家户均两人以上从事旅馆、餐饮、旅游商品经营，累计接待国内外游客11万多人次，旅游收入达600多万元。这几年，三江侗族自治县少数民族风情旅游在欧美市场的宣传推介取得了较大成果，具有了一定的知名度和美誉度，成为欧美游客心驰神往的目的地之一，尤其是侗族百家宴成为到中国三江侗族自治县旅游线路中的新宠。

当夜幕降临时，冠洞村冠小屯侗寨鼓楼坪上的路灯也亮了，颇具民族特色的路灯成为这里一道亮丽的风景线。侗家妇女们身着本民族的盛装在侗寨鼓楼坪下的台阶入口处欢愉地唱起迎客歌，来自四面八方的游客被热情洋溢、原汁原味的侗族歌声深深吸引，还未至“百家宴”的长桌旁，就已经迫不及待地想要体验这已有数百年历史的饮食习俗。在百家宴开席之前，每一批前来冠小屯的游客都要体验侗族拦路迎宾、与侗族同胞对歌，并且品尝“侗族咖啡”——侗族油茶、欣赏民族歌舞表演这几个固定的环节。年轻的侗族姑娘小伙均在外地挣钱去了，留守阿公阿婆成为冠小屯支撑旅游经济的主力军。现在，只要有接待活动，村民接到通知后，每家每户都自觉做好准备，时间一到就挑着饭菜酒肉来到鼓楼坪集中。如果游客人数不多，就安排50桌左右的“小百家宴”；如果人数接近或超过100人，则全村每一户都要出动，人数最多的一次接待800多人，一共开了150桌。虽然参演者多为阿公阿婆年纪的人，但丝毫不影响节目的整体发挥，他们卖力地融入歌舞演出的氛围当中，老当益壮，风采不输当年，反倒让那些上了一点年纪的观众再次激发体内的活力。“百家宴”一开始，游客们欢脱得像开春的麻雀般穿梭在各宴桌之间，你来我往，享尽酸甜苦辣的侗族风味。“百家宴”按主客对坐的规则，主家自在一侧，客人自由选择一家坐其对侧，主人与客人端起酒杯喝喝“交杯酒”“转转酒”，客人尽情感受侗族敬酒习俗，侗家人“高山流水”式敬酒方式真是让人其乐融融：两边侗族妇女按高低排序持碗，齐声欢唱祝酒歌并将手中碗内侗家自酿的杨梅酒缓缓地持续不断地注入下方的碗中，最后依次落入到游客碗内，游客满脸通红地按照自己的酒量喝得人仰马翻，旁边围观者也是笑声震天，好几台相机将这一有趣场面永远定格。“百家宴”在三江已流传有数百年的历史，在侗乡地区有一种“吃百家饭，联百家心，驱百种邪，成百样事”的说法。百家宴的菜色虽不名贵，但都是侗家人日常的饮食，体现着侗族人用双手烘托出传统的温度，原汁原味地保留着食材的本真与鲜美，熨帖着游人在快节奏的现代生活里早已经疲惫不堪的肠胃，不一样的饮食体验激发着食客的味蕾，关键是挑选各家各户丰富菜色的那种放松愉悦的心情简直千金难买，食物拉近了人与人之间的距离、消弭着心灵之间的防线。百家宴的高潮是所有主客手拉手围成圈在侗族的歌声中，伴着酒意，迎着灯火，尽情地跳着、唱着，直到上了主席台上将当晚的一个贵宾抛上高空。为增加“百家宴”的乐趣，在县政府有关部门的帮助下，冠小屯邀请侗族文化专家编排了“侗族大歌”“侗族琵琶情歌”“油灯照芦笙”等节目，还把传统的捶糍粑、捶布、纺纱等侗族传统技艺纳入百家宴活动内容，与游客互动。“百家宴”带动了相关产业的发展，一批农家旅馆、农家饭店也建了起来。只要冠小屯的百家宴不断吸引海内外更多的游客，会有越来越多的年轻人从山外的城市回流到山内的家里，共同传承发展维护侗族民族文化，将百家宴做大、做实、做强。

冠小屯百家宴

（作者系广西民族研究中心副研究员）

第六章　仫佬山乡新面貌

又见蓝靛幽幽　共话土布新语

杜焕珍

“生在高山叶排排，死在平地共坑埋。尸水流在人身上，骨头丢到故乡外。”这是一首仫佬族深山种蓝人世代相传的山歌，哀婉惆怅之中带着生动风趣，仿佛那些种蓝打靛染布的岁月，在艰难沉重之中弥漫着幽幽蓝香和阵阵快乐。

小时候，阿妮就这样喜欢用山歌来让我猜谜语。而我深刻记忆的，就是这一首《蓝谣》。阿妮的歌声总是那么动听撩人，她用山歌歌唱这个民族的勤劳，歌唱这方山水的秀丽，歌唱蓝靛特有的芳香。而她没有想到，这首短短的歌谣，却把故乡那抹浓郁的蓝色，渐渐浸染到了我稚嫩的血液里，成为今天挥之不去的美丽乡愁。

蓝塘记忆，灵魂的色彩

仫佬族民间蓝染，与相邻的壮、侗、苗、瑶等少数民族一样，也是一门极具地域性的民间特色手工技艺。

西洞蓝草种植园

西洞现存已有 200 多年历史的蓝靛池塘（一）

西洞现存已有 200 多年历史的蓝靛池塘（二）

给白色土布染上蓝色，是南方少数民族的一种传统，使用的染料以蓝草为主要原料。阿公常常回忆起年轻时种蓝打靛的时光，在他的故事里，“罗城黄金清明山一带居民主要依靠种植马蓝，加工蓝靛出售维生”。

我们家祖祖辈辈以种蓝草打蓝靛为生，每年的三月开始种植蓝草，到了八九月份收割的季节，全家出动割蓝打靛。

打靛，不能缺少蓝塘。蓝塘建在引水、排水便利的小河沟旁边，用小河沟里的鹅卵石砌成的一圆一方两个池子，上下连贯，圆池深度一般在 1.5 米左右，方池浅些。

收割回来的蓝草经过圆池里的满水浸泡，最后经过处理的蓝草水在方形池子里静静的沉淀成为靛泥……挑着垫有芭蕉叶盛满蓝靛的竹篓赶圩售卖，一路蓝香，一路蝶舞，一路口哨轻轻吹，一路山歌缓缓唱，那应该是山里人最幸福的时光。因为，种蓝打靛曾经是阿公那一代人生活的全部，也是许多人家主要的经济来源。蓝塘里浸泡的不仅仅是普普通通的蓝草，每一个打靛人那双褶皱皲裂的蓝色大手，纵横交错里刻写着生活的沧桑，也依附有蓝色的灵魂。

记得小时候奶奶曾经说过，山里的每一棵大树，每一个石头都是有自己的灵魂的。而我相信，村口小河边这些大大小小的蓝塘，也是有灵魂的，尽管如今已坍塌废弃，杂草丛生，静默于月夜里听潺潺流水寂寞流过，日复一日，年复一年。

土布留香，蓝染的童年

种蓝人家大都自染土布，部分出售，部分自用。奶奶年轻时候，自家打出来的上等蓝靛会留下一些，每年深秋时节，制作好染缸

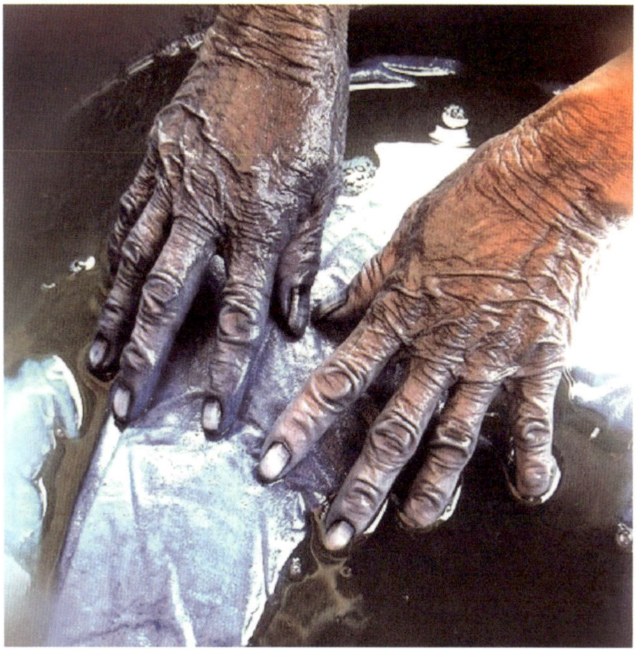

民间手工染布

之后就开始染布。我常常跟在奶奶身边，爬在和自己一般高的染缸边，好奇地看着那些白色的土坯布在染缸中等待时间的洗礼，由白到蓝，由蓝到青……染好一匹土布需要反复染色十几次，而奶奶那双好看的手，也反复染色了十几次，泛着小时候我既害怕又好奇的神秘蓝光。

这种染好的布料被奶奶用来做斜襟上衣、宽腿裤、抹额，鞋面、裰裙、围裙、背带等，而当年仫佬族送嫁十姊妹做的新嫁衣，用料也是这种散发蓝靛芳香的蓝色土布。

这方水土的人还喜欢在蓝靛土布上飞针刺绣，追求美丽，装扮生活。蓝靛布上贴上剪好的纸样纹饰，纹饰内容丰富多彩，有太阳、凤凰、石榴花、蝴蝶、万字格、麒麟……大多是源于自然，源于生活，寓意吉祥。刺绣图案思想内涵丰富，构图造型完美，整体画面中内容与形式结合巧妙。经过彩色丝绒线绣制，包裹起来的纸样，立体逼真，色彩鲜明，赏心悦目，独具特色，体现仫佬族人的审美理念，也表达了仫佬族姑娘对美好生活的无比向往。

蓝布刺绣，锦上添花。这种形式丰富多彩，风格朴实大方，民间特色浓郁的两种技艺，彼此融合，相得益彰，深受群众喜爱。蓝染、刺绣这种扎根于民间的艺术，在日常生活的广泛使用中不断提高，不断发展，曾经传达着仫佬族人丰富的内心情感，也曾经呈现出仫佬族地区民间艺术的繁荣景象。

只是，随着经济的发展，社会的进步，外来的各种各样花色艳丽的布料不断被引进使用，这个民间传承了几百年的蓝染土布被认为色调单一、粗糙土气，不能满足民众的审美需求而慢慢淡出人们的生活。现在，只有仫佬族人家在乔迁新居、姑娘出嫁或者给家中老人做防老衣时才会用到土布。蓝草的种植也无处可寻。而那些精美的刺绣，除了博物馆有些陈列展览，许多都悄悄成为私人专属藏品，渐渐消失于大众视野。

梦里蓼蓝，无悔的传承

有学者说过，在当代少数民族地区，传统手工艺逐渐萎缩，主要还是传承意识日渐衰微，传承人群后继无人，传承区域日趋缩减。可谓一语中的。

如今，每每听着阿公感叹：那时候我们能够穿着蓝靛土布衣裳是一件高兴的事情，现在的年轻人都不喜欢这些东西了！作为一个蓝染世家的后代，我感到骄傲自豪的同时，也感到责任重大，传承弘扬民族文化，确实时不我待！

“路漫漫其修远兮，吾将上下而求索。”自2012年潜心拜师学习仫佬族蓝染、刺绣以来，我曾多次积极参与仫佬族非物质文化遗产项目保护、传承、宣传活动。2015年、2016年我分别参加了由文化部、教育部在北京服装学院举办的非物质文化遗产传承人研修研习班和武汉纺织大学非遗传承刺绣研修班学习；2018年参加了由国家艺术基金在广西河池学院举办的2017年度艺术人才培养“仫佬族民间刺绣工艺创新人才培养”项目学习班。

“悠悠我心，尽在蓝印。上下求索，痴心不改。弘扬传统，此生无憾！”这是北京服装学院资深专家学者的殷切寄语，也是自己多年来一直执着挖掘民间瑰宝，传承民间传统染织刺绣工艺，抢救保护民族文化遗产的精神动力。

为了做好保护传承和发展蓝染事业，我还把阿公对蓝染的所有回忆记录了下来，把外界各地有关蓝染传统的技艺、先进方法收集起来，进一步加深对民族地区蓝染历史、现状和未来的综合思考分析，提升思想认识，形成一种切合实际行之有效的发展思路，并利用自身

蓝凤凰民族文化工作室负责人在培育新人，讲解仫佬族蓝靛布刺绣背带技艺

种蓝世家两代人在晾晒蓝靛土布

蓝染、刺绣优势和山区地方有利条件，建造一个“梦里蓼蓝”主题蓝园实践基地和蓝凤凰民族文化创意工作室，把艺术鉴赏理论与自己的创作实践结合起来，把种蓝、制靛、蓝染、刺绣、民族手工布艺、民族服装服饰设计、教育培养新人等融为一体，传承创新，发扬光大。经过几年的努力，基地建设初具规模，艺术创作初见成果，《和之美，荷之韵》《外婆的红背带》《蓝色乡愁》等传统刺绣作品连续三年获得自治区级工艺美术大奖，社会反响强烈。

蓝花朵朵，蓝香幽幽。踏着石板路上先辈的足迹，一步一个脚印，一个仫佬族姑娘艰难而执着地行走着。

但愿这山里小小一片蓝色，能够给成立60周年的广西壮族自治区添增一抹优雅，送上祝福；相信这山里小小一片蓝色，能够给仫佬山乡的明天换来遍地花开的别样美丽。

（作者系罗城蓝凤凰民族文化创意工作室负责人）

沐浴阳光凤凰舞　仫佬山乡谱新篇

杜焕珍　罗仁惊瑜

九万山下，一个以凤凰作为图腾崇拜的民族，一个全国唯一的仫佬族自治县，数十年间，成果辉煌，用一颗感恩的心，感激党的民族政策光辉照耀，以一份赤诚之情，献礼广西壮族自治区成立60周年。

这个地方，叫罗城。

这里的人们，向往美好，追求幸福。

这里的人们，精诚团结，克难攻坚。

这里的人们，励精图治，开拓进取。

自治区成立60年来，特别是自治县成立以来，罗城仫佬族自治县坚持以经济建设为中心，依托资源优势大力发展经济，现代特色农业提速发展，工业转型升级步伐加快，现代服务业蓬勃发展，改革开放力度不断加大，各项主要经济指标持续增长。

——地区生产总值从1984年的0.82亿元增长到2017年的46.46亿元。

——人均地区生产总值由2004年的3124元增长到2017年的14960元。

——全社会固定资产投资由1984年的0.03亿元增长到2017年的28.37亿元。

——财政收入由1984年的0.03亿元增长到2017年的3.44亿元。

——农民人均纯收入由1984年的122元增长到2015年的5323元，2017年农村居民人均可支配收入7262元，比2016年增长9.4%；城镇居民人均可支配收入由2004年的5410元增长到2017年的21549元。

——全县规模以上工业总产值由2005年的5.1亿元增长到2017年的12.98亿元。

——2017年，罗城仫佬族自治县财政收入和固定资产投资两项指标增速排河池市前列，县域经济发展速度和质量不断提升，综合经济实力进一步增强。

秉承典范，勤政为民。这里有大清“一代廉吏”于成龙，有血染黄花岗的革命先驱李德山，有无产阶级的硬骨头韦一平……“我们的位置在群众前面”，激励着历届地方党委、政府，他们心系广大民众，造福一方百姓。饮水难、通电难、行路难、上学难、看病难，不堪回首，已成历史。

——全面改善农业水利灌溉；大力实施农村饮水安全工程，农村饮水安全得到保障。

石围屯保存完好的仫佬族古屋与村民新建的楼房相得益彰

——2009 年，所有村屯全部实现通电，电网升级改造进一步推进。

——罗城至宜州、融水、柳城等周边县（区）联通了二级公路；境内乡乡通油路、村村通四级路、20 户以上自然屯全部通水泥路。融水至河池高速公路罗城段、罗城至融水洞头、黄金至罗城港、罗城四把至环江、天河至宝坛等二级公路建设目前正全力推进，罗城县城通高速、乡乡通二级路的目标指日可待。

——“绵世泽莫如为善，振家声还是读书。”一副传统对联，诠释了仫佬族的尊师重教与知书达理，让教育为本真正成为百年大计。全县教学设施不断完善，义务教育学生享受国家“两免一补”政策，农村义务教育学生享受“营养餐”，仫佬族学生享受民族生补助，建档立卡贫困家庭学生享受从学前教育到高中教育资助全覆盖。

——县城建有县人民医院、中医院、妇幼保健院，11 个乡镇建有 12 家卫生院，125 个村建有卫生室，城乡居民基本医疗保险参保率 99.48%；医疗技术水平不断提升，辖区内建成了 15 家医疗机构的区域卫生信息平台；卫生事业从单一的医疗卫生服务走向医疗、预防、保健一体的全方位健康服务。

——城东工业园区、城西新区、商贸广场、朝阳路、环城路、凤凰大道重新构架仫佬新城。

——金源国际、中央广场、龙湖画卷、云林小区、东门壹号、民宇苑小区、裕祥源小区平地起高楼，宛如雨后出春笋。

——龙岸、怀群等特色名镇建设带动乡村面貌不断改观，美丽罗城乡村建设成绩斐然。全县城镇面积已由改革开放初期的 2.67 平方公里扩大到 18 平方公里，城区面积由 1.12 平方公里发展至 8.68 平方公里，城区人口由 1.1 万增长至目前的 5.33 万，城镇化率由 4.2% 提升到 30.5%。

广厦林立千万间，极大手笔；安居乐业俱欢颜，后顾无忧。罗城，换了人间。

如画山水，桃源仙境。得天独厚的大自然秀美风光和风情独特的仫佬民俗人文景象，一个桂北宜居小城早已美名远扬。

来到罗城，别忘了去聆听那首感恩的依饭长歌。

来到罗城，别忘了去体会走坡对歌的浓郁风情。

民族文化广场、于成龙文化广场、仫佬族剧院、仫佬族博物馆、于成龙廉政文化展示馆、图书馆、文化馆、体育馆、11个乡镇文化站、141个村级文化体育公共服务中心，罗城城乡文化体育基础设施得以完善，居民文化生活丰富多彩，民族文化传承有声有色。

石围古村、大勒洞古民居、于成龙影视基地古色古香；县城沿江路、凤凰寨仿古建筑，既一脉相承，又古意创新，提升仫佬新城民族建筑文化品位。

依饭节、走坡节等仫佬族民间传统节日，浓缩精华，源远流长，对外展示仫佬民族内涵深刻的文化历史。民间故事、民歌、婚俗、刺绣、草龙、煤砂罐、饮食等，集中民族智慧，凝聚民族灵魂，传承民族精神。

古村落民族风情旅游、红色旅游，以及剑江、武阳江天门山景区、水上相思林自然风光旅游开发，客似云来，奔走相告，推介了仫佬族秀美风光和传统文化特色魅力。

“千年仫佬，大美罗城。”这是外界的认同感，更是仫佬民族的自豪感。

脱贫致富，克难攻坚。罗城是国家扶贫开发工作重点县。据统计，2015年底全县尚有67个贫困村、21993户贫困户、83235名贫困人口，贫困发生率28％。贫困发生率居河池市第一位，是全区5个贫困发生率超过25％的县份之一。

狭路相逢勇者胜！面对贫困艰难，定位最大的政治任务和最大的民生工程，罗城奋力抓扶贫，同步奔小康。经过两年努力，全县67个贫困村有15个脱贫摘帽，贫困人口由2015年的8.32万下降到2017年的5.38万，贫困发生率由28％降至18％，2018年将按照年初计划，实现16个贫困村2.35万人脱贫摘帽，贫困发生率将降至10.2％。仫佬家园、凤凰寨、老乡家园移民搬迁安置得到上级肯定和群众称赞。2019年实现整县脱贫摘帽，与全国全区同步全面实现小康社会目标，不仅仅只是梦想。

2014年11月落成的仫佬族博物馆

2014 年 10 月建成通车的罗城火车站

回首过去，罗城充分利用国家扶持人口较少民族发展规划的大好时机和党的一系列民族政策，成绩斐然。

展望未来，仫佬族与其他各民族共同团结奋斗，共同繁荣发展，在多次被评为全国、全区民族团结进步模范集体的良好基础上，一定会再奏新凯歌，再谱新篇章。

罗城，这只展翅飞翔的美丽凤凰，将会迎来一个更加灿烂美好的明天。

（杜焕珍系罗城蓝凤凰民族文化创意工作室负责人，罗仁惊瑜系广西民族研究中心助理研究员）

“依饭”盛会展新貌　仫佬山乡俱欢颜

罗仁惊瑜

依饭节是罗城四把、东门一带仫佬族人民既独特又隆重的节日。随着时代发展、社会进步，传统民族节日以其顽强的生命力和深远的文化内涵，适应着这个新时代的变迁，呈现出不同于以往的别样精彩。

溯源——历史印记

依饭节在仫佬族中的流传历史至少有五百年以上。“依饭”在仫佬语中是祭祖的意思，过依饭节就是祭祖、祭神及庆祝丰收、祈求人畜平安。《罗城县志》中提到，“依饭节，又名喜乐愿，是仫佬族特有的节日，是仫佬族众人祈神驱邪、保佑平安、集福消灾、祝愿人畜兴旺、庆祝五谷丰登而开展的祈贺活动。每逢丑、辰、未、戌，有的村是卯、未、亥之年，于立冬后‘吉日’举行，多数村是三年一次，有的四年举行一次。节日仪式，一般经过起坛，请圣、出圣、点圣、劝圣、唱牛歌、合兵、送圣等七个程序。节日期间，宰猪杀鸡，蒸五色糯米饭，用红薯、芋头制成许多黄牛、水牛模型，以红彩带扎起一束束糯谷穗，并备素食品茶叶、柑橘，芝麻、甘蔗、花生、黄豆、豆腐、绿豆、黑豆、砂姜、八角、胡椒、甜酒和肉食品猪心、猪肝、猪肺、猪肚、猪肾、猪肠、鸡、鸭、鱼、蛋等十二种，煮熟制成‘十二蜜’，陈列于祭坛供祭‘依饭公爷’。请法师二人，一人扮神灵，一人念经‘请神’，头戴面具，身穿法衣，边唱边舞，一直请完三十六位‘神’，然后每户分一碗‘十二蜜’来吃，分牛模型和糯谷穗给各户置于香火上，全村大聚餐，狂欢一夜。节日期间，各家亲友回来，共享节日之乐，主家除备佳肴美酒接待外，还以粽子、白馍相送”。

按传统习俗，仫佬族的“依饭节”是每年一小庆，三年一大庆。在依饭节的时间安排上，各地、各姓、各“冬”不尽相同，但基本都是选在立冬后举行。主要内容是做“依饭道场”，因其主要祭祀仫佬族先祖“依饭公爷”而得名，而实际上依饭节所祭祀的神灵不只“依饭公爷”一个，而是三十六路神，包括在整个民族的历史发展进程中对仫佬族人施恩施惠、护佑有嘉的祖先神、地方神、佛教神、道教神等在内的众多神灵。

依饭节的整个活动时间一般为两天一夜。活动前由头人做好一系列的准备工作。包括打扫祠堂、购买祭祀所需物品，并由村中字写得好的人，在一些剪成条形的“彩银”（用红、黄、绿、蓝彩纸剪成）上写上“恭迎”“圣驾”“奉神”“保安”“集福”“庆贺”“三秋”“地坛”“依饭”“胜会”等字样，并贴在祠堂正堂的门楣上。在宗祠的大门上贴上“依饭三年乐一举，轮诚万户庆千仓”，横批“五谷丰登”的对联。活动当天，由依饭师傅拿出自家收藏的神灵画像挂在祠堂的正堂中。在祭祀前，祭坛前要放供桌一张，桌上一次摆放36个神的木制面具，红烛1对，盛米的竹筒3或5个并各插1炷香（每炷3支），酒3或5杯，白米饭3或5碗，筷子3或5双，小四方红旗两面。用红薯、芋头做成的“黄牛”“水牛”若干，五色糯米团一盘，以及糯稻谷穗若干把。另外，于坛前放置舞蹈用的鲁班长斧一把、长柄大刀一把、赶牛鞭一条、简牍一把、法剑一把等。

积淀——当代价值

从整个“依饭道场”仪式过程及其唱本内容中，可以窥见依饭节在仫佬族人心中有着深厚的历史积淀，其中寄托着仫佬族人对生命、对世界的认识；这也充分反映了他们的人生观、价值观、宗教观；同时也呈现了仫佬族传统文化对自然崇拜、祖先崇拜、农耕崇拜和生殖崇拜的解读。而传统之所以能流传至今，因为其深刻的文化内涵仍然被需要、仍然有价值，其最核心、最触动人心的内容仍然对仫佬族人有着强大的推动力。

——推进道德教育。仫佬族是一个有语言而无文字的民族，其社会历史、经济文化发展进程大多是依赖于节日集会、宗教活动等形式，通过法事、唱歌、念经、讲故事等方式，言传口授，代代相传。仫佬族依饭节、婚礼和平日歌坛上所唱的“古条歌”，很多都叙述了民族来源、社会历史、英雄人物、天文地理、农事生产等内容，给人们传授了天象人文地理和生产知识。在依饭法事中师傅们通过舞蹈和吟唱，不但传播其民族信仰，在新的情境中重新阐释其民族传说与神话，而且还传授其生产、生活以及性方面的知识，同时亦通过唱词规劝人们行善守法。在经济全球化的时代，多元文化的冲击越来越剧烈，各族文化日趋融合，依饭节通过周期性的出现，对人们进行传统教育，使传统在民众中得以延续和加强。同时，人们在节日中通过各种仪式与传说的讲述，直接面对自己的祖先，反复重温传统、体味传统，使传统具有鲜活的生命。

——助推民族文化发展。民间文化不仅仅是物质的和精神的宝贵财富，它同时还是建设先进文化，将之推向前进的坚实的基础和重要的助力。依饭节就属于这样一种民间文化，它不仅传承了传统文化，而且还为民族文化的创新和发展提供了基础与凭借。从仫佬剧的产生中可以窥见其价值。在依饭节长达三天三夜的祭祀活动中，歌舞、说唱贯穿始终。同时，依饭师傅在唱神的时候根据每个神的不同事迹加入不同的表演成分，类似于演故事，这样才使这个漫长的祭祀活动受到群众的关注。祭祀时，道师不仅要戴面具，还佩有长斧、长柄大刀、牛鞭、丝刀、朝简等各种道具。在整个仪式中，唱神是歌舞表演的主要场面。这对仫佬剧的诞生起着重要作用。

——增强民族凝聚力。民间节庆和宗教信仰作为族群聚合的象征具有重要意义。它是族群成员心里认同的重要因素。节庆与宗教仪式经常性的重复，在确认与维持民族文化方面起着重要作用。以祭祀先祖开基立业为主的依饭节承担着整合、统一社区的重要角色，起着统合宗族成员、增进族人团结、加强宗族凝聚力的积极作用。因此，仫佬族内部的精英人士通过组织举办依饭节，来增强族群内部的凝聚力和集体认同感。

——维护社会稳定、铸就和谐社会。依饭节举行的时间是在立冬过后，这时，人们已完成秋收，正是辛苦一年迎来收获的季节。此时过依饭节，有利于调整情绪，鼓舞精神，以积蓄未来生产生活的心理能量。在祭祀过程中，人们通过师傅的表演，娱乐、释放情绪，以获得心灵的安宁。同时，依饭节期间全宗族的聚餐需要全村上下各家各户分工合作，相互协作配合，有助于彼此之间沟通感情、密切关系、化解矛盾。在整体互动的影响下，村民们勤劳朴实、团结互助、尊老敬贤的传统美德得到了升华。

传承——创新发展

21世纪以来，全国范围内的非物质文化遗产有关工作的开展，对民族文化尤其是许多濒于失传的小众文化的保护传承起到了极大的推动作用。2003年10月17日，联合国教科文组织第32届大会通过了《保护非物质文化遗产公约》。2005年3月，国务院办公厅下发《关于加强我国非物质文化遗传保护工作的意见》。同年6月，文化部相关工作部署中，明确要求全国各地自2005年至2008年期间，开展全国非物质文化遗产普查，普查成果将建立起全国性遗产档案和数据库，绘制编辑地图集，建立国家和省、市、县四级代表作名录体系。2006年1月1日，《广西壮族自治区民族民间传统文化保护条例》颁布实施。此后，罗城仫佬族自治县的民族、文化、宗教、科技等有关部门按照要求认真开展民族、民间传统文化保护工作。早在2003年，罗城仫佬族自治县人民政府就已经着手准备将依饭节申请为国家非物质文化遗产。同年11月，在大银屯举办了一场声势浩大的依饭节活动，全程进行录像，经剪辑制作成影像资料，为申请国家级非物质文化遗产做准备。2005年7月，自治县人民政府召开有关部门专题工作会议，研究仫佬族依饭节保护工作，成立专门的保护工作领导小组。2005年9月，罗城仫佬族自治县人民政府向上级人民政府申请将仫佬族依饭节列为国家级非物质文化遗产保护项目。2006年6月，仫佬族依饭节被列入首批国家级非物质文化遗产名录，成为全县乃至全国瞩目的文化焦点之一。

2009年11月28—29日，在罗城县委、县人民政府以及仫佬族热心人士的大力支持下，罗城仫佬族自治县举办了首届仫佬族依饭文化节。这次盛会，将仫佬族最隆重的传统节日——依饭节推向了更高层次。活动举行之后，依饭节在罗城家喻户晓，首次从村落宗祠搬上了中心舞台，向全国人民展现了仫佬族传统节日文化的魅力。此后，罗城仫佬族自治县于2013年、2017年又先后成功举办了第二、第三届仫佬族依饭文化节，基本将依饭节打造成为当地极具代表性的民族文化品牌。从全县范围看，依饭文化的内涵在不断扩大，层次在不断提升。

复兴——“依饭”新貌

2017年的广西罗城第三届仫佬族依饭文化旅游节有一项非常重要的活动内容——原生态仫佬族依饭仪式。这是一场传统与现代的博弈，更是一场旧俗与新貌的交融。既让慕名而来的学者、游客、摄影爱好者们触碰到了传统的衣襟，又让这一传统而隆重的祭祀仪式呈现出与旧日不同的风采。

这一年，仪式选在了从未集体办过依饭节的东门镇凤梧村上凤立屯举行，由县民族局全程指导并负责监督组织管理工作。这是一次突如其来的安排，更是一场全村出动、全情投入的盛会。

罗城仫佬族自治县东门镇凤梧村上凤立屯位于凤凰山脚下，距离县政府3.6公里，是一个潘姓仫佬族聚居的自然屯。除90%以上的潘姓外，上凤立屯还有吴、梁、韦、黄等姓氏，全都是世代聚居于此的仫佬族人。全屯总人口236户1956人，在外地居住、工作的有700多人。全村秉承“以读书为荣”的理念，世代流传着勤学苦读、尊师重道的优良传统。中华人民共和国成立至今，已培养出大学生205名、中专生466名。正因如此，上凤立屯被称为“秀才村”。全村不比吃穿，只讲“谁家的孩子读书好，有出息”，“孩子能读书”是当地仫佬族人最引以为荣的事情。2011年，上凤立屯开始设立奖学金制度，凡是考上大学的，每人奖励1000元。截至目前，从上凤立屯走出来的省部级干部1人（自治区党委原副书记、广西桂学研究会会长潘琦），处级干部11人，教授、高级工程师、

仫佬族原生态依饭文化活动日程

中学高级教师、主任医师等杰出人才 22 人。近年来，上凤立屯以“美丽乡村”为契机，大力开展“清洁家园”“清洁水源”“清洁田园”活动，基础设施不断完善，硬化道路 3 公里，文化活动中心、灯光球场、敬老院等场所一应俱全，生产生活水平不断提高。由于上凤立屯距离县城较近，土地基本被征用，当地仫佬族人的生计方式基本转变为以外出打工、做生意为主。

上凤立屯潘氏祠堂

在仫佬族文化名人潘琦的引领带动下，上凤立屯自筹资金，于 2016 年建成规模恢宏的潘氏祠堂，并于 2017 年成立了“广西潘氏文化研究会上凤立潘氏祠堂研究基地管委会”，对村内的历史文物、传统建筑等物质文化遗产进行收集、保护和传承。

东门镇凤梧村上凤立屯

为办好本次盛会，上凤立屯专门成立了筹备组委会，设主任 1 名、副主任 5 名，顾问 5 名，成员 14 名。下设村容村貌整治亮化美化、依饭道场服务、后勤接待等 3 个大组，具体又分为村容村貌整治及安保、道场服务、后勤接待、后勤伙房、采购等 5 个工作小组。每个组包括组长 1 名、副组长和组员若干名，明确工作职责和具体责任人。组委会通过集体讨论，决定邀请在外工作、定居的乡友名单，以多种形式发出邀请。同时，成立财务专管小组，活动经费专款专用，活动结束后公布收支情况。

虽然上凤立屯一直以来并无“做依饭”的传统，但在自然崇拜、祖先崇拜这一庞大认知体系中，当地仫佬族人对依饭节“酬谢众神、祈福还愿”的核心内涵还是有所了解并且表示认可的。大家均表示，“做依饭”是村里的大事，都应该帮忙分担。几位负责包粽子的大姐甚至专程从南宁赶回村里参与本次活动。在她们看来，这是

上凤立屯村民自制的各类美食、贡品

自己家里的大事，只要有空都会回来。全村上下呈现出一片忙而有序的欢乐景象。

上凤立屯原生态依饭文化活动吸引了许多新闻媒体、出版单位、专家学者以及摄影爱好者前来拍摄记录。为了方便群众观看，也为了方便各方拍摄资料，主办方决定在临时搭建的露天舞台进行依饭仪式，避免在空间相对较小的祠堂里“做依饭”烧香之后出现满屋子烟的情况。

为尽可能保持仪式的原貌，当地请了国家级非物质文化遗产项目仫佬族依饭节代表性传承人谢忠厚及其弟子来进行依饭仪式。仪式期间天公不作美，阵阵雨点惊扰了兴致，部分环节从简进行。然而，雨水浇不灭仫佬人民“做依饭”的热情，为期 3 天的原生态依饭文化活动依序进行，全村男女老少共同见证了这一盛大场面。

仫佬族原生态依饭文化活动现场

仫佬族依饭节代表性传承人谢忠厚及其弟子进行依饭仪式

（作者系广西民族研究中心助理研究员）

电商新业态助力民族地区乡村振兴

罗仁惊瑜

广西壮族自治区成立60年来，特别是党的十八大以来，农村电商在仫佬山乡从无到有，改变了农产品流通的传统模式，拉近了农村与城市之间的距离。本土电商企业从艰难起步到迅速发展再到反哺社会助力脱贫攻坚，折射出仫佬人民聪慧、执着、勇于拼搏的创业精神和善良、感恩、胸怀天下的民族品格。

借助中欧鲜农电商网络平台，“仫佬依”这个与农业、农村、农民息息相关的名字，在短短两年的时间里，成为罗城仫佬族自治县家喻户晓的仫佬族原生态农特产品品牌。“仫佬依”原生态富硒香米、原生态富硒黑米、野生木耳、野生蜂蜜、黄金百香果、高山紫薯等各类农特产品销往全区乃至全国各地，擦亮了罗城仫佬族自治县生态农业的金字招牌。它的创立，得益于一位勤劳、聪慧的仫佬族姑娘——罗翠美，以及她一路的坚持与不变的初心。

生意初体验

广西中欧鲜农电子商务有限责任公司董事长罗翠美，现在是一位优秀的妇联代表、成功的企业家。2018年8月，她被评为中国农业风云人物，并当选为中国妇女第十二次全国代表大会代表。而曾经，她也和家乡的兄弟姐妹一样，是一名普普通通的农家女孩，靠父母在田间地头的辛勤劳作勉强维持一家人的生活。一次母亲生病，罗翠美帮母亲去市场上卖自家种的葱花，一天竟卖得了4元钱。这对罗翠美而言，已经是一笔“大钱”了！“那时候，吃碗粉只需要几毛钱，我一天就赚了4块钱！我真的太兴奋了！”这次偶然的“生意初体验”让罗翠美兴奋不已，并开始对赶集做买卖产生了浓厚的兴趣。

从最初卖自家种的菜，到后来在市场上贩一些菜来卖，罗翠美逐渐掌握了做生意的窍门，知道趁集日的时候多买些菜囤着，等过了集日，市场上没有菜卖的时候再拿出来卖。这样一来，每个暑假都能赚到百来块钱，令当时还在上初中的罗翠美很有优越感。

在市场上卖菜的日子持续了大概三五年，其间经历的事、遇到的人，令罗翠美感触颇深。那时的仫佬山乡，还有很多地方不通路、不通车，还有很多住在大山深处的农民出行不便、生活困苦。集日的时候，很多农民从大山深处挑菜去到集市上卖，葱花、白菜、大蒜和一些山上的野果……“一根扁担两个框，手里牵着一个娃”，是山区农民给罗翠美留下的深刻印象。每当卖菜的农民太多，再加上下雨天没什么人出门，他们就只能眼睁睁地看着好好的菜卖不出去，千辛万苦地来一趟结果可能连一碗粉的钱都赚不到。这令她既感慨人生的不公，又十分同情那些仍过着“面朝黄土背朝天”传统农村生活的农民兄弟姐妹们。同时，她也在内心深处埋下了努力改变命运的种子。

商海历练

1997 年，17 岁的罗翠美踏上了离乡闯荡的征程。先是随堂姐到浙江打工一年，见识了与农业小山村完全不同的“制造大世界”，实实在在地感受到了当地浓郁的商业气息，并通过自己的努力，攒下了相对而言非常可观的一笔收入。一次杭州之行，罗翠美被西湖边的服装批发市场所吸引，下定决心做起服装批发生意。性格开朗、待人热情的罗翠美，很快便融入了周边年轻人的圈子，结交了许多各行各业的朋友，为此后的创业之路越走越宽、越走越远奠定了良好的基础。

杭州渠道打通后，罗翠美回到罗城，租门面开店经营女装，奔忙于大都市与小县城之间，将当时非常流行的服装款式和较为成熟的商业模式带回了家乡。

年少时在市场上卖菜的经历一直深深影响着她，加上离家闯荡所积累的丰富人生阅历，罗翠美最终决定，还是要做回自己的老本行——农产品销售。2009 年，她在罗城开了第一家生鲜超市，联系周边村屯以及从前一起卖菜的老乡，跟他们订菜到超市里卖。此后，又于 2014 年与人合伙新开了一家规模更大的超市，通过与农户合作，真正帮助农民解决农产品销售的问题。罗翠美曾跟其他股东提出学习外地已经很流行的线上线下销售模式，建议做订单配送，却得不到任何一个股东的认可，甚至遭到强烈反对，被身边的人认为是“疯子”。罗翠美十分清楚，她要做的并不只是开个超市，她要为实现心底那份深藏多年的梦想而放手一搏。

2016 年，罗翠美毅然退股，重新开始思考如何将这份“疯狂”进行到底。

以“农”为本

2016 年 9 月，罗翠美注册成立了广西中欧鲜农电子商务有限责任公司。不断通过多年积累的各方资源和渠道，虚心求教、广泛取经，始终坚信农村电商离不开一个“农”字。在政府部门的支持帮助下，中欧鲜农从天河镇维新村地敢屯开始，与当地一群勤劳、质朴的妇女合作，发展甜豆订单业务。当时，甜豆（荷兰豆）在罗城还没有人种过，大家作为“第一个吃螃蟹的人”，心里确实没底。公司除了免费为农户提供种子、技术外，还组织农户参加培训，不仅教技术，更教观念。罗翠美清醒地认识到，只有让农民真正弄懂他们跟公司合作究竟是在做什么，让他们想通到底为什么值得这样做，才能充分调动起他们的积极性，开展长期高效的合作，实现双方的互利共赢。

公司成立之初，罗翠美起早贪黑、马不停蹄地穿梭于各村屯之间，用 3 个月时间在 67 个贫困村成立了 67 个电商服务站，并通过与政府部门合作开展致富带头人培训，成功从中培养发展了一批电商服务站站长。在他们的组织带动下，越来越多的村民参与到田间地头式的免费培训当中，并逐步与公司开展合作。在公司和农户的共同努力下，第一年种植的甜豆在市场上卖得了好价钱，“短平快”的甜豆基地种植模式取得了成功。

然而，成功没有捷径，更没有坦途。在带领公司走上正轨之前，罗翠美也经历过挫折，走过不少弯路。她曾与已经发展成熟的几家大型电商平台合作，投入了大量的流量费、广告费、店铺推介费等；曾安排员工参加那些以城市背景为依托的电商培训班，但却发现培训的内容根本不适合农村电商的发展需求，无异于“买套西装回家种田”。在平台合作、人才培训等方面花了几百万冤枉钱之后，罗翠美吸取了电商空有平台而无产业支撑的教训，清醒认识到，农村电商不仅仅是商品买卖，也不仅仅是搭建一个平台，而是必须依托第一、第二、第三产业的融合发展，把城市资源、能人资源统统整合起来，才能有效助推乡村经济发展，真正实现乡村振兴。于是，她坚持从“一产”做起，以“农”为本，将过去零散的农产品种植进行标准化、规模化经营，着力解决农产品“进城难”的问题，帮助农民打通了增收的“大动脉”。随后，逐步发展无公害蔬菜基地、乌鸡养殖基地、生态富硒米种植基地等，订单产业在全县铺开。

如今，中欧鲜农已从刚注册时仅有 40 平方米办公面积的小公司发展成为拥有 3000 多平方米电子商务孵化园、众创空间的本土电商龙头企业，入驻平台的企业已有 100 多家。已建成的砂糖橘、滑皮金橘、百香果和原生态富硒黑米、原生态富硒大米种植基地 5000 多亩。在县委、县政府的帮助支持下，充分把握东西部扶贫协作的良好发展机遇，到深圳参观学习，并在走访有关部门和各大企业的过程中签订了大笔订单，成功打开了区外市场。

电商扶贫助力乡村振兴

罗翠美所带领的中欧鲜农电商团队，始终秉承“绿色、健康、感恩、共赢”的经营理念，以助力脱贫攻坚、带动贫困农户创业致富为使命，充分发挥公司网络构建经验与技术专长，主动参与“党旗领航·电商扶贫”工作，推动整合社会资源参与现代农业产业的项目开发，不断增强贫困村自我“造血”的脱贫能力。目前公司有员工 150 多人，包括行政人员 30 多人、接待人员 40 多人、为农产品生产加工提供技术保障的特聘专家顾问 30 多人以及各基地

罗翠美（左一）在北京参加中国妇女第十二次全国代表大会

工作人员 50 多人。经营范围覆盖农特产品基地打造、农村电子商务服务等。拥有现代农业产前、产中、产后全程服务能力，提供农产品生产标准化技术、农资供应、金融服务链接、农村电子商务、农产品流通等服务，通过实施“互联网＋订单农业＋基地＋贫困户”的经营模式，吸纳贫困户加入合作社共同脱贫致富。同时，采取“互联网＋精准扶贫＋振兴乡村”的第一、二、三产业链有机融合发展模式，全力打造“仫佬侬”民族特色品牌，完成产供销一条龙服务，真正解决贫困户缺资金、缺技术、缺销路等核心问题，打通农特产品进城的“最后一公里”。

“仫佬农”人罗翠美为家乡代言

中欧鲜农助力脱贫攻坚，在增加农民收入方面发挥了积极的带动作用。由于公司于 2017 年底搬至移民搬迁安置点“仫佬家园”，附近住的都是移民搬迁贫困户，罗翠美对他们格外照顾。特别是对贫困妇女，不仅放宽条件优先聘用，更用“存善心、讲好话”的公司文化感染她们，像一个大家庭包容她所有的家庭成员那样，在她们困难时伸出援手，鼓励她们通过自己的努力创造美好的生活。如今，越来越多的农村妇女从贫困山区走出来，走进“仫佬家园”，走进中欧鲜农。农产品超市已不仅仅是她们上班工作的地方，更是她们多彩生活的重要组成部分。在这里，她们接触到了更多的人，见到了各级领导、各家媒体到公司超市调研、采访，知道了许多不曾有人告诉她们的新鲜事。“其实她们都非常淳朴、善良，她们都想过上美好幸福的生活，但她们缺少一个机会，缺少一个平台，而我能做的，就是为她们提供这样的机会和平台，同时也是给她们一个希望，让她们能够通过自己的努力逐渐减轻生活的负担，过上安稳的生活。”身为全国妇女第十二届人大代表和自治区妇联执委的罗翠美，用一颗真心与农民交朋友，用实实在在的行动带动贫困户创业致富，真正解决农户“丰产不丰收”的问题，帮助更多的农户真正实现在家就能创业就业。而这，正是罗翠美最引以为豪的人生经历。

“乡村振兴真的是要靠老乡，农民不富起来，再好的农村电商平台都做不长久。”农民出身的罗翠美，始终牢记习近平总书记“懂农业、爱农村、爱农民”的殷殷嘱托，与农民称兄道弟，通过互惠互利的合作，给农民极大的信心和希望，确保他们种出来的农产品可以卖得出去。充分发挥平台作用，对接各大城市资源。通过实施电商产业扶贫项目，辐射带动一批农户创业，通过微信或其他自媒体平台销售农产品。公司成立两年来，营业额累计达 8000 万元，直接带动 5000 多户贫困户 10000 多人实现产业增收。

中欧鲜农帮扶带动贫困户脱贫致富，是罗城仫佬族自治县发展农村电商带动脱贫发展的一个缩影。至 2018 年底，罗城电商企业已发展到 50 多家，农村电子商务服务点 100 多个。仫佬山乡各族群众享受到了越来越便利的生产生活条件，同时也将他们生产的农特产品便捷快速地销往外地，拓宽了脱贫发展渠道，激发了农村发展活力。

“仫佬依”民族特色品牌影响力的不断提升和中欧鲜农电商网络平台的不断发展壮大，彰显了一个民族顽强、旺盛的生命力，承载着无数“仫佬农”人对新时代的向往和对美好生活的渴望，也为仫佬族地区乡村振兴注入了不竭动力！

（作者系广西民族研究中心助理研究员）

绿色发展浪潮涌　罗城木业新起航

罗仁惊瑜

罗城仫佬族自治县是珠江源头重要水源涵养区和桂西生态屏障，有着得天独厚的生态资源优势。

——60年前，罗城北部的九万山自然保护区的原始森林山高林密、山清水秀，为当地绿色可持续发展奠定了良好基础。那时的仫佬山乡，绿水青山只是一道美得令人心动的风景。

——60年后，罗城的林地资源得到有效保护，森林覆盖率较快提高，森林面积180.4千公顷，森林覆盖率达68.01%，人工林发展迅速，林业生产潜力巨大。如今的仫佬山乡，绿水青山已成为推动产业发展、助力群众增收的金山银山！

绿色发展　扬帆起航

新中国成立以来，罗城大力实施退耕还林、封山育林、人工造林以及水源林、生态林保护等护林育林工程，全力治理石漠化。坚持“生态立县、绿色发展”的理念，坚持生态建设与脱贫攻坚相结合、造林绿化与农民增收相结合，坚持产业发展生态化、生态建设产业化，把造林绿化从单一的生态效益向生态、经济、社会多重效益转变。2016年，国家将罗城仫佬族自治县纳入重点生态功能区，更是为当地生态文明建设创造了绝佳的发展机遇。

在绿色发展的时代浪潮中，仫佬山乡一家本土企业悄然崛起。它的腾飞，是当地“聚焦绿色主题、聚力产业发展”的一个缩影。

它创办于2004年，2007年落户罗城工业园区，占地103亩，注册资金1000万元，以生产低碳环保板材为主，生产实木门、实木橱柜、实木家具等整体家居系列为辅，集设计、研发、生产、销售于一体。多年来，累计投入资金4000多万元，建成8万亩人工林基地，实现原材料自给。年产10万立方米、各类板材产值达3亿元、利税突破8000万元，是河池乃至广西最大的生态板、细木工板、多层板、木材加工领军企业。2015年在天津股权交易所挂牌上市，是罗城首家进入资本市场的企业公司，同时也是广西木材行业内第一家挂牌上市的企业。它有自己的技术研发团队，2018年被认定为自治区企业技术中心、国家林业标准化示范企业。它，就是由潘广国等仫佬族优秀人才创立的——广西玉麒木业股份有限公司。

广西玉麒木业股份有限公司落户罗城工业园区

坚定信念　创新发展

从林区种植培育到采伐运输再到林木加工，从原木到免漆生态板再到中高端定制家具，从为外地品牌“做嫁衣”到注重推广自己的品牌。

玉麒木业十多年来不忘初心，从未分心涉足其他行业，一门心思种植林木、加工木材、制作家具，构建起涵盖苗木培育、林业基地开发、林木经营、林权流转服务、林产品加工一条龙运作的绿色产业链，实现第一、第二、第三产业融合发展。始终坚持把生态效益放在首位，合理追求经济效益，努力发挥社会效益，一步一个脚印地做大企业规模，综合实力稳步提升。现有员工 700 余人，其中各类管理、技术、销售人员 100 余人。2017 年销售额近 2.9 亿元，创造税收 460 多万元。全年产值由去年的 2.01 亿元到目前为止已突破 3.9 亿元，今年有望突破 5 亿元。先后在南宁、柳州设立运营中心，全区加盟店已达到 230 多家。未来将向福建、云南、贵州以及全国其他地区拓展，让仫佬山乡的香杉木走进千家万户，实现玉麒“千城万店”的战略发展规划。2015 年以来，玉麒木业注重推广自己的品牌，“玉麒”品牌先后获评为“广西名牌产品”“中国著名品牌”“中国板材行业十大品牌”。

一路走来，玉麒木业始终秉承“绿色、环保、生态”的发展理念，科学、充分、有效地利用林木资源，以科技创新践行“做健康板材”的企业宣言。

——环保生产方面，先后投入 3000 多万元研发经费，于 2014 年率先在行业中研发出具有自主知识产权的无醛蛋白胶黏剂，开发出具有核心竞争力的无醛生态板和环保家居产品。2018 年参与了行业《无醛人造板及制品》标准的起草，并加入了全国无醛人造板及其制品科技创新联盟，全面推进技术创新走向更宽的领域。

——循环加工方面，公司研发团队经过多年探索，利用生产过程中产生的边角废料、木糠等，于 2015 年开发出可替代传统燃料的新能源。这种新能源具有无色无味、燃点高达 1360℃、燃烧充分、燃烧后不产生任何有害气体等特点，具有广泛的市场前景和推广意义。

技术工人在使用生态板贴面压机加工板材

技术人员在熟练地操作全自动锯边机

2017 年开发出的新建筑材料——木塑板项目正式立项。该产品可广泛用于建筑模板、室内装修等领域，并且可以重复回收利用，是真正意义上的环保产品。

目前，公司申请的 6 项发明专利都已进入实审阶段（待核实最新进展），后续还将与区内外高水平科研团队合作，成立专门的工作站，不断加大科技研发力度。

15 年来，在党和国家各项优惠政策的大力扶持下，在地方党委、政府的关心支持下，潘广国董事长带领全体玉麒人坚定信念、砥砺奋进，开拓进取、创新发展，以稳定的产品质量树立了公司良好的业界口碑，发展成为无醛健康居家建材的推动者和领导者。公司先后荣获“罗城金融精准扶贫龙头企业”“广西现代林业产业龙头企业”“广西农业产业化重点龙头企业”等称号，是国家《无醛人造板及其制品》团体标准制定单位之一。2018 年 10 月，玉麒木业生产的家居产品正式入选《雄安新区建设选材名录》。

产业扶贫　勇于担当

时代在进步，社会在发展，企业在成长，企业家精神也在与时俱进。积极履行社会责任，是企业实现可持续发展的必然选择，也是提升企业整体形象和软实力的有力支撑。玉麒木业积极响应党中央关于鼓励支持社会力量参与脱贫攻坚的号召，致富思源、富而思进，踊跃参与“万企帮万村”行动，争当脱贫攻坚的贡献者、精准扶贫的实践者、社会风尚的引领者，以企业之名，坚守木业初心，走出了一条“绿色、环保、生态”的全产业链发展新路子，肩负起仫佬山乡可持续发展的时代担当。

玉麒木业董事长、罗城仫佬族自治县政协委员潘广国曾经说过：“新时代的企业家不应仅仅在追求商业价值、创造社会财富中体现自身价值，还应在主动承担社会责任中发挥榜样的力量。”他不仅这样说，而且身体力行地这样做。玉麒木业在不断发展企业自身的同时，也在积极参与社会公益事业，把“生态优先、产业同步”作为企业可持续发展的重要出路，主动融入扶贫工作大局，承担社会责任，通过发展林业产业带动当地农民致富。

2008 年，公司确定了“公司＋基地＋农户”的经营模式，以国家储备林基地建设为引领，通过集约人工林培育、现有人工林改造等措施，培育后备森林资源，增强可持续发展能力，实行规模化、集约化经营，破解农户独立经营困境。一是合资造林，由公司出资、农户出土地，在黄金镇建设人工林基地 3000 亩；二是订单造林，公司筹措资金，与纳翁、宝坛、龙岸等周边乡镇 1600 多户农户签订造林合同，造林 10000 多亩；三是与农户签订木材收购合同，并免费提供树种给农户栽种。

与此同时，公司出资 300 万元修建林区公路，并坚持聘用当地贫困群众参与建设，为林区贫困户修建水柜，每年群众的打工收入、林地承包费用收入、护林、施肥、砍伐及其他收入项目达到户均 8000 元以上。许多 50 岁及以上年纪较大但仍有劳动能力的老人不能外出打工，却可以就近在基地打工，每天收入 100—150 元，年收入 10000 元以上，真正达到带动群众增收致富的目的。在基地日常管护中，公司聘用当地村民作为护林员，优先安排有劳动能力的贫困户就地转移成护林员。2017 年，仅基地建设就支付给当地农民工资和各种费用达 360 万元。

2014—2017 年，公司用工范围已辐射全县各乡镇及周边县市区，帮助 2300 多名贫困群众脱贫致富，发放农民工工资 3960 万元。2017 年 4 月，公司投入 1.5 亿元开始对深加工项目进行产业和产品升级。为此，公司录用建档立卡贫困户 144 人，进行岗前培训和各类技能培训 200 多人次。2016 年 5 月至 2018 年 4 月，通过扶贫贷款委托经营方式，帮扶 600 名建档立卡贫困户，并给贫困户发放委托经营贷款分红 480 万元。

“他开了个场，把我们的木材产量一天天提高……

“对我们农村收益很大，减轻我们农民的负担……

“对我们农民很好的，收购价钱高，样样好，我们农民很高兴！”

——来自当地群众的质朴心声

在这个“绿色发展浪潮涌”的新时代，罗城仫佬族自治县依托得天独厚的生态资源优势，坚持走“生态建设产业化，产业发展生态化”的发展之路，努力描绘着“绿水青山今犹在，化作金银幸福来”的美好画卷！

“为你遇见自己期待的幸福之家而不断努力！”

——玉麒木业

（作者系广西民族研究中心助理研究员）

第七章　毛南新貌引人醉

可爱新村里“可爱”的人

蒙是宜　刘爱　李博

可爱村新貌

环江毛南族自治县大安乡可爱村距离大安乡政府 13.5 公里，全村 15 个村民小组 140 户 470 人，分成 35 个自然屯零星分散在大石山区里，住的是木瓦房、茅草房，只能在石头缝里种玉米、黄豆、红薯。2011 年，农民人均纯收入 2092 元，比全县农民人均纯收入 4342 元低 2250 元，是典型的贫困村。2012 年，大安乡被确定为河池市扶贫开发“整乡推进”示范区，可爱村被列为“整村搬迁”项目。可爱移民新村于 2012 年 9 月开工建设，2014 年 2 月村民搬迁入住。新村设计有生活区和生产开发区，生活区位于大安乡才平村境内，距大安乡政府驻地 3 公里，土地面积 72 亩，共投资 2500 万元，安置贫困户 90 户。如今的可爱新村与过去相比，发生了翻天覆地的变化，成为名副其实的“可爱”村，村民们都说，这可喜的新变化离不开他们心中最“可爱”的人。

55 岁的谭福勇是毛南族人，他是大安乡可爱新村的党支书，他在村民眼里是最可爱的人，在工作岗位上他始终如一，努力为各民族群众做好服务工作，为维护可爱村和谐稳定与发展做出了自己的贡献。谭福勇曾荣获河池市“优秀共产党员”、自治区民族团结进步模范个人、全区“扶贫攻坚好支书”等光荣称号，并于2017年9月代表毛南族参加全国少数民族参观团到北京参观考察，与代表团一起得到了全国政协主席俞正声的亲切接见。

作为一名少数民族党员干部，他积极为各族群众谋利益，以改变可爱村落后面貌为己任，带领可爱村村民克服重重困难，艰苦奋斗，把贫穷落后的可爱村变为脱贫致富的模范村。自1997年12月任党支部书记以来，谭福勇就带领可爱村的广大群众开始了长达13年的修路历程，修建了总里程达51.86公里的1条村级道路和19条屯级道路，使全村90%以上的屯通上了可通行小型农用车的道路。路修通了，但耕地少、严重缺水等自然状况和上学难、看病难、致富难等问题依然无法解决。2012年，河池市把大安乡作为扶贫开发“整乡推进”示范区，可爱村被列为“整村搬迁”对象，谭福勇抓住这个大好时机，以身作则，带领村两委班子多次采取召开村民代表会、户主座谈会、走家串户说服等形式，晓之以理、动之以情，耐心细致地做好群众搬迁前的宣传发动和搬迁后的思想稳定工作，研究制定《河池市开发扶贫“整乡推进”大安示范区可爱村发展规划》《可爱移民新村设计效果图》，为可爱村描绘美好发展蓝图，并且积极协助上级部门做好资金筹措、协调和征地等工作。经规划，可爱新村每户建房占地面积72平方米，每户两层半，两户联排式，每排建筑间距为10米，屋后皆有绿化用地。村庄内主干道宽8米，次干道宽5米，宅间道路宽4米。村内建有水车、游泳池、篮球场、村委办公楼、文化活动室、村级博物馆等公共设施。生产开发区离生活区1.5公里，有偿调整土地面积646亩，投入扶贫产业开发资金30万元。通过攻坚克难，确保了“整乡推进”示范点建设有序推进，经过两年的建设，2014年2月，可爱村村民成功整体搬迁至安置点入住，其中，有土安置90户333人，无土安置32户120人。大山里的村民都搬进了漂亮的小洋房，过上了安居乐业的生活。

“搬迁前后，一个是地、一个是天”，村民们都这样说。但是，搬得出只是第一步，住得下、能致富才是关键。整村搬迁后，谭福勇积极带领各族群众成立了环江可爱村特色产业发展专业合作社，利用合作社组织群众打造特色产业，抱团开拓市场。通过“党建＋产业”，引领各族群众发展特色产业，种植红心香柚、核桃、特色水果，引领广大农民脱贫致富。同时，积极拓宽致富渠道，通过“党建＋旅游”，大力发展乡村休闲旅游产业，增加农民收入。近年来，共发展种植红心香柚230亩，在原居住地种核桃850亩，他还动员群众发展“短平快”项目，在红心香柚地里套种黄豆近200亩。在他的带领下，如今的可爱新村，一幢幢整齐划一的小洋楼格外显眼，一湾涓涓清泉穿村而过，村里博物馆、文化室、游泳池和篮球场等休闲娱乐设施一应俱全，逐步走向集美食、休闲、宜居、宜旅、民族特色为一体的美丽乡村。2018年全村农民人均纯收入达8200元，比2011年搬迁前的2092元多6108元，贫困人口从2011年的413人减少到2018年的3人。如今，可爱移民新村的各族群众安居乐业，正朝着生产发展、生活宽裕、乡风文明、村容整洁、管理民主的社会主义新农村目标大步迈进。

（作者蒙是宜系环江毛南族自治县民宗局副局长、刘爱系环江毛南族自治县民宗局工作人员、李博系广西民族研究中心助理研究员）

民族团结绚丽之花在毛南山乡竞相绽放

蒙是宜　刘爱　李博

陈双村新貌

多年来，环江毛南族自治县全面贯彻党的民族政策，深入开展民族团结进步创建活动，有力地促进了民族团结，维护了社会稳定，毛南山乡呈现出团结和谐、同心同德、守望相助的良好新局面，民族团结进步创建工作硕果累累。

民族村寨尽显团结致富新面貌

陈双村毛南、苗、瑶族移民点位于思恩镇西北部，距县城 6 公里，是自治区民族团结示范村。双乐苗族、东兴瑶族、龙江毛南族三个移民新村分别始建于 1995 年、1996 年、2004 年，共有土安置县内贫困移民 71 户，277 人。其中：双乐组安置来自驯乐苗族乡山岗、长北、镇北三个村 26 户，110 人，耕地面积 255 亩；东兴组安置来自东兴镇平安村瑶族群众 10 户，44 人，耕地面积 211 亩；龙江组安置来自下南乡希远村龙瑶、下江屯毛南族群众 34 户，136 人，耕地面积 439 亩。移民群众主要靠种植砂糖橘、水稻、甘蔗、种桑养蚕和外出务工为主要收入来源。近年来，毛南、苗、瑶族片区各族党员群众以创建“民族团结示范村”为主题，深入实施“鸿雁引飞百千万”党员能人带富工程，全屯共培育党员能人12名。“80后”的韦玉荣是思恩镇陈双村双乐组人，也是毛南、苗、瑶族片区党支部书记。以前，韦玉荣种植甘蔗年收入不足3000元。2010年，他瞄准了当地良好的自然条件，带头种植了20多亩砂糖橘，家庭年收入提高到10多万元，有效带动了群众脱贫致富。在韦玉荣看来，依靠团结致富带来的好日子，比砂糖橘还要甘甜。陈双村毛南、苗、瑶族片区党支部打响“党建＋脱贫攻坚”“党建＋产业发展”等“党建＋”系列品牌名片，建立“党建引领、产业支撑、以点带面、整体推进”的精准扶贫模式，按照“党员能人带头示范引领、群众自愿加入合作”和“一带一、一带多或多带一”的帮带模式，组织贫困户种植砂糖橘、红心香柚等特色水果，始终坚持将基层党建与精准扶贫深度融合，以基层党建创新成果服务保障精准扶贫，推动党建与扶贫的互促共赢。在“支部＋能人＋基地（合作社）＋公司”发展模式带动下，移民点群众大力发展特色水果产业。

2016年，按照“因地制宜、突出特色，一业为主、多元发展”的思路，思恩镇以毛南、苗、瑶族三屯为核心区，着手创建思恩镇特色水果产业示范区。核心区内的毛南、苗、瑶等少数民族群众连片种植水果3100亩，拓展至塘母、陈屯、石付等14个屯及周边村屯共6431亩，示范区被自治区人民政府授予广西县级特色农业示范区称号。示范区的创建使水果产业由“分散型”向“集约型”发展，增强了特色产业的市场竞争力。当年，核心区（毛南、苗、瑶族三屯）少数民族同胞年人均纯收入从搬迁前的不足500元提高到8000元，特色水果产业有效带动了75户贫困户240人脱贫致富。通过种植砂糖橘致富后，毛南、苗、瑶族片区党支部带领群众谋求“转型升级”，以美丽乡村建设为依托，与乡村旅游相结合，走“红色党建＋绿色旅游”道路。在党支部带动下，双乐屯26户苗族群众自筹135万元资金建设“毛苗瑶农家乐园”，打造集饮食、农业观光、水果采摘、民俗表演于一体的“毛苗瑶”特色生态休闲娱乐旅游景点，有效带动了周边贫困户脱贫摘帽。

毛南、苗、瑶族片区通过深入开展“美丽思恩·清洁乡村”和“生态乡村”建设活动，加强公路沿线村屯房屋立面装修、排污设施建设、屯内亮化美化绿化，成为环江新农村建设和民族特色村寨建设的亮点。近年来，移民群众生产生活条件发生了翻天覆地的改变，水、电、路等基础设施日臻完善，实施了民房风貌改造，建成了文化活动中心，建起了农家乐，投资160万元的毛南、苗、瑶族片区“美丽乡村”建设、“万亩樱花观赏园”等项目也如火如荼开展起来。移民全部住上崭新的楼房，多数家庭电视机、电冰箱、摩托车等应有尽有，其中有16户还购买了小轿车。随着物质生活水平的提高，移民群众更加注重继承和发扬民族文化，自发组建了芦笙队、龙舟队等文体团队，曾多次受邀参加区、县内外文体活动演出和比赛，其中芦笙队在“河池市铜鼓山歌艺术节”、非物质文化遗产演出中多次荣获一、二等奖，被自治区文化厅评为“民间优秀文艺队”。此外，芦笙队还承担着展演民族风情文化的重任，成为展现环江民族团结和民俗风情文化的重要窗口之一，深受各界群众好评。如今，昔日住在贫困边远山区的毛南族、瑶族、苗族群众通过易地扶贫搬迁安置，与当地各族

南昌屯新貌

群众和谐相处，互帮互助，共同谱写了民族团结和谐幸福的新篇章。

中南村南昌屯距下南乡政府驻地约4公里，全屯有3个村民小组，91户，352人。全屯耕地面积298亩，以农业为主，主要粮食作物是水稻、玉米，主要经济收入来源是种桑养蚕、养殖菜牛和外出务工。南昌屯是毛南族发祥地，当年毛南族祖先谭三孝从原籍湖南常德府武陵县几经迁徙来到南昌屯，安居落户，并与当地人联姻，其后代世世代代在南昌繁衍生息，并逐步发展为当地名门望族。南昌屯至今还保留着具有民族传统的建筑风格，普通家庭的房子主要是干栏式泥瓦结构或石瓦结构，家境较好的家庭主要是砖瓦结构，有的房屋门窗、门槛、石柱和屋檐上雕有精美的图案，许多是毛南族吉祥的图腾，寓意深刻。毛南先民，聪明灵巧，发明了许多民间棋艺，比如：飞行棋、皇棋、射击棋、老母棋、三点棋、牛角棋、圆棋、铡刀棋等，这些富有民族特色的棋艺，已经成为毛南族分龙节的重要活动内容之一。为挖掘、保护和传承毛南族文化，环江多措并举，加强对毛南族村落民居的保护，改造民居风貌。近年来，环江毛南族自治县把南昌屯作为“中国少数民族特色村寨”进行打造，整合资金650万元，对该屯70余栋民房进行立面装修，修建民族文化展示中心、屯内石板路、排污及河道整治等工程，改善屯内人居环境，增加旅游配套设施。通过国家的扶持和群众的奋斗，南昌屯毛南族文化特色得到了凸显，吸引了众多游客。

2014年，南昌屯被国家民委命名为首批“中国少数民族特色村寨”。2017年，思恩镇陈双村被国家民委命名为第二批“中国少数民族特色村寨”。民族团结示范点建设与当地经济发展相结合，特色村寨建设富裕了乡亲们的钱袋子，也凝聚了各族群众的人心。

民族团结宣传工作开创新局面

环江毛南族自治县紧紧围绕“各民族共同团结奋斗，共同繁荣发展”的新时期民族工作主题，把民族团结进步创建工作融入全县民族工作的大局中，于2010年建立民族团结进步创建活动领导小组，具体负责全县创建活动的组织协调工作，通过宣传《民族区域自治法》

《环江毛南族自治县自治条例》等，让党和国家的民族政策深入干部群众的内心，营造全县学习民族政策、落实民族政策、维护民族团结的良好氛围，民族政策宣传工作取得了辉煌成就。在全县范围内开展民族团结进步创建活动“进机关、进学校、进社区、进企业、进乡村、进宗教场所”等活动，形成民族团结进步创建活动的良好氛围，调动全县各族群众投身到民族团结进步创建活动之中。加强民族团结进步教育基地建设，为弘扬民族团结进步主旋律提供载体。环江毛南族自治县政府每年在全县范围内集中开展为期一个月的“民族团结进步宣传月”活动。通过悬挂宣传标语、制作固定标语牌、制作宣传板报、播放电视节目、举行民族山歌演唱活动等形式宣传党的民族政策。积极开展系列教育活动，促进民族团结。积极组织开展少数民族传统节日活动，如壮族“三月三”和“毛南族分龙节”等，丰富各族群众节日生活，继承和弘扬民族传统优秀文化，推动民族文化繁荣，带动了当地经济发展，促进各民族交往交流交融。2017 年，在环江毛南族自治县成立 30 周年之际，政府隆重召开了民族团结进步表彰大会，大力表彰民族团结进步模范集体和个人，激发了各族人民拥戴模范、学习模范和争当模范的热情。2008 年，环江毛南族自治县有 2 个集体和 2 名个人分别荣获“广西壮族自治区第六次民族团结进步先进集体”和先进个人荣誉称号；2009 年，环江毛南族自治县有 1 人荣获“第五次全国民族团结进步模范个人”称号；2013 年，环江毛南族自治县有 3 人荣获“广西壮族自治区第七次民族团结进步模范个人”称号，环江毛南族自治县民族事务局和思恩镇陈双村委荣获“民族团结进步模范集体”称号；2014 年，环江毛南族自治县有 1 人荣获“第六次全国民族团结进步模范个人”称号；2018 年，环江毛南族自治县有 2 个集体和 2 名个人分别被评为“广西壮族自治区第八次民族团结进步模范集体”和模范个人。

人口较少民族发展工作迈上新台阶

从 2006 年起，环江毛南族自治县全力落实国家扶持人口较少民族发展政策，以改善全县 72 个毛南族聚居村群众生产生活基础条件为重点，先后投入 10 亿多元资金扶持人口较少民族发展，安排各类扶持项目 4000 多个，涉及农村饮水、教育、卫生、文化、交通等项目，惠及全县 8 个乡镇、72 个毛南族村、23 万群众。通过国家扶持人口较少民族项目的实施，毛南族聚居村基础设施和群众生产生活条件得到全面改善，村容村貌有了明显改观，综合效益十分显著。同时充分发挥劳动力资源和山地资源优势，开展劳务输出，帮助剩余劳动力有序转移就业，推动菜牛和香猪饲养、种桑养蚕、柑橘和糖蔗种植等特色产业逐渐成为主导产业。少数民族群众充分享受到党和国家民族政策扶持的新成果，教育培训的有效开展提升了劳动者素质，促进了贫困人口劳动力的有效转移。依托得天独厚的气候、水土等资源优势，勤劳的下南乡毛南族同胞将“环江菜牛”这一富民产业品牌做大做强。下南菜牛是当地特有的一种黄牛，肉质鲜嫩，清甜不腻。用切成薄片的菜牛肉腌成的酸牛肉，则是毛南族待客的上乘菜品。如今的下南乡成为名副其实的“菜牛之乡”，“种草养牛”模式都已推广开来，

“公司＋基地＋农户”的营运模式帮助老乡们实现“牛牛有销路，户户有收入”的目标。如今，“环江菜牛”这一特产还远销港澳地区。

党和国家的多项惠民政策为毛南族聚居乡村发展注入新的活力，使民族地区经济社会发展最快、变化最大、群众得实惠最多，让各族群众深深感受到了党和政府惠民政策的温暖。

各项社会事业稳步踏上新征程

民族文化的核心是传承、关键是发展。近年来，环江毛南族自治县的民族文化、教育、体育等社会事业工作稳步发展。文化传承保护方面，环江致力于做好毛南族民族文化的挖掘保护传承工作和毛南族文化作品收集整理工作。“毛南族肥套”列入国家级非物质文化遗产名录；举办了四期毛南族民间手工艺（花竹帽）培训班，培训出 30 名花竹帽编织工匠；开办毛南族祥鼓、木鼓打击技艺培训班，传承民族鼓打击技艺；译制毛南语电影《刘家庄八十二壮士》和《举起手来 2》，环江县电视台开播毛南语新闻，多措并举保护毛南族语言；编写《毛南族医药》，改变毛南族有药无书的历史；组织毛南族歌师、歌手开展民歌搜集、整理、挖掘、创作工作，出版《有一个飘香的地方》《歌，从这里飘来》等毛南族民歌专辑；为调查了解少数民族文学、民间故事的现状，开展田野调查，收集整理《环江壮、苗、瑶、布依民间故事集》，编撰出版《风情毛南　香美环江》《毛南族民间故事精选》《毛南族民间故事选读》等民族文化书籍。

做好全县特困少数民族优秀学生的调查摸底工作，积极争取资金帮扶优秀学子。2006—2017 年，筹措帮扶资金 40.4 万元，为 102 名考上大学的少数民族特困优秀生每人补助 3000 元，为 98 名考上高中的少数民族特困优秀生每人补助 1000 元。积极开展少数民族体育竞技、少数民族传统文化进校园活动。在毛南族聚居区下南中学举办毛南族传统体育竞技比赛活动、成立“毛南族花竹帽艺术团”；在环江民族中学举办“民族民俗文化艺术节”，增强了学生的民族情感，促进毛南族文化艺术的传承与发展。

民族体育事业奋勇争先。在 2010 年的广西壮族自治区第十二届少数民族传统体育运动会上，环江男子龙舟队夺得 800 米第三名、女子龙舟队夺得 500 米第三名，表演项目“松傩”获得第三名。在 2014 年的广西壮族自治区第十三届少数民族传统体育运动会上，环江少数民族运动员共获得 7 个奖项。在 2018 年的广西壮族自治区第十四届少数民族传统体育运动会龙舟直道竞速项目中，代表河池市参赛的环江男女龙舟队共夺得 2 枚金牌、1 枚银牌、1 枚铜牌。

民族特色浓郁的村寨，多元文化相互交融的氛围，各族同胞脱贫致富的幸福场景……行走在毛南山乡这片飘香的土地上，新时代民族团结绚丽之花处处竞相绽放！

（作者蒙是宜系环江毛南族自治县民宗局副局长、刘爱系环江毛南族自治县民宗局工作人员、李博系广西民族研究中心助理研究员）

突出毛南族民族特色　抓好新时期民族教育

李博

环江毛南族自治县是我国唯一的毛南族自治县，也是我国毛南族主要聚居地区。环江全县人口约有38万，其中毛南族人口约有6万，占总人口数的15.8%。环江县的上南、中南、下南一带山区更是被称为“三南”，素有“毛南山乡”之称。据统计，下南乡共有人口1.81万，其中毛南族人口占98.2%，是环江县毛南族最为集中的乡。毛南族虽然生活在桂西北边远的石山地区，但由于其与外界壮、汉等民族交往频繁，加上他们勤奋好学，重视发展文化教育事业，善于接受先进民族的文化知识，所以是一个思想比较开放的民族，有着“三南文风颇盛”的美誉。近年来，随着社会经济发展水平的不断提高，毛南族地区发生了翻天覆地的变化，民族教育事业也取得了丰硕的成果。

环江毛南族自治县始终牢固树立“教育强县”意识，认真实施教育优先发展战略，切实做到“教育项目优先规划，教育投入优先安排”。环江以“办大城区学校，加强乡镇学校”为目标，投入资金近1.4亿元，扩大县直小学和环江高中办学规模；投入资金1.1亿元，新建思源九年一贯制实验学校；投入各类教育项目资金2.3亿元，新建改扩建中小学及幼儿园校舍，进一步完善学校各项基础设施建设。通过实施第一、二期学前教育三年行动计划，新建城区幼儿园、乡镇中心幼儿园15所，改扩建村级学校附属幼儿园67所。实施中小学校安工程、薄改食堂专项工程、全面改薄、校舍维修改造工程、普通高中基础能力建设等项目，多渠道筹措资金，全面改善学校教学用房、学生宿舍、食堂、厕所灯建设，基本消除“大通铺”“大班额”现象。完善学校图书室、计算机室、运动场等设施建设，全县中小学校课桌椅、图书、仪器装备配齐率均达100%，乡镇中学、中心校以及县直学校拥有网络多媒体教室达100%。2016年环江县下拨专项资金640万元，建设了全县中小学教育资源公共服务平台，中小学信息化建设进一步提升。如今，环江毛南族自治县辖内多所学校办学条件得到极大改善，办学规模进一步扩大，实现城乡适龄学生“有学上，上好学，进得来，留得住”，有效促进了全县教育均衡健康发展。值得一提的是，2015年环江高中与中央民族大学附属中学达成合作共建协议，通过对口支教帮扶，深化双方在教学、教研、师资培训和管理等方面的校际合作与交流，进一步提升学校教育教学水平，助推毛南族地区教育事业发展。

环江思源实验学校新貌

切实加强教育管理，教育发展取得明显成效。全县幼儿园从 1988 年的 1 所，发展到 2018 年的 105 所（其中公办幼儿园 81 所，民办幼儿园 24 所），实现了乡镇公办中心幼儿园全覆盖，缓解了适龄幼儿入园难问题。合理有序调整中小学校布局，优化教育教学资源，1987 年至 2017 年，全县共撤并小学 105 所、教学点 386 个、初级中学 9 所，加快中小学校标准化建设，全部消除危房校舍，村校均建有教学楼，乡镇中心校、县直学校均建有白板教室、多媒体教室，寄宿制学校建有学生宿舍楼及学生食堂。教育普及率极大提高，全县小学适龄儿童入学率达 99.96%，初级阶段毛入学率达 114.93%，学前三年教育毛入园率达 85.78%，九年义务教育巩固率达 92.63%，高中阶段教育毛入学率达 85%。2017 年环江高中考上一本 278 人，上本科线 1185 人，本科上线率为 82.8%。2005—2018 年，环江高中共有 26 名学生考上清华大学和北京大学，更有一大批学生考上复旦大学、浙江大学等国内顶尖名校，环江高中已经成为全区的教育品牌。环江高中也是培养毛南族人才的摇篮，经校方统计，2018 年从环江高中考上大学的毛南族学生有 214 人。

加强民族特色教育，促进民族文化发展。近年来，除开设《中华大家庭》《民族政策常识》等少数民族校本课程外，环江毛南族自治县教育局还联合县民宗局编写了《风情毛南　香美环江》《毛南族民族故事选读》等乡土教材供师生选读。《风情毛南　香美环江》教材共分为十一个单元，分别对毛南族的发展历史、风俗习惯、民族服饰、饮食、节日、工艺美术、民间文学、传统体育、自然风光等进行了介绍，并配以生动的图片。具有毛南族特色的乡土教材让青少年对毛南族的民族文化及环江毛南族自治县的基本情况有一定的了解，激发了他们热爱环江、建设环江的热情，使广大师生增强了文化自信和民族自豪感。

充分发挥文体活动的德育载体功能，在学校师生中广泛开展“会说一句民族语言，会画一幅民族题材画，会唱一首民族歌曲，会跳一支民族舞蹈，会讲一个民族故事”等“五个一”活动。通过积极开展民族文化进校园工作，让少数民族体育竞技、少数民族传统文化走进校园。通过把毛南族文化引进学校和课堂，师生们共同感受到了民族文化的精髓和优秀内涵。民族特色教育的开展，对传承民族优秀文化、发扬民族优秀品质、促进民族团结、推动多民族间交往交流交融都具有积极的作用。多年来，环江县各学校一直以发展毛南族特色文化为目标，如下南中学是毛南族聚居地下南乡唯一的一所初级中学，该校以传统毛南民族文化进校园为突破口，努力把毛南族民歌、毛南族傩面绘画、毛南族民间传统体育项目、毛南族民间棋艺等引进校园，融入课堂，受到了师生们的欢迎。在 2004 年以前，下南中学主要是借助学校场地举办下南乡各项民族文化活动，让全校师生进一步认识毛南族、了解毛南族。2010 年至 2018 年，学校坚持每学期开展一项大型的全校性活动（秋季学期举办校园运动会、春季学期开展校园文化艺术节），校园内各项毛南族特色文体活动有效促进了学校各方面的发展。如今，学校建成了傩文化展示室、毛南族民族文化长廊、大石山文化体验场、民间吉祥图案宣传栏、楼道文化长廊、楼顶文化园、民族特色工作室等，使学生潜移默化地受到传统民族文化的熏陶和感染。学校还定期举行民族文化教育活动，如举行毛南族歌曲比赛、傩面绘画比赛、毛南族舞蹈比赛、毛南族传统体育竞技比赛活动等，引导师生积极参与各项活动，拓展民族文化视野，传承优秀民族文化，丰富校园文化生活，增进民族团结。

（作者系广西民族研究中心助理研究员）

毛南族民族文化书籍

下南中学举办校园民族文化艺术节

第八章　美丽边关　富饶京岛

京族大步奔小康

陈家柳

京族是我国人口较少的民族之一，主要聚居在广西壮族自治区防城港市东兴市。东兴位于我国大陆海岸线最西南端、广西南部，东南濒临北部湾，西南与越南接壤。1992 年经国务院批准设立国家级边境经济合作区，1996 年成立县级东兴市，2010 年获准设立国家重点开发开放试验区，是一座年轻而充满活力的边境滨海口岸城市。全市辖 3 个镇，10 个社区，31 个行政村，其中京族行政村 23 个，行政区域总面积 590 平方公里，有陆地边境线 39.064 公里，海岸线 50 公里，户籍人口 14.96 万，有汉、壮、京、瑶等 26 个民族，少数民族 5.21 万人，占总人口的 34.80%，其中京族人口 2.1 万。

近年来，京族在各级政府的引导下，大力发展民生产业，在城建、生态、扶贫和民生等方面都取得巨大的进步，为率先建成小康社会打下坚实基础。

一、京族地区基础设施不断完善

近年来，在国家的关心支持下，东兴市建成防东高速公路、防城港至东兴一级公路路面改造、北仑河第二公路大桥等主要交通设施，改扩建竹山港进港道 3.047 公里，修建四级公路 5 处；投入 1 亿多元，新（改）建镇区道路 7.79 公里、村屯级道路 100 多公里；投入 9600 多万元开展水利基础设施建设，恢复灌溉面积 1150 公顷，改善灌溉面积 5200 公顷。“十二五”以来，东兴市得到国家民委扶持资金 7596 万元，实施项目 195 个。通过项目的实施，有力巩固了“十二五”期间“五通十有”的工作目标，为京族率先奔小康创造了良好条件。目前，23 个京族行政村，77 个自然村全部通柏油路或水泥路；77 个自然村已经通电，通广播电视，开通程控电话或覆盖移动通信信号或宽带，已解决人畜饮水困难；100%的行政村已经通沼气或清洁能源；23 个京族行政村已经建有安居房，大多数京族群众的住所有标准的卫生厕所，有高产稳产基本农田或增收产业，建有文化室或农家书屋，建有村级体育健身和民族文化活动场所，建有办公场所，有农家小超市（便利店）或农资放心店；20 个行政村有学前教育，占 86.9%；22 个京族行政村建有村级卫生室或农村合作医疗点，占 95.6%。

二、京族群众生活水平不断提高

2017 年，东兴市生产总值达 102.3 亿元，同比增长 11%；城镇居民人均可支配收入达 36390 元，同比增长 5.5%，农村居民家庭人均纯收入达 16306 元，同比增长 9%。

三、产业经济快速发展

海洋捕捞业和海产品加工业发展迅速。京族改变了过去小拉网和小竹排生产为主的状况，用上了机体小、速度快、操作灵活、耗油少的排尾机及先进的渔具，保证了出海作业收入的相对稳定。在海洋捕捞的同时，京族人民还不断开拓市场，发展海产品加工业，提高了渔业生产的综合经济效益。

海滨陆上水面和浅海滩涂养殖业是京族三岛高效益的新兴产业，对京族三岛实现脱贫致富发挥重要作用。京族三岛有可开发利用的浅海滩涂面积 1 万多亩，拥有海滨陆上可开发为海水养殖的水面数万亩，拥有内陆可开发为海水养殖场的低洼地也有数万亩，这些具有巨大优势的渔业水产资源，早已得到开发利用，取得显著的经济效益。至 2017 年，水产养殖面积共达 7.8 万亩，累计总产值 51.2 亿元。

改革开放后，边境贸易和旅游业成为京族的两大新兴支柱产业。京族是跨境民族，与越南主体民族越族有共同的语言和传统文化，他们利用得天独厚的区位条件大力发展边境贸易。从 20 世纪 90 年代开始，10 多年的时间里，几乎每家每户都有人参与边境贸易，有的家庭甚至全家出动。

京族三岛旅游资源丰富，不仅拥有绮丽的海滨自然风光，而且有充满多姿多彩的海岛民族风情。地处京岛旅游度假区海滨中心的沥尾村，已有大批农户把人力物力投到旅游业，旅游经济蓬勃发展。旅游业已成为京族三岛的一大支柱产业，对京族群众的脱贫致富起了重大作用。

四、教育发展增速提质明显

当前，京族聚居区学校办学条件不断改善，京族地区 23 个行政村均设有小学；京族学校青少年科学工作楼、读书亭、民族文化长廊等项目建成使用。民族特色教育水平不断提升，开设了京语课程，举办了独弦琴、京族歌舞、竹杠舞、科技活动等，获得社会各界人士的一致好评。

五、卫生事业进一步发展

23 个京族行政村均设有卫生室，并配置有医务人员及基本的医疗设施。在京族聚居的江平镇建成一级甲等综合医院——民族中心医院，京族群众的医疗得到根本保障。新型农村医疗合作试点工作成效显著，京族群众参加合作医疗保险和参合率逐年提高，已经实现了全覆盖，有效预防了因病返贫的现象。

六、文化保护成效显著

京族地区文化设施建设不断完善，先后建成京族博物馆、京族文化广场、京族歌圩、京族文化书屋等文化基础设施。

京族行政村均设有文化室，配置电脑、打印机、电视机及各类书籍，能满足京族群众学科学、用科学的要求及了解党的路线方针政策、法律法规、科学文化等知识的需要。利用少数民族发展资金建成京族歌圩，为京族老人老有所乐创造条件，投入500多万元建设京族生态博物馆，向社会各界展示京族民族服饰、喃字风采、生产生活工具、哈节、独弦琴、居住环境、民间信仰、婚恋习俗、地图资料等，全面反映了京族人民生产生活历程，成为展现京族传统文化魅力、体现国家民族政策的重要窗口；投资2000多万元建设京族文化广场，成为传承和弘扬京族文化、展现京族人民新生活、新形象，不断提高京岛影响力、知名度和美誉度的亮丽名片。

京族人民还挖掘整理和保护了一批珍贵的民族文化遗产。目前，京族拥有各级非物质文化遗产保护项目13项，其中：京族哈节、京族独弦琴等两项被列入国家级非物质文化遗产名录，京族鱼露、京族服饰、京族民歌等3项被列为自治区级非物质文化遗产，京族喃字被列为防城港市级非物质文化遗产，京族传统叙事歌、京族哈歌等8项被列为东兴市级保护项目。

（作者系广西民族研究中心副研究员）

取之有度　顺时而为

——京族的生态伦理

陈家柳

广西壮族自治区防城港市东兴市江平镇的京族三岛，依山靠海接边，中华民族大家庭中唯一一个海洋民族——京族，就聚居于此。独特的地缘特征和民族习性，使得这里的人们，世代传承着崇海敬山、珍爱自然的传统美德。

海洋孕育生命。京族三岛濒临北部湾这片大海，京族先民世代靠海而生，繁衍生息。数百年来，大海养育了这里的人们，也哺育了这里的文明。恬适、平和、富饶的海岸成为京族人依恋和热爱的家园。靠海依山，京族人爱护好家乡的一山一水，一草一木，敬海敬山，与大自然和谐相处、共存共荣。数百年来，敬畏自然、珍爱生态不仅是他们的民族信仰，而且成了他们生产习俗、生活习惯中的金科玉律。

得益于独特的地理位置，江平镇自明洪武元年（1368）以来，边贸海贸繁盛，文化和经济持续发展，成为一个具有一定历史地位的“四方通衢”的古镇。明永乐年间，广州、番禺等地商人用大帆船运载百货、布匹到江平一带销售，并在江平开设店铺、货栈和木材、海产品收购店等。清代，江平镇因商贾云集，铺户增多，圩市趋盛。光绪年间，南海、番禺、顺德等地的商人为方便经商，在江平成立了广州会馆。光绪十三年（1887），境域设江平巡检司，统管江平、滩散等边境乡镇。民国时期，边境贸易进一步发展，美、英、法等国运入越南的商品，如洋纱、棉布、日用百货等不断输入江平市场，转运内地。国内的中药、陶瓷制品、生猪、肉桂、八角从江平镇出口。

数百年来，江平古镇汉、壮、京、瑶等多民族和谐共处，造就了京族的边关、海洋、长寿等众多文化元素。勤劳智慧的京族人，秉承山的坚韧、海的善纳，创造出了今天京族三岛良好的自然环境和生态，借此创造了美好的新生活。漫步在江平古镇里，最明显的感受就是，这个南方滨海古镇没有中原古镇那么大气磅礴，没有江南古镇那样委婉精致，这里简约、粗犷但又平和、优美，这种风格跟这里的人们靠海为生的环境息息相关。在这里，一草一木，一砖一瓦都充满了海风吹来的清新味道。

关于京族三岛的来历，民间流传着一个惊心动魄的神话传说。相传江平一带，原来是一望无际的大海，海边崖石上住着一只蜈蚣精，凡是船只经过附近海域，必须献出一个人来喂食供养它，否则蜈蚣精就会兴风作浪，打翻船只，祸害船民。当地船民对蜈蚣精怨恨冲天，但又束手无策。后来上天派来一个智勇双全的神仙——镇海大王为人间除害，镇海大王铲除了蜈蚣精，将蜈蚣精斩成三段，头变成巫头岛，身变成山心岛，尾变成沥尾岛。

这样的传说，反映的是当时生产条件低下的年代，人们对海洋、对自然的陌生、恐惧和敬畏。神话传说的流传，告诫的是，这里以海谋生的人们要对海抱有敬畏之心和感恩之心。

以海洋渔业为生，敬畏海洋险恶的生存环境，感恩海洋富饶馈赠，京族人建造哈亭，设立哈节，供奉神灵，祈愿平安和丰收。

每到哈节，京族群众都会请回他们信奉的五位大神，虔诚供奉。为民除害的镇海大王首列其位，另外还有高山大王、广达大王、点雀大王等。其中，镇海大王为“水神”，负责看护大海；高山大王为“山神”，负责管护山林；点雀大王为“鸟神”，负责保护动物生灵。

京族独特的海洋文化无不与敬爱自然、珍爱家园密切相关。在京族三岛，向海谋生，叫“做海”。从古到今，京族人一直在严格遵循祖先做海的规则。

苏桂芳是沥尾村的渔民，他从 20 岁出头开始打鱼，到现在 30 多年了。渔民打鱼就像农民在土地上耕作那样精细，依照传统，他每次出海只带一种渔网，网眼大小有别，全看要捕什么，捞海蜇就带海蜇网，捕墨鱼就带墨鱼网，抓螃蟹就带螃蟹网。苏桂芳说，这片大海，就是我们自己生存的根本，老一辈就教育我们，做海不能贪婪无度，而要索取有度，这是对大海最根本的敬畏。

其实，京族禁捕限捕的规矩并非天生如此。明末，这里暴政持续，渔赋苛刻，为了完成税赋，人们拼命捕捞，结果渔产连年减少，本来富庶的海岛却民不聊生，苦楚的生活给了他们沉痛的教训。

从清朝开始，京族就制定了有序捕捞的规则。本土专家苏维芳退休以后回到沥尾村，把毕生精力都投入到京族喃字的研究，他发现，很多先民做海、捕捞的村规民约就来自清代初年。苏维芳告诉我们，这里早在清朝时期，沥尾村就有捕鱼的村规：“约本村在亭中同上下共议，系出海拉网时，早上寅时至晚上酉时，要执行严法，不执行约谈，本村定没收所得……”这是规定一天拉网捕捞的时间，类似这种村规款约还有很多。

先人们打鱼设时设点，规定严谨，划分很细，要求非执行不可，若违反必受到重罚，从而保证了古时渔业生产的有序和顺利。一年四季，不同的时节，不同的海产，京族人应时而作，顺时而为。大海总有无私的回报馈赠爱海的人们。

为了渔业的可持续捕捞，我国从 1995 年就开始了休渔制度。渔民们告诉笔者，他们的网眼留得特别大，只捕捞大的鱼，小鱼就可以漏网逃走。每年 5 月到 8 月，他们那里都有 3 个月的休渔期。休渔期间，渔民们就收网上岸，不再开展任何大规模捕捞行动，让大海休养生息。一直到 8 月，休渔期结束，获得休养生息的大海，蟹大鱼肥。一张张新网刚刚织好，队长阮兴华召集村民，在近海拉网。按照传统，新网下海，作为捕捞队长，阮兴华要召集大家备上美酒佳肴，拜祭海神，乞求捕鱼平安和丰收。

面对大海，心存敬畏，京族人知足而又感恩，这片大海因此没有停止过慷慨馈赠。索取有度，知足感恩，把信仰变成条约，自古有之，当代有效，和谐家园因此得以延续。京族人靠海而生，他们的渔具最能体现京族人的智慧，渔网用途不一、网眼大小不一，充分证明了他们对自然的索取有度和知足感恩。

鱼箔作业常常会捕到一些海豚、海龟、海鲎等珍稀动物，因为村规民约深入人心，保护宣传效果良好，每当这个时候，京族渔民大都选择放生。有一天，渔民阮大叔照例查看鱼箔，令他吃惊的是，鱼箔里出现了一对中华鲎，按他估算，拿到市场卖能有上千块钱的收入。阮大叔告诉大家说，这东西不能卖的，是国家二级保护动物，经常有这样的东西，我们不敢要的。

中华鲎是一种远古的生物，至今在海洋生活了3亿多年，堪称“生物活化石”，出于猎奇，一些外地食客趋之若鹜，但京族渔民一直遵循自己的原则，破坏海洋生态的事情坚决不做。

在海边，阮大叔还说：“十几年前，我在海里抓到一只大海龟，大概有三四百斤，很多人都跑过来看，一个外地人给两千块钱要买走，我们很多人劝我不能卖、不能卖，卖了会倒霉的，这个道理我懂，我就把它放了。”放生是敬爱自然的生动体现，难能可贵的是，这样的观念已经深深根植于京族每个普通百姓的心里。

在京族三岛，每一处都景色优美，祥和淡定。原本曾经荒芜的海岛如今林木葱茏，古树参天，这是一代又一代京族人民苦心营造的结果，除了敬畏大海，京族人对山林也有特殊的感情。

岛上每个村庄，都有一片神圣的树林，人们称之为“神林”。老人说：“那些林子，是一个村子赖以生存的吉脉，什么时候林子没有了，林子旁的村落，也就很难再存在下去了。”这样的树林都是非常典型的自然林。在这里，百年老树不在少数。

在哈亭旁边，几个悠闲地坐着聊天的老者说：“哈亭旁边这几棵树，有两三百年了，每逢节庆节日，我们都要供奉它们，人们认为这些树是有神灵的，没有高山大王就没有这些树，没有这些树我们这个村庄就不得安宁。”

在京族三岛，每个村子的每片“神林”都安放着高山大王的神位，每年哈节人们都会到这请神灵回到哈亭，共度佳节。

面对浩瀚大海，京族三岛常受台风侵袭，而大树能为人们遮风挡雨。人们爱树护林，这对他们来说有着非常现实的意义，只有树林的遮挡，渔民们才能在海边安居乐业。

为了保护村镇的山林树木，京族人制定了保护山林的村规民约，还安排守林官守护山林。违反村规，私自砍树毁林的，就犹如对先人不敬，会被拉到哈亭里，进行教训和处罚。万鹤山之所以成了白鹭依恋的家园，得益于当地群众的义务保护，其中万鹤山护鸟老人的故事经多家媒体报道后，感动过国内外很多热爱自然的人们。现在，护鸟老人慢慢老去，保护区管理处在这里设立工作站，就是从民间老人手中接力。护鸟人何如华接过了接力棒继续奔跑，这一跑就是10年。何如华是山心村人，从小在这片海边成长。他做过生意，搞过旅游。这些年靠着好的环境和好的政策，他的同乡和朋友，要么做旅游、要么做贸易，哪怕是打鱼，都挣了大钱，起了别墅。但是何如华十多年来一直坚守在万鹤山，坚守了清苦，也坚守了责任。十多年来，经过何如华他们救护的白鹭有上千只，它们带着保护站的环记飞向更远的地方。何如华有个愿望，将来会有那么一天，他们救护过的白鹭，能再次回到万鹤山，让这里成为中国乃至世界的鸟类天堂。

敬海者智，敬山者仁，敬人者义。和谐共处、天人合一的传统理念构筑了一个富庶美好的家园，依托这个家园，京族成了中国最富裕的少数民族之一，这是上天的恩赐，更是人们智慧的启迪。

（作者系广西民族研究中心副研究员）

一曲幽幽承古远

——从“哈妹”看京族妇女文化角色的变迁

陈家柳　戚剑玲

海洋在京族的生活中有着重要的地位。海洋不仅为京族人带来了丰富的海产，而且也会带来台风、暴雨等许多灾难。因此，以祈福消灾为目的的仪式活动众多。在京族所拥有的众多独特的文化习俗中，与海神祭祀以及祖先祭祀息息相关的“哈节”是京族节令习俗中最隆重的节日。祀神、祭祖、乡饮、娱神并娱人是节日的主要内容，这其中“哈妹”扮演着极其重要的角色。

每年“哈节”，京族男女老幼都要穿上盛装，聚集在各村的哈亭迎神、祭神，祈求渔业丰收，人畜两旺。“哈节”具有严格的仪式程序。整个仪式过程分为迎神、祭神、“哈妹”献唱与敬舞、称为“坐蒙”的乡饮以及送神。

“哈节”期间的早晚时段，“哈妹”都要献唱献舞，直至“哈节”结束。献唱时，“哈妹”要立于神位前，面向亭内供奉的各位神灵的牌位进行演唱，余者则在其身后盘腿席地而坐，静听“哈妹”献唱。献唱的内容丰富多彩，以表达感谢神恩及祈求神佑的《进香歌》《敬神乐鼓》《送神调》等为主。此外还有海洋劳动歌、道德教育歌等京族礼俗歌。神前献舞则为进酒舞、天灯舞、采茶摸螺舞、花棍舞等。进酒舞的象征意义是恭请神灵享用祭祀之物，天灯舞则表达祈求神灵将光明与美好都带至京族人家。采茶摸螺舞中“哈妹”们用各种模拟采茶和捕捞螺丝的动作，模拟京族女性在茶林中采茶以及海边摸螺捉虾的劳动情形，祈求神灵对京族劳作的赐福。送神当天举行的花棍舞寓意驱赶各方恶鬼，为诸神开路、送行。

“哈妹”在这样庄严的仪式当中，不仅仅承载着仪式本身，还传承着京族的传统文化。能够成为“哈妹”是一种无上荣耀，但是这份荣耀却绝不仅仅由于容颜姣好和歌声甜美就可获得，要想成为敬神祭礼上的演唱者还必须经过严格的选拔，品行端正才是更为根本的条件。也就是说，“哈妹”是京族妇女的行为典范。她们不仅塑造着个体的行为方式，也影响着其他妇女的行为举止和人格塑造。

20 世纪 60 年代，“哈节”被当作封建迷信遭到压制，“哈妹”从此销声匿迹，“哈妹”文化传承出现断层。从 20 世纪 90 年代开始，当地政府不断努力进行着旅游开发，力图使京族文化产品能够在不断扩大的文化市场上占有一席之地。这个阶段举办的“哈节”，因本土

“哈妹”缺乏，往往要远道越南邀请“哈妹”前来助阵。2006年，京族“哈节”进入国家级非物质文化遗产名录之后，将“哈妹”打造成一个具有民族文化特色以及影响力的文化品牌成为当地百姓与政府的共同愿望，本土“哈妹”得到大力培养。2009年，东兴市文体局推出“哈妹组合”团队，参加第十四届CCTV青年歌手电视大奖赛，最后“哈妹组合”以京族传统歌曲《过桥风吹》获得广西赛区第三名，之后又获得了全国30强，京族哈歌与“哈妹”的独有魅力和风情得以充分展示。2010年，“哈妹组合”随广西代表团到台湾演出，随后又到上海参加了世博会。借助这些平台，“哈妹组合”一次次向中外观众展示了京族特有的民族民间艺术。目前，越来越多的“哈妹”“哈哥”组合在各种文化舞台上亮相。还有文化传媒公司注册了“哈哥”“哈妹”文化商标，推出了以“哈哥”“哈妹”为主角的动漫作品。诸多文化发展措施使越来越多的京族“哈妹”走上了全国甚至国际的舞台。在京族独弦琴于2011年进入国家级非物质文化遗产名录之后，“哈妹”又成了独弦琴女性表演者的称谓，并且得到了社会各界的广泛认同。

在京族文化得到越来越广泛的社会认同的过程中，“哈妹”逐渐成为美丽、勤劳、善良的京族妇女的代名词。“哈妹”这一称谓能让人们很自然地联想起那些同样从不同的民族文化遗产中凝练出来的美丽、勤劳、善良的女性称谓符号，比如刘三姐、阿诗玛、卓玛等。

改革开放以来，京族女性越来越多地参与到浅海捕捞、餐饮、旅游、商品零售等行业中。妇女在家庭经济中发挥的作用越来越大，家庭地位也得到相应提高。在此发展过程中，妇女的社会参与度得到提高，其贡献也得到了社会的承认。京族妇女的自信与自尊也在此过程中得到了加强。非物质文化遗产制度的实施为京族妇女在文化上获得更多的参与机会提供了制度性的基础。到目前为止，京族已经有13项文化事项获得各级非物质文化遗产名录。尽管这些非物质文化遗产项目的传承人都是男性，但是由于京族社会内部及外部对民族文化人才的需求量大增，使得京族女性也越来越多地承担起保护和传承京族传统文化的责任。这种需求一方面极大地激发了京族女性对本民族传统文化的热爱与传承的热情，同时提升了京族女性的民族文化自觉，更获得了各级地方政府的政策扶持，使得“哈妹”们在越来越广阔的舞台上绽放独特的魅力和光彩。京族妇女在艺术表演上的技能因京族“哈节”与京族独弦琴成为国家级非物质文化遗产项目而得到了更为广泛的喜爱和尊重。“哈妹”形象也因此有了质的变化。京族妇女本身承载的文化及文化传承与表达的愿望在国家非物质文化遗产制度条件下具有了更好地实现的可能。京族妇女独特的文化禀赋在现代文化发展过程中获得了价值实现的机会。

过去，“哈妹”在神亭中的演唱具备虔诚、庄严、肃穆等特征，被族人赞誉为“灵魂的歌者”。而她们的献舞技艺高超，仪式感与美感并存。这些歌舞在“哈节”仪式中能够尽情地表达祈福消灾的愿望。同时，从日常生活的角度看，这些歌舞也具有极强的艺术感染力。也就是说，这种仪式中的艺术，同时具有宗教仪式本身的价值以及多重审美价值。在旅游项目中，这些歌舞成为“哈妹”表演的节目，也是最受游客欢迎的节目。实现了由仪式中的艺术向展演的艺术转变的过程，也是文化价值向经济价值转化的过程。在这个过程中，京族妇女“哈妹”形象得到了超越本民族的越来越多民众的认可。

无论是在传统仪式活动“哈节”中出场，或是在日常生活中劳作，抑或在独弦琴舞台上表演，京族妇女都以其亲身的参与传承弘扬京族传统文化，为中国丰富多彩的民族文化的繁荣做出了自己的贡献。这是原先处于社会边缘的京族妇女积极参与当代主流经济活动和文化创造的实践才得以实现的。她们通过自身的主动参与不仅保护和传承了传统文化，而且还使她们自己获得了更好地发展的机会和权利。社会交往的扩大不仅使她们在社会外部得到了充分的肯定，而且也使她们在社会内部获得了充分的尊重。

社会的发展进步为京族女性提供了新的发展道路，非物质文化遗产政策不仅对传统文化的传承与发展提供了一种动力，同时也使京族妇女的文化角色发生改变，交往空间得以扩展，社会地位得到空前的提高。文化经济的快速发展推动了中国少数民族妇女的角色变迁，也塑造出新中国少数民族妇女的崭新形象。

（作者陈家柳系广西民族研究中心副研究员，戚剑玲系南宁师范大学文学院博士、副教授）

高山流水　余音绕梁

——京族独弦琴

陈家柳

独弦琴是京族特有的一种弹拨乐器。琴身用大半个竹筒做成，有的用几块木片做成长方形的木匣代替竹筒，琴身长约 84 厘米，左端竖插竹子或牛角质的摇杆，杆中间系一根琴弦。琴弦与琴身右端连接，摇杆中间，按琴弦处安置扩音器。独弦琴虽然结构简单，只有一根弦，但它音色委婉动人，音域宽广，表现力丰富，演奏之时，琴音时而犹如高山流水，时而仿似鱼翔碧波，时而像惊涛拍岸，时而如百鸟朝阳，深受京族人民喜爱。其突出特点是拨动一下琴弦后，来回抖动把手，可产生余音缠绵婉转、经久不息的效果。京族传统名曲有《高山流水》《静静的大海》《骑马》《做海歌》等。

独弦琴

独弦琴：对音乐作品的演绎完全依靠一条琴弦和一个摇杆，通过演奏者弹、挑、揉弦、推、拉、拉揉、推揉等诸多手法来实现。作为泛音演奏乐器，独弦琴可以在仅有的一条琴弦上，同时奏出泛音和基音两个音，具有柔和优美的音色，高音清晰、中音明亮、低音丰满，表现力极为丰富，宜于表现各种悠长抒情的旋律，既能描绘椰林、山川等大自然的美景，也能淋漓尽致地抒发人们的思想感情。它奏出的委婉如歌的曲调，有如诗人吟咏，富于甜美感，有着深邃的艺术魅力。

20世纪80年代以来，一些本土琴师对这民族传统乐器进行了大胆的改革，在琴身安置拾音器，然后连接扩大器，由音箱将扩大了的琴音传输出去，这就是电声独弦琴。老式独弦琴只弹奏器乐独奏乐曲和民歌伴奏曲，电声独弦琴在保持原有的民族乐器特色的基础上，吸收了电声乐器的特点（如音域广、音色丰富等），可以弹奏器乐独奏曲、民歌伴奏曲、流行歌曲等。琴师弹奏时大多不看乐谱，全凭记忆弹奏。优秀的民间琴师，在伴奏民歌时，全凭灵敏的听觉，歌手唱出什么音，琴师就能弹奏什么音，其技巧的高超之处在于弹奏的曲子多带装饰和长颤音。

2011年5月23日，京族独弦琴艺术经国务院批准列入第三批国家级非物质文化遗产名录。

（作者系广西民族研究中心副研究员）

和谐共处　鸟类天堂

——记巫头万鹤山

陈家柳

万鹤山位于京族三岛巫头村。巫头村有一片面积达几千亩的沙滩，沙滩绿树成荫，一派“林海雪原”风光，号称“南国雪原”。沿“南国雪原”向南几百米，几座长满马尾松的小山丘突兀呈现眼前，这就是万鹤山。京族三岛海水温暖，鱼虾肥美，是白鹤生长的理想环境，很久以前，数万只白鹭便在此生息繁衍。清晨和傍晚是白鹭出巢和归巢时间，白鹤山上，鹤声袅袅，白鹤翔集，漫山遍野全是白鹤的翩翩倩影，白沙、绿树、白鹤，构成了一幅绝妙无比的画面。

从1960年起开始有白鹤来到这里栖息，至今在这里栖息的白鹤已逾数万只，故称“万鹤山”。这里的鹤分白鹤和苍鹭两大家族。白鹤，朝出晚归，白天在塘边河滩等处觅食；苍鹭，日宿夜游，晚间觅食。观赏白鹤最佳时机是清晨和傍晚，白鹤开始活动，万鹤山上，翠绿丛中，处处可见白鹤在炫耀自己的“清白”，显示着自己的高贵美丽。到了傍晚，万鹤归巢的壮景更令人陶醉，白鹤的叫声从云霓中传来，隐隐约约，由远而近，慢慢汇集于万鹤山，有的低空而飞，有的展翅滑翔，或飞或舞，再加上“夜游鹤”成群飞鸣的余音袅袅，不绝如缕，交汇成千腔万调的共鸣，犹如拨动硕大无比的乐器琴弦。

万鹤山四周有林带围绕，加上京族三岛海水温暖，鱼虾丰富，是白鹤生长的理想环境。因此，每年清明前后，成千上万的白鹤从南边飞来，在万鹤山筑窝营巢，生息繁衍，直到秋后才又迁徙南方。万鹤山奇观，并非古已有之。原来，万鹤山居住一户姓陈的农家，50多年前，忽然从南边飞来几只白鹤，落在陈屋前的竹子上。主人陈其振晓喻子孙，白鹤乃吉祥之物，不得加以伤害。陈家子孙严守家训，从不伤害白鹤。有时雏鹤跌伤时，则精心照料，痊愈后放归山林。从此，奇迹出现了，白鹤一年比一年来得多，形成了万鹤奇观。而陈家护鹤的故事，已被中央电视台、广西电视台等媒体多次搬上屏幕，早就家喻户晓了。

（作者系广西民族研究中心副研究员）

京族生态博物馆

陈家柳

文化资源是不可再生的。在经济建设中，不能仅仅为了追求眼前的经济利益而破坏文化生态。处理好开发、保护和利用的关系，是历史、现实和未来的要求。对于无形的民族传统文化遗产，必须建立民族无形文化遗产主要传承者的保护与培养机制。而建设民族生态博物馆被认为是民族传统文化保护的最有效途径。

2009 年 7 月 29 日，东兴京族博物馆暨东兴京族生态博物馆在东兴市江平镇沥尾京岛风景名胜区正式开馆。博物馆面积 3000 平方米，集中展示了京族的民族服饰、传统文字“字喃”、生产生活工具、独弦琴、居住环境、民间信仰、婚恋礼俗、地图资料等，全面反映了京族人民生产生活的历程，不仅具有展示、教育、科研等功能，而且还成为展示京族传统文化魅力、体现国家民族政策的一个重要窗口。

东兴京族生态博物馆是国家扶持较少人口民族发展的项目，其将与广西民族博物馆、广西其他民族生态博物馆一起，共同担负起我区传统民族文化保护与传承的历史使命，为京族传统文化的保护与传承，边疆少数民族地区的民族团结和边疆稳定起到积极作用。众多来自越南的游客和嘉宾也参观了博物馆。

京族生态博物馆是广西民族生态博物馆建设“1＋10”工程中的重要组成部分。其建成开馆填补了东兴市没有民族博物馆的历史空白，标志着东兴市文博工作在历史的舞台上翻开了崭新的一页，对保护和传承京族传统文化，打造文化节庆品牌具有重要意义。

（作者系广西民族研究中心副研究员）

北部湾纪事

陈家柳

打开中国地形图，背靠大西南、面向东南亚的这片蔚蓝色的海域，就是中国南方最大的海湾——北部湾。

美丽的北部湾，不仅拥有北海银滩、防城港金滩两大天然优质海滩，拥有号称“中华白海豚之家”的钦州三娘湾和中国最美十大海岛之一的涠洲岛，而且还拥有丰富的海洋资源、包括石油和天然气资源。

北部湾，地处华南经济圈、西南经济圈与东盟经济圈的接合部，与中国东部、中部和西部三大地区相连，在中国与东盟、泛北部湾、泛珠三角等国际国内区域合作中具有不可替代的战略地位和作用。正是由于北部湾独特的区位优势，使广西在中国和东盟各国国际次区域合作中担负着重要的历史使命。

钦州、防城港、北海 3 个城市，如一串璀璨的珍珠镶嵌在北部湾顶部。北部湾拥有海岸线 1595 公里，海域总面积 12.93 万平方公里，有多处大型深水不冻港湾，海港条件十分优越，海上运输便利，是中国目前最洁净、最具开发潜力的海域之一。

早在汉代，今属北海市的合浦就成为中原沟通海外的一个重要港口，是中国古代最早的海上丝绸之路始发港之一。东汉班固在《汉书·地理志》中有一段记录，详细说明了中国海上丝绸之路途经的国家和地区：“自日南障塞、徐闻、合浦，船行可五月，有都元国，又船行可四月，有邑卢没国，又船行可二十余日，有谌离国，步行可十余日，有夫甘都卢国。自夫甘都卢国，船行可二月余，有黄支国……自武帝以来，皆献见。有译长，属黄门，与应募者俱入海，市明珠，璧琉璃，奇石异物，赍黄金杂缯而往。”这条海上交通线是一条商路。通过合浦郡沟通了今天的东南亚、南亚的印度尼西亚、缅甸、印度、新加坡、马来西亚、斯里兰卡，以及欧洲的意大利（罗马帝国）等国家和地区，它们与汉朝都有了贸易往来。

1919 年，孙中山发表了振兴中国经济的《实业计划》（后编入《建国方略》），明确提出“改良钦州以为海港”，将钦州建为仅次于南方大港广州的南方第二大港，并特立“钦州”专节进行论述。

中华人民共和国成立后，共和国的领导者就一直关注着北部湾海洋事业的发展，20 世纪 60 年代为支援越南人民的正义事业，北部湾开始承担了一个新的历史使命。

1968年3月22日，一个代号为“广西322”的工程在防城港动工兴建。为支援越南人民的正义事业，中国政府决定在山环水绕、海域隐蔽的防城水域建立军港，向越南秘密运送供给物资。这就是后来被称为“海上胡志明小道”的秘密港口。

1984年，国务院批准《开发建设北海、防城港的规划报告》，北海市（含防城港）被列为全国进一步对外开放的沿海港口城市之一，实现孙中山梦想的时机终于到来。

当21世纪的钟声敲响，北部湾更是风生水起。2007年3月9日，时任总书记的胡锦涛同志曾指示说：“一定要加大力度，把广西打造成连接多区域的国际通道、交流桥梁和合作平台。”这一明确的定位，为开发建设北部湾指明了方向。

在构建中国-东盟自由贸易区的进程中，广西北部湾扬起了“新海上丝绸之路”的风帆。2008年2月，国家批准实施《广西北部湾经济区发展规划》，开发建设北部湾正式提升为国家战略，广西北部湾，掀起了波澜壮阔的建设新高潮！2009年10月28日，国务院总理温家宝主持国务院常务会议，通过《国务院关于进一步促进广西经济社会发展的若干意见》。指出，今后一段时期广西经济社会发展的战略任务是，充分发挥广西北部湾经济区和西江经济带集聚辐射带动作用，依托沿海港口，加强西南出海大通道建设，构建连接多区域的国际通道，积极发展临海现代产业，培育我国沿海经济发展新的增长极。

一湾相挽十一国。北部湾经济合作区最核心的价值，在于打通中国东南沿海和“海上东盟”的联系通道。

海上东盟的建设，实现了陆地合作与海上合作的结合，扩大了区域市场和经济发展的空间，创造了新的、更多的经济增长点；共同吸纳与更合理地运用国际资本和外部资源，促进在更高水平、更深层次上的国际经贸合作。

为进一步提升北部湾地区港口在世界港口航运中的功能和地位，2008年5月29日经国务院正式批准，设立广西钦州保税港区，这是中国第六个保税港区，也是西南地区第一个保税港区，2009年正式封关运行。保税港区是目前中国对外开放层次最高、政策最优惠、功能最齐全的特殊经济功能区。

2007年2月14日，为提升港口竞争力、有效发挥北部湾大型组合港的整体优势，广西北部湾国际港务集团公司挂牌成立。防城港、钦州港、北海港三港合一，并明确了三个港口的功能：防城港为以大宗散货运输为主的国家跨区域综合运输大通道出海口和综合性港口，钦州港为以临港工业开发服务为主的地区性重要港口，北海港为以商贸和旅游服务为主，兼有临港工业功能的地区性重要港口。目前，经济区沿海港口已有生产性泊位180个，其中万吨级以上泊位34个，拥有20万吨级散货码头，与70多个国家和地区的220多个港口实现通航。港口吞吐量达到8000多万吨，初步形成了以集装箱、铁矿石、有色金属矿石、硫磷、非金属矿石、煤炭、液体化工、粮食、油气等码头为主的港口生产结构布局和港口物流体系布局。经济区沿海煤炭进口量占全国1/4以上，已成为我国最大的进口煤炭集散地。

港口物流业的发展是港口经济和沿海经济发展的重要风向标。大港口只有与大工业相互依托，才能带动区域经济的繁荣。发展临海工业区，成为三大港口发展的共同目标。经济区现有国家级和自治区级高新技术产业开发区、经济技术开发区和边境经济合作区13个。

北海是中国西南部唯一具备海、陆、空交通网络体系的城市，1984年就列入首批14个沿海对外开放城市。北海出口加工区是中国西南沿海地区唯一一个国家级出口加工区，目前，园区已累计引进项目40个，投资总额45亿元人民币，其中，东部产业转移项目占全部投资总额的90%。加工区综合实绩在中国中西部及东北地区18个出口加工区中排名第二位。以恒基伟业、北海银河等企业为龙头，以电子信息产品制造、软件、通信设备、集成电路等为重点的电子信息产业在北海蓬勃发展，北海已成为广西第一个信息产业基地。

钦州连布三枚重棋：经国家核准建设240万千瓦燃煤电厂，金桂林浆纸一体化项目是亚洲最大的纸业生产基地项目，中石油1000万吨炼油项目是迄今为止广西最大的工业项目。钦州市被新加坡评为“中国吸引华商投资之最具潜力城市”，这是钦州市继被中国城市竞争力研究会评为“中国十佳和谐发展城市称号”之后再次获得的高度评价。

防城港是国家一类大型主枢纽港、广西第一大港、中国沿海20个主枢纽港之一。防城港大海粮油工业有限公司，投产两年就创造了年产值30亿元的奇迹。

广西北部湾经济区建立以来，先后布局了7个“一千万”和两个“一千亿”重大项目。深圳盐田港集团、中国远洋集团、中国海运集团以及丹麦马士基集团、新加坡万邦集团等世界500强企业纷纷与经济区达成了合作协议。

随着中国-东盟自由贸易区建成，广西北部湾经济区将成为推动广西大发展，促进中国与东盟紧密合作的强大发动机，将真正成为继珠三角、长三角、环渤海之后，引领中国经济发展的“第四增长极”。

（作者系广西民族研究中心副研究员）

日新月异的京族教育

陈家柳　农世杰

“十二五”以来，东兴市享受国家扶持人口较少民族发展政策的京族聚居行政村为23个，京族人口主要分布在这23个村内，特别是在江平镇的沥尾、巫头、山心、潭吉、贵明这5个行政村，地处历史上的“京族三岛”及周边区域，京族人口占比高，是我国京族的传统聚居村落，据2017年统计，5村京族人口总计12334人，约占东兴市京族人口的76%，约占全区京族人口的54%，呈现出连片高度聚居的分布形式。

2017年京族主要聚居的5村人口分布情况表

	山心	巫头	沥尾	潭吉	贵明
总户数/户	335	443	1322	365	730
京族户/户	335	425	1255	280	235
总人口/人	1613	2149	6745	1725	3456
京族人口/人	1613	2063	6407	1242	1009
京族占比/%	100	96	94.99	72	29.2

在新中国成立的1949年，京族总人口为3308人。其中，有小学文化程度的179人，占总人口的5.4%；有初中、高中文化程度的仅各1人。由于教育水平低下，“京族三岛”在中华人民共和国成立前还被称为“瞎子岛”。而到了2008年，京族的小学适龄儿童入学率为99.9%，辍学率为0.1%；初中适龄少年入学率为98.9%，辍学率为1.69%；残疾儿童、少年入学率为66.7%。京族15周岁人口教育完成率为98.7%，17周岁人口教育完成率为98%。东兴市2008年有京族小学生1942人，占全市小学生总人数的13.2%；京族初中生731人，占全市初中生总人数的12.5%；京族高中生217人，占全市高中生总人数的18.5%；全市在初中任教的京族教师49人，占初中教师总数的9.6%；在小学任教的京族教师119人，占小学教师总数的15%，教师合格率达100%，京族整体教育水平已经取得了翻天覆地的变化。到2017年，京族聚居的5村的居民受教育水平已居于东兴市前列。

2017 年京族主要聚居的 5 村教育情况表

	山心	巫头	沥尾	潭吉	贵明
总人口/人	1613	2149	6745	1725	3456
幼儿园/所	1	1	4	1	1
小学/所	1	1	1	1	1
小学在校生/人	135	339	638	250	250
适龄儿童入学率/%	100	100	100	99	100
人均受教育年限/年	9	10	10	9	9
高中文化/人	217	220	1006	150	530
大专文化/人	25	55	64	20	50
本科以上/人	21	28	52	15	13

一、东兴市教育发展情况

近年来，东兴市把教育事业纳入了经济社会发展的总体规划之中，摆在优先发展的战略地位，科学合理配置教育资源，强力推进义务教育均衡发展。不断加大发展少数民族教育的力度，切实把发展少数民族教育事业提高到全面建设小康社会、促进当地经济社会发展的高度，于 2008 年成立了发展少数民族教育工作领导小组，出台了《市直机关、企事业单位与学校挂钩联系制度》，积极发动各机关、企事业单位及广大群众出钱出力，献工献料，帮助东兴市少数民族地区学校建设校园。还制定了《东兴市少数民族教育发展实施办法》《东兴市教育事业发展十年（2008—2017）规划纲要》，把少数民族地区的教育工作纳入依法治教的轨道，列入各级领导干部的任期目标责任制和考核政绩的主要内容，将少数民族教育工作提上东兴市教育发展的重要议事日程，进一步促进了京族教育的发展。

截至 2017 年，东兴市共有义务教育学校 39 所（其中小学 32 所，初中 5 所，九年一贯制学校 2 所），教学点 18 个，中小学在校学生 30004 人（其中小学 22549 人，初中 7455 人）。全市义务教育学校共有教职工 1858 人（其中中学 547 人，小学 1311 人），足额配备了义务教育学校教师，教师学科结构合理，任职资格合格率达 100%，全市小学、初中的师生比分别为 1∶16.6 和 1∶12.4，小学、初中各学科教师配备均已达到规定要求。

2014 年至 2016 年，东兴市共投资 1.32 亿元，先后组织实施并建成了北仑河中学、第三小学等重点项目，新（扩）建校舍面积 66852 平方米，共增加学位 5179 个。全面消灭了 D 级危房，对各个学校的供电、供水系统进行彻底改造。为部分学校翻修围墙、大门，平整操场，全市所有学校基本办学条件得到极大改善，校园风貌发生了翻天覆地的变化。

东兴市 39 所义务教育学校全部建成了省级标准化学校。全市小学、初中的生均教学及辅助用房建筑总面积分别为 4.98 平方米、6.55 平方米，均达到了自治区标准。全市义务教育学校的图书、实验、音体美、电化教育等设施或设备按标准足额配备，小学科学、初中理化生标准实验室建设齐全，实验开出率达 97%以上，初中理化生实验室合格率达到 95%以上。全市小学、初中班级多媒体教学设备配备率均达 100%。全市小学计算机生机比达到 9.8∶1，初中计算机生机比达到 10.8∶1。所有小学、初中计算机以及多媒体教学设备配备率均高于自治区标准。小学每校生均图书 30.59 册，初中每校生均图书 40.85 册，所有九年义务教育阶段学校图书册数均达到自治区的配备标准。建成学校塑胶运动场 18 个，所有小学、初中全部建有标准篮球场，初中每校均设 200 米以上环形跑道。全市小学、初中的生均运动场面积分别为 7.47 平方米和 11.23 平方米，全市义务教育学校体育运动场地面积基本达到自治区标准。

在提高校长和教师业务素质方面，东兴市按照比例足额拨付教师培训经费，不断健全完善激励、考核和评价机制。组织实施名师、名校长、骨干教师培养工程，不断加大教师培养力度。组织开展“送教下乡”、教学大比武等活动，通过“送出去、请进来”等方式培养了一批教育理念新、政治素质硬、业务水平高的专业化教师队伍。2014—2017 年，累计培训教师达 11188 人次，已有 39 名教师成长为自治区、市、县级骨干教师，各中小学校长均持证上岗，全市义务教育学校的整体教育教学质量得到明显的提高。在加强京族教师队伍建设方面，东兴市努力提高京族教师队伍整体素质。至 2015 年，全市京族教师均具有专科师范毕业以上学历，90%具有本科学历。多渠道增加培训投入，加强京族教师培训工作。东兴市少数民族教育工作领导小组办公室负责对全市京族教师队伍状况进行调研，并根据队伍建设目标要求，制订培训计划，对京族教师进行培训，提高全市京族教师队伍的整体素质。政府还鼓励优秀教师特别是优秀中青年教师到京族聚居地区的中小学任教，对在京族聚居村的村级学校任教的教师给予一定的工资奖励，在职称晋升和各种评优活动中优先考虑。

在义务教育保障方面，东兴市采取依法控流、责任堵流、助学防流、劝学回流、双线四包责任分工等措施，实现了防辍规范化、制度化、法制化。2017 年，全市小学入学率为 99.55%，巩固率为 99.87%，辍学率为 0.01%；初中学生年辍学率 2.87%；九年义务教育巩固率为 95.76%，中小学“四率”指标均达到或超过国家颁布的标准。

为了重点照顾少数民族学生，东兴市加快寄宿制民族班建设，让广大少数民族学生得到了实惠。从 2004 年起，东兴中学开设了民族高中班，在校寄宿少数民族学生由 2004 年的 350 人增加到 2008 年的 550 人。寄宿制少数民族学生每生每年还可享受自治区和市级财政给予的相应生活补助。

东兴市建立了少数民族教育支撑体系，加强对少数民族教育经费的管理。市财政在年预算中设立少数民族教育专项经费，每年市财政少数民族教育专项经费不少于上年财政总支出的 0.05%，交教育局统筹，专款专用，市教育局每半年向社会公布一次各类少数民族教育经费的使用情况，年终填报专项报表报市人大和市财政局审阅。政府鼓励社会力量办学投入到少数民族教育中去，对用于少数民族教育的社会力量办学，政府优先立项，并优惠支持。

二、江平镇教育发展情况

近年来，东兴市江平镇教育事业长足发展，学校网点布局不断优化。至2016年，江平镇有各级各类学校21所，其中，有幼儿园13所、小学6所、初中1所、九年一贯制学校1所。在校生逐年增长，2010年至2015年，学前儿童在园人数从1089人递增至1287人，增长7.3%；小学在校生从1920人递增至2200人，增长4.17%；初中在校生从590人递增到759人，增幅达8.6%，均明显高于当地人口自然增长率；义务教育巩固率97.4%，比自治区平均水平高4.4个百分点，比全市平均水平高9个百分点。

“十二五”期间，东兴市先后投入1000万元建设江平镇的教育基础设施，先后建设幼儿园、教学楼、学生宿舍楼、教师周转房、食堂、运动场等项目23个，总建筑面积14651平方米。2015年，全镇小学有图书91368册，生均22.8册；初中有图书33373册，生均20.9册。另外，还投入905万元，为全镇中小学配备教育现代化教学设备设施、实验仪器设备、图书等，建成江平中学、京族学校、江平镇中心小学共3个录播教室。

江平镇也不断得到民族教育政策倾斜力度的强化。2015年，位于江平镇的东兴市京族学校、江平初中、江平中心小学等所有义务教育学校的学生100%享受各项政策补助，其中农村义务教育营养改善计划，每人每年补贴800元；农村学生寄宿生生活费补助，每人每年补贴1250元。江平的京族学生还可享受普通高中助学金每人每年2250元；中职生免学费政策每人每年2000元；就读幼儿园的家庭经济困难幼儿入园补助每人每年1000元；就读大学的家庭经济困难学生短期生活费资助每人每年1500元，并可办理就读大学期间每人每年8000元的无息助学贷款。

江平中学是江平镇规模最大、设备较为完善的乡镇初级中学。2017年，学校占地面积37亩，有教育教学公共用房9303平方米，生均7.56平方米（其中2001年建成的义务教学综合楼1674平方米、图书馆455平方米，2002年建成的学生宿舍楼2089平方米），有在校学生1261人（其中少数民族学生668人，大部分为京族）；有26个教学班，在岗教职工89人，任课教师70人，其中具有本科学历的30人，大专学历27人；具有中学高级职称5人，中级职称36人，初级职称24人。学校现在有图书馆一栋，藏书14420册，生均图书为13.9册，各种报纸杂志30多种；有物理、化学、生物实验室，仪器室各1间，音乐室、体育器材室、卫生室、劳技室各1间，学校各功能室的建设日臻完备。近年来，江平镇初中学校中考成绩稳居防城港市同类初中前列，其中，江平中学2015年中考成绩在全市名列第7名。2011年至2015年，江平京族学生高考上线率不断增长，五年间共有170名京族学生参加普通高考，其中159人考取大专以上学校，高考上线率达93.5%，高于东兴全市平均水平。

三、东兴市京族学校发展情况

东兴市一直重视民族教育的发展，1989年，江平中学自办了京族初中班。1995年，东兴市在京族三岛的沥尾岛创办了一所少数民族中学——京族中学，同时，沥尾村还有一所始建于1952年的沥尾小学。2003年8月，东兴市为加快京族聚居地区教育事业的发展，将东兴市京族中学和沥尾小学合并成一所九年一贯寄宿制的民族学校，并改名为“东兴市京族学校”。

东兴市京族学校是全国唯一一所以京族命名的民族学校，学校位于东兴市江平镇京族聚居的沥尾村，教学服务范围涵盖京族聚居的5个行政村及周边近2万人口。学校占地面积25806平方米，建筑面积12609平方米。2018年春季学期，有教学班20个，在校生945人，其中京族学生594人，占学生总数的62.8%；其他少数民族学生75人；全校共有教职工86人，其中京族教师21人，其他少数民族教师14人；专任教师69人，教师学历合格率100%，其中本科学历40人，大专学历27人，中学高级教师2人。

学校自成立以来，教学成绩稳步提高，学校多次获得防城港市、东兴市中考、小考优秀奖。中考连创佳绩，2008年以来，学校向东兴中学、防城港市高级中学、防城实验高中输送京族学生300余人，赢得了社会赞誉。通过下表可见，京族学校在十年间虽然高中升学率变化不大，但是中职升学率大幅提升，总体升学率在稳步提升。

京族学校十年间中考升学情况对比表

年份/年	考生人数/人	普通高中入学人数/人	职业学校入学人数/人	高中升学率/%	职校升学率/%	总体升学率/%
2006	77	32	22	41.5	28.6	70.1
2007	88	44	28	50	31.8	81.8
2008	87	24	35	27.6	40.2	67.8
2016	83	32	39	38.6	47	85.6
2017	97	45	52	46.4	53.6	100
2018	77	20	44	26	57.1	83.1

学校在重点抓教学的同时，也一直坚持以民族教育为特色，依托地处京族聚居地区的优势，在抓好常规教学管理的同时，大力开展富有京族特色的教学活动。学校开设京语课，从小学四年级开始每周开设两节京语课程，着力提高学生京语水平，同时实行“京汉双语”教学，把京语教学作为学校课程组成的重要部分。学校还以传承和弘扬京族文化为切入点，举办独弦琴、京族歌舞、竹杠舞、高脚罾等兴趣班，并成立艺术队，利用民族节日等契机组织开展丰富多彩的民族文化教育活动，加强京族传统文化的教育传承。如每年沥尾村的哈节、巫头村的哈节，学校都组织学生参加民族舞蹈表演，以及板报比赛等，每年儿童节和国庆节的庆典活动，学校都组织全体学生穿京族服装参加表演，使学生在潜移默化中学习了解京族传统文化。同时，开发了《京族乡土教材》《京族礼仪》《独弦琴学习技巧》《竹杠舞训练技巧》等多本校本教材，让学生学习和了解京族的优秀传统习俗；在体育教学中加入板鞋、踩高跷等民族传统体育内容，并大力组织帆板队，帆板小队员们已在国内重大比赛中为防城港

市多次争金夺银；在音乐课堂教学中传授京族独弦琴和传统舞蹈技艺，学唱京族传统歌曲；在美术教学中组织学生画京族风情画；在科普活动课上学习京族手工艺品制作等。学校还定期组织学生参观京族博物馆，了解京族发展的光辉历史、传统文化；同时组织学生看望慰问京族老人，开展听京族老人讲故事等活动，让学生了解京族的文化历史，学习做人和成长的道理。学校已成为传承京族文化的重要教育基地，先后获得“自治区少数民族体育先进集体”和“自治区民族文化教育示范学校”荣誉称号。

在彰显办学民族特色的基础上，学校还树立“科普兴校”的指导思想，不断加大科普教育的投入，建设了青少年科普工作室、科技馆等，并开展丰富的实践活动，加强了学生动手动脑和创新能力的培养。除了定期举办校园科学节之外，还注重结合一系列科普进校园活动，着力培养学生成为思维敏锐、双手灵巧、性格坚毅的科学发展新一代。学校曾被评为“自治区‘爱科学月’活动先进集体”；2013 年 4 月，学校被评为“防城港市青少年发明创造先进集体”；2017 年 11 月，学校科技馆荣获农村中学优秀科技馆奖，学生苏一鸣荣获科技创意提名奖。

学校还被防城港市选为国际教育交流合作窗口，积极与国内外中小学、高校等教育团体开展文化交流、教育实践活动，曾多次与北京、香港、台湾，以及韩国、越南、印度尼西亚、南非等地教育代表团进行文化交流，成为防城港市民族教育对外交流的窗口。在近几年的对外交流活动中，京族学校取得了丰硕的成果。2010 年 4 月，学校迎接了香港青年交流团广西社团的访问；同年 7 月，学校师生和韩国教育代表团进行互访活动；11 月，学校接待了越南陈富中学冬令营代表团。2014 年，学校京族歌舞队编排的竹杠舞《京海情韵》参加广西第 13 届少数民族传统体育运动会荣获三等奖，2015 年参加全国少数民族传统体育运动会荣获三等奖。

（作者陈家柳系广西民族研究中心副研究员，农世杰系广西民族研究中心助理研究员）

第九章　回族生活幸福多

青罗带上的一颗明珠——草坪回族乡

袁丽红

桂林市雁山区草坪回族乡距桂林市区37公里，位于漓江中游东岸，下辖草坪、潜经、大田3个村委会和1个居委会，总人口5387人，其中回族人口占38%。草坪回族乡紧邻漓江风景游轮始发码头——磨盘山码头和竹江码头，是远近闻名的休闲旅游主题小镇、休闲度假的胜地，也是广西唯一的回族乡。境内山清水秀，风景旖旎，望夫山、群龙戏水、九牛看三洲、冠岩等漓江精华景点在此汇集，被誉为“青罗带上的一颗明珠”。

漓江草坪段停满游船

草坪历史悠久、人文荟萃，早在秦汉时期，就已是漓江水路的重要驿站。但近代以来，随着陆路交通的发达，草坪渐渐声名不显，长期以来一直是桂林市郊的落后乡镇。

1984年，草坪回族乡刚成立时，全乡有近三分之二的人口处在温饱线下，不通公路、不通水、不通电，与外界的联系只能靠水路——漓江，“吃饭难、吃水难、行路难、用电难、上学难、通讯难”等问题长期困扰着这里的人们。而回族聚居的潜经、大田两个村条件更差，当时社会上流传着这样一首民谣：“有女莫嫁潜经村，晚上没有油点灯，一件棉袄穿子孙，挑水要走

草坪回族乡政府大楼

一条村”，该民谣真实地反映了潜经村当时落后的状况。大田村处于深山之中，条件更为艰苦，关于大田村的生存环境也有一首民谣：“大田村，大田村，四面山高中间坑，山中无林坑无水，吃水如同油点灯。”那时，村里只有一条五六十厘米宽的山路通往外界，所有东西只能肩挑背扛，买卖东西需走 1 个多小时的山路才到草坪。草坪回族乡成立后，各级政府部门加大了扶持力度，到 20 世纪 90 年代初期基本实现了通电、通水、通公路。最开始修的是铺沙石的四级路，后来经过一次改造升级，修成沥青路。目前，草坪回族乡已建成碧草二级旅游公路、大田连接线、迎宾路等交通设施，全乡行政村实现村村通公路。

二级公路从大田村经过

草坪回族乡按照“农业立乡、科技兴乡、旅游富乡”的发展思路，使这个过去发展滞后的贫困乡，以蓬勃发展的面貌呈现在世人面前。该乡充分利用自然资源优势，依托桂林国际旅游名城的辐射带动，打好民族和旅游牌，大力招商引资，发展旅游业。1994 年以来，共引进 6000 多万元，成功开发了漓江沿岸国家 AAAA 景区冠岩地下河游览景区等一批高起点，设计规模较大的观光、度假项目。其中，冠岩地下河游览景区、田园观光轻轨滑道车获两项吉尼斯世界纪录，年接待游客近 50 万人次，旅游营业收入达到 3000 多万元。近几年，雁山区对草坪回族乡完成了新型城镇化示范乡镇建设、旅游基础设施提升和休闲农业示范区打造等一系列项目建设。2014 年，草坪回族乡、草坪村分别获得“广西特色景观旅游名乡”和“广西特色名村”称号；2016 年，草坪回族乡又荣获“广西壮族自治区 AAAAA 级乡村旅游度假

大田村回族民居

潜经村清真寺

草坪街一角

区”称号。2014年至2017年期间，草坪景区游客接待达350万人次，旅游业成为该乡的主导产业，并有效地带动了农业及第三产业的发展。

过去，草坪回族乡的回族人民主要从事农业生产，收入水平低。发展旅游业之后，许多村民参与到旅游业中，当筏工、开餐馆、搞农家乐、销售旅游产品等，农业也逐渐与旅游业相结合。如今，草坪回族乡正依托“漓东百里生态示范带”项目建设，全力推进“柿里回乡”休闲农业（核心）示范区建设，以“一带一路”（漓江绿道观光带和碧草公路）为主线，重点打造了碧岩竹海休闲区、农家果蔬采摘区、花卉银杏观赏区、农业生活体验区、“万柿大桔”示范区和回乡小镇度假区六大主题区，开辟了无核黄皮果、提子、柑橘等采摘园和农耕体验园，并完善了示范区内的停车场、观景台、展示厅、景观道等基础设施建设。2017年，“柿里回乡”休闲农业核心示范区荣获“广西四星级现代特色农业核心示范区”称号。

为了突出民族特色，营造民族团结的良好氛围，乡里制作专栏宣传民族团结政策法规，成立民族宗教宣传服务站；同时，积极挖掘回族特色文化，组织村里40多名文艺骨干，组建4支文艺队伍，编排少数民族舞蹈，开展文艺活动演出，丰富群众精神文化生活。2017年，潜经村被授予“国家级特色村寨”，草坪回族乡荣获自治区“民族团结进步创建活动示范乡”称号，全乡呈现出民族团结的良好局面。

如今，走进草坪回族乡，青石板路在小巷中蜿蜒曲折，整洁的街道，独具特色的滨江观景台，以小青砖、马头墙、坡屋顶为代表的桂北民居风格建筑与静静流淌的漓江水和巍巍青山互相辉映，安静、悠闲而富有诗意……这个回族聚居的千年古镇犹如一幅美丽的画卷，正在世人面前徐徐展开。

（作者系广西民族研究中心研究员）

“万柿大桔”新思路　“柿里回乡”新品牌

农世杰

金秋十月的草坪回族乡大田村，到处瓜果飘香，登上“柿里回乡”休闲农业（核心）示范区的观景平台，放眼望去，连绵的山坡上，柿林如海，绵延不绝，金黄的柿子缀满枝头，一派丰收的喜庆。回族柿农李叔和李婶坐上载满金柿子的农用车，被阳光晒得红彤彤的脸上挂满了灿烂的笑容。

大田村是回族聚居村，有回族400余人，素有种植月柿的传统，是桂林市的柿子种植大村，在全村5000余亩农地中，柿子种植就达3000多亩。大田村在悠久的柿子种植历史中，积累了成熟的柿子种植技术，柿子品质优良。依托大田村柿子种植产业创新发展而来的草坪回族乡“柿里回乡”休闲农业（核心）示范区品牌，整体环境如今已达到自治区级示范区的建设标准。

回首过往，曾几何时，大田村由于地处漓江生态流域，负有为漓江保护水源和生态的特殊使命，工业用地受限，其所产的柿子无法进行工业化包装加工，难以形成统一的品牌进入市场，达不到申请地理标志产品的要求，从而导致附加值低，柿农收入也很低的状况。提到过去，李叔摆摆手说：“2012年的时候，我们只会种柿子，村路不通，思路也不通，只能等着商户到村收购，柿子只能按照每斤0.8元的价格卖出，可是市场上同品种同品相的柿子却可以卖到每斤2.5元，足足相差了3倍多，我们真是心里憋屈啊。”这样的各种“不通”长期制约着大田村的发展，大田村所产的柿子虽量多质好，但价格低，每年农民还是增收困难，脱贫任务艰巨。

针对这样的情况，雁山区创新思路，决定跳出柿子加工的工业化思维模式，在大田村乃至整个草坪回族乡走生态农业与农业休闲旅游相结合的发展路径，以建设休闲农业示范区的模式走出一条脱贫致富之路。2014年，桂林市雁山区的“桂林市漓江东岸草坪休闲农业（核心）示范区”品牌建设启动，之后结合大田村柿子传统产业的创新发展与民族文化特色，2017年正式更名为“桂林雁山‘柿里回乡’休闲农业（核心）示范区”。示范区位于雁山区草坪回族乡，距桂林市区37千米，规划总面积29725亩，主导产业为柿子、柑橘。核心区位于大田村、碧岩阁村、草坪村、古东垌、兰口村，面积4322亩；拓展区北起潜经村，南至冠岩景区，面积5403亩；辐射区面积2万亩。核心区由六大主题区组成，分别为：碧岩

“柿里回乡”休闲农业（核心）示范区指示牌

竹海休闲区、农家果蔬采摘区、花卉银杏观赏区、农业生活体验区、“万柿大桔”示范区、回乡小镇度假区，其中“万柿大桔”示范区为主核心区。至 2018 年，示范区已引进农业龙头企业 3 家，组织农民专业合作社 5 家、家庭农场 2 家，聘请高级农艺师等专家 11 人，注册商标 6 个。

雁山区为配套完善示范区内的农业和休闲旅游基础设施，累计整合从国家级、到市级、到经营主体等各层级的农业、交通、旅游等方面资金 2.2 亿元，建设了 8.6 千米的大圩至草坪公路和 3.3 千米的兰口至大田连接线公路，同时建设草坪慢行步道 22.4 千米，完成了示范区内的乡镇区改造和村容村貌提升整治工作；建设果蔬采摘体验园 8 个，观景摄影平台 3 个，以及一个 300 平方米的产业文化展示中心、一条 350 米长的提子采摘步道、16 座休闲农庄。示范区着力打造了“大田红柿、明村黄皮、碧岩青竹、漓江绿道、潜经白祠、草坪水墨、南亭紫烟”等各具特色的农业旅游看点，开辟了徒步旅游线路，游客可在示范区内“赏乡村美景、吃农家饭菜、摘田园鲜果”，农业休闲旅游服务已成为示范区居民的重要收入来源。

在经营组织化提升方面，示范区推广“示范区＋合作社＋农户”经营模式，组建了农民专业合作社。引进自治区级龙头企业，大力推进示范区内水果产品、农副加工产品的仓储物流开发与销售。核心区实行“五统一”服务模式，由农民专业合作社统一实行农资采购、技术培训、生产标准，并统一管理模式和品牌。示范区示范作用明显，以碧隆提子种植合作社、麒麟山水果种植农民专业合作社为载体，结合经营组织化、装备设施化、生产标准化、

在“万柿大桔”示范区内的观景平台“万柿亭”

要素集成化、产业特色化的“五化”建设对主题园区的金柿、青竹、红提、黄皮、柑橘等特色产业进行了全方位改造和提升。完成示范区内27.3千米道路、10.9千米水利、2.2千米电力线路等基础设施建设，核心产业园内路网全部实现硬化连通，机械入户率达100%。推广应用水肥一体化节水灌溉技术100亩，安装太阳能杀虫灯65盏。与专业公司建立长期合作机制，租用冷库面积1000平方米用作农产品的保鲜库存；合作社还购进6套柿子脱涩处理加工设备。通过推进“五化”建设，“万柿大桔”示范区主导优质品种柿子种植面积3243亩，推广应用绿色防控，节水灌溉水肥一体化、柿子高产标准化栽培技术，平均亩产量达3989公斤，比项目实施前的平均亩产3350公斤增产18.2%，柿子产业节本增收、提质增效达3652元/亩。

同时，在要素集成化方面进行进一步整合，利用“心泊漓江，梦栖雁山”旅游宣传平台，邀请桂林市60家旅行社推介雁山休闲农业旅游。充分利用电视台、报刊等传统媒介和微信、微博等新媒体，加大对示范区的宣传力度，吸引更多资金、人才和技术向示范区聚集。创建示范区二维码平台，开通了电商平台。与农业科研院所签订农业技术合作协议，聘请农业技术专家团队，开展了农业生产技术和质量管理等培训内容，并对果农进行现场指导，发放技术资料。

2016年，核心区结合农业休闲旅游产业接待游客达70万人次，较2015年增加了16.2万人次，同比增长30%。2016年，实现核心区农民年人均纯收入17414元，拓展区农民年人均纯收入12788元，草坪回族乡全乡农民年人均纯收入 13352 元，核心区农民年人均纯收入比拓展区高 36.2%，比辐射区高 58.5%，比全乡高 30.4%。2015 年，雁山区“柿里回乡”休闲农业（核心）示范区被评为“桂林现代特色农业（核心）示范区”。2016 年，依托示范区共同建设的草坪休闲旅游主题小镇获得自治区“五星级乡村旅游区”称号，示范区内潜经村获得“中国少数民族特色村寨”荣誉称号。

通过打响“柿里回乡”品牌，“万柿大桔”示范区核心区通过辐射带动多元发展，形成了大田红柿、碧岩青竹、潜经提子、畔里柑橘等水果采摘示范区和古东格桑花、漓江绿道等休闲体验区，实现了全年有景、四季有果的农业景观效果。示范区企业与合作社共同开发了月柿加工产品、竹器、鲜竹酒、金槐茶等加工产品。李叔望着满山的柿子树，开心地说：“现在我们各种路子都活了，干活都更有劲了，柿子越种越好，游客越来越多，日子真是越来越好了。”

“柿里回乡”休闲农业（核心）示范区的创建，使农业资源与旅游业逐渐相融合，把包括大田村在内的整个草坪回族乡打造成了集果蔬采摘体验、了解农耕文化、享受田园风光为一体的休闲旅游度假区，是现代农业、生态农业、旅游农业和休闲农业的中心示范基地，也为保护漓江沿岸生态环境做出了贡献。大田村这个昔日封闭的回族村，也通过打造“万柿大桔”示范区的新思路，打响“柿里回乡”的新品牌，走上了崭新的致富之路。

“柿里回乡”品牌雕塑

（作者系广西民族研究中心助理研究员）

改革春风好　古寺换新颜

农世杰

来到桂林市崇善路清真寺，只见眼前坐落着一座青砖灰瓦、古朴典雅的桂北风格古建筑。整座寺院以中国传统祠庙结构为主体，门首墙壁成等腰斜坡山形，穿过门厅，只见寺内天井豁然开朗，三进三开间的院落，木楹格窗，花草芬芳，伊斯兰装饰元素点缀其间，相得益彰，处处萦绕着静雅之感。

“崇善清真寺始建于清朝雍正年间，这些匾、联都是清嘉庆二年（1797）制作并保存至今的，而装饰了中国结图案的‘清真言’织锦是非常珍贵的，不仅是因为在其他清真寺少有，而且是因为这中国结纹样的清真言，正是桂林市回族同胞几百年来自觉作为中华民族一员的象征。”崇善清真寺的阮阿訇介绍道。跟随阮阿訇走进崇善寺正厅，只见他所说的“清真言”织锦正镶嵌在大殿阿訇讲经台后的墙上，在织锦中的清真言四周，装饰的正是中国结的图案，整幅织锦显得古朴华贵，精美绝伦。

桂林崇善清真寺大殿内绘有中国结图案的“清真言”织锦

环顾整个崇善寺，院落两厢为讲经堂，宽敞明亮的中厅为议事及典礼之地，正厅大殿为阿訇讲经和礼拜之所，殿顶为直径 2.5 米的八角形拱顶，两旁是木制大型浮雕《古兰经》章节，工艺精湛。阮阿訇提到的匾和联则悬挂在大殿正门，大殿正门上方悬挂的是“清真言”大匾，两侧楹柱上题有长联，上联为：经纬乾坤统众妙而咸归清妙；下联为：弥伦造化了万原而悉返真原。对联以中国古代哲学阐释了伊斯兰教基本教义，并巧妙地嵌入了“清真”二字，博大精深的中华文化与伊斯兰文化的融合跃然联上。

据史料记载，桂林市崇善路清真寺始建于清雍正末年至乾隆初年。清嘉庆十四年（1809）扩建，规模得以完善，后历经整修，规模和结构基本不变，占地面积 1218 平方米，是桂林市规模较大、保存完整的清真寺，但在长期的动荡年代中也曾年久失修。改革开放以后，党和国家落实民族宗教政策，崇善寺的历史价值也得到重视，被列为桂林市重点文物保护单位，1979 年至 1982 年间得到多次拨款维修。近年来，随着改革开放的深入，桂林经济的发展，西北等地到桂林务工的穆斯林群众快速增加，为了满足穆斯林群众的礼拜需求，1998 年和 2009 年，政府又两次拨款对清真寺做了全面加固维修。崇善寺寺管会近年来还主动邀请街道、社区群众到清真寺与穆斯林群众进行联谊活动，共度节日，发挥了促进民族宗教关系和谐的作用，寺院展现出生机勃勃、其乐融融的和谐新景象。

极具中华文化特色的柳州市清真寺石刻

在广西回族聚居的社区与乡村，大多保存有像崇善寺这样古朴典雅，具有本地浓郁建筑风格的古老清真寺，虽历经风霜，但在改革开放之后，各地对古老的清真寺都进行了整修维护，各地古寺都焕发出新的面貌。

柳州市清真寺是广西现存最古老的清真寺，始建于清康熙十二年（1673）。1996 年，该寺及寺内历代石碑被定为柳州市重点文物保护单位。据著名

修葺一新更显古朴典雅的柳州市清真寺大殿

历史学家白寿彝在《柳州伊斯兰与马雄》一文中的考证，柳州市清真寺由康熙初年时任广西提督的甘肃人马雄倡议并资助修建，"这寺的创建，是柳州城内有清真寺之始"。寺内最有特色的文物是历代的石碑和匾额，柳州市伊斯兰教协会的马会长兴致勃勃地介绍说："这些石碑都是历史上清真寺维修时留下来的，最早的一块碑上，'清真寺'碑文四周雕刻有双龙拱日、祥云环绕的纹饰，极具中华文化特色。"

柳州清真寺总占地面积约 1500 平方米，寺内大殿面积为 219 平方米，大殿为砖木结构传统桂北清代建筑式样。2000 年 1 月，柳州市政府又将临近清真寺的 437 平方米土地使用权划为清真寺建设用地，并投入 560 万元资金用于清真寺的改扩建工程；2014 年，市政府对柳州市清真寺进行大修，历时两年，这座 300 多年的古寺得以修葺一新。宽敞的大殿古朴庄重，明亮安静，可同时容纳上百人进行礼拜，殿前还有宽阔的广场，成为柳州回族群众欢庆开斋节、古尔邦节等传统节日的绝佳场所。

桂林市草坪回族乡潜经村是一个回族聚居的传统村落，潜经清真寺据史料记载在清道光九年（1829）之前已建成，现存的清真寺大殿和大门建于 1940 年，后历经沧桑，清真寺曾作为小学校舍等。改革开放后党和政府落实民族宗教政策，潜经清真寺于 2000 年被批准为临时宗教活动场所，2014 年桂林市伊斯兰教协会投入 200 多万元将清真寺大殿进行扩建，并新建接待用房，使清真寺功能更趋完善。

潜经清真寺大门外有两棵百年古樟树，树干需要两人才能合围，参天挺立，枝繁叶茂，树荫下有孩童在欢快的嬉戏。紧挨着清真寺有一座古色古香的白氏宗祠，如今是村里的老年人活动中心，78 岁的白大爷正在饶有兴致地看老友下棋，谈到潜经清真寺的变迁，老人不无感慨地说："大殿用来办过学校，后来也荒置过很长时间，现在政策好了，清真寺也全部翻新过了，大殿和广场都很宽敞，每逢节日，村里人都可以到清真寺参加宗教礼拜仪式。开斋节时村里家家户户炸油香，然后带着油香等一大堆好吃的到清真寺前广场来聚餐，有什么好吃的村里人都可以过来一起吃，古尔邦节时，清真寺还会宰牛会餐，或按人头把牛肉分发到各家各户，我们回族群众和村里其他民族群众不分贫富，大家都共庆节日，这是我们村里优良的传统，要传承下去。”

在柳州市鹿寨县黄冕镇黄冕村马路街，也有一座整修一新的古老清真寺。据史料记载，黄冕清真寺于清嘉庆十年（1805）重修，一直作为黄冕镇回族群众的重要公共场所使用。清真寺为砖瓦式建筑结构，桂北民居建筑风格，建筑面积约1300平方米。整座清真寺包括大殿、大厅、天井、两个厢房等设施，大殿内保留有珍贵的石刻经文。之前清真寺曾长期闲置，破旧不堪，改革开放以来，该寺得到整修，当地回族群众还成立了黄冕清真寺管理委员会负责管理寺庙，虽然没有驻寺阿訇，但在开斋节、古尔邦节、圣纪节等节日时，当地回族群众会通过捐麦子钱等方式，聘请阿訇临时到寺主持礼拜等活动。居住在清真寺附近街上的回族老人不时会到清真寺附近散步。付老太94岁了，是从临桂区山尾旧村嫁到黄冕的，看到过去破旧的清真寺整修一新，她表示：“现在过节时看到大家能在这里聚到一起热闹过节，心里就高兴。”

桂林市永福县苏桥清真寺始建于清乾隆年间，占地面积约900平方米。“文化大革命”中，清真寺遭到破坏。改革开放后，苏桥清真寺董事会恢复了正常的宗教活动。1983年初，苏桥清真寺董事会做出了建寺规划，在政府的支持关怀下，经全乡回族群众的共同努力，历经12年的努力，于1995年建成桂北传统式建筑风格的新院落，包括前厅、后厅、大殿、厨房及卫生间等，配套有水井、水塔，设施齐备，建筑总面积700平方米，其中大殿面积153平方米，面貌焕然一新。

这些古朴的清真寺不仅是珍贵的历史建筑文物，而且凝聚了广西回族群众深厚的民族感情，体现了广西回族群众与周边各族人民共融共通的民族文化。如今，在改革开放落实党和国家的政策后，特别是在十八大以来新时代的春风中，这些古老的清真寺都焕然一新，成为当地回族群众及来广西的中外穆斯林群众开展宗教活动的场所，成为庆祝节日、展现党和国家民族宗教政策的窗口，焕发出新生。

（作者系广西民族研究中心助理研究员）

醉美回乡路　幸福新生活

农世杰

漓江东岸的草坪回族乡，翠峰嵯峨，碧水蜿蜒，是一个美丽得让人沉醉的地方。在这里的青山绿水间，有一条绵延在山水田园中的骑行景观公路，就是碧岩阁至草坪的公路。这条公路穿行在回乡的山谷河畔，时而路过幽静的竹林，时而路过古朴的村庄，山水、文艺、乡野的混搭温柔又舒适，享受自然风景的同时也不会错过村野炊烟。在这条美到让人心醉的桂林市第一条骑行景观公路上，你可以骑上自行车，发现漓江沿岸全新的柔美风光。

然而，“地无三尺平，人无三分银，一条水路通外村”，这句民谚几年前还是对桂林市雁山区草坪回族乡的形象描述。位于漓江边的草坪老码头水路，在过去是草坪回族乡群众通往外界的唯一通道，也承载着世世代代草坪人的记忆。回忆往事，草坪村民小赵不无感慨地说道：“我是从小在这里长大的，也是看着草坪变化的，以前我们草坪通往外界只有唯一的一条水路，到最近的大圩镇赶圩坐木船要一个小时才能到达。”草坪回族乡于 1984 年成立时，全乡还不通公路，与外界的唯一联系依然只有漓江水路。沿江各村之间虽近在咫尺，也无路可通，只能靠当地人称为“半边渡”（即江岸同侧的村庄间摆渡）的水路沟通连接，道路交通非常落后。

草坪回族乡建乡后，各级政府十分重视草坪的基础设施建设，多方筹措资金，加大投入，不断加强草坪基础设施建设。1992 年，桂林市制定了《草坪回族乡经济社会发展规划》，确立了以“优先建设扶贫公路”等基础设施为发展的重点，到 1997 年累计投入 1320 万元，在全乡每个村修通了四级公路，基本改变了草坪闭塞的状况。1999 年，铺设完成接通市区的 16 公里旅游柏油公路，原碧岩阁至草坪公路即是其中一段。但这仍然只是一条四级公路，而且经过十几年的超负荷使用后，沥青路面严重砂石化，沿线群众怨声载道，过往游客屡屡投诉，严重制约着草坪的经济社会发展。同时，草坪回族乡的大田村由于山峰阻隔，道路崎岖，又没有水路，无法开展客货运输，群众出行更是极为不便，脱贫致富更是任务艰巨。大田村是回族聚居村，村里的回族群众素有种植柑橘、月柿、油桃等水果的传统，却苦于运输不便，长期无法增产增收。村民白大爷对于行路难深有体会：“五六十年代时，我种了柑橘要挑着担子爬山路走一天才能到大圩镇上去卖，八九十年代有了小村路也是要挑着担子走半天到草坪，再坐船去大圩或者兴坪去卖，要是去桂林，坐船还要一天，一次挑的柑橘也卖不了多少钱。”

这样的局面在十八大以后终于迎来了改变的契机。2012 年 11 月，经国务院同意，国家发改委正式批复了《桂林国际旅游胜地建设发展规划纲要》，其中明确提出建设草坪休闲旅游主题小镇，草坪的基础设施跨越式建设拉开了序幕。“作为广西唯一的回族乡，地处漓江精华段的草坪自然风光优美，民俗民风淳朴，旅游资源丰富，是漓江东岸重要的旅游目的地，休闲旅游业和生态农业的融合发展成为草坪城镇化的原动力。”雁山区委主要负责人介绍说。在建设过程中，雁山区通过坚持高品位规划、大强度投资、精品化建设，努力把草坪打造成为桂林漓江东岸旅游的集散中心、中国南方喀斯特地貌区自驾游目的地和中国乡村旅游民宿基地。而要实施这些项目，道路的建设就是当务之急。

2013 年 8 月，以迎接草坪回族乡 30 周年乡庆为契机，抓住桂林建设国际旅游胜地的机遇，依托桂林市城镇化示范乡镇暨“书记工程”建设，雁山区启动了草坪回族乡休闲旅游主题小镇建设计划，草坪回族乡的道路建设从此发生了翻天覆地的变化。雁山区高标准、高要求，投入 1.6 亿元，对草坪回族乡进行了全新的规划，实施了碧岩阁至草坪二级公路（简称“碧草二级公路”）扩建工程、草坪老街风貌改造、潜经民族特色村寨改造、迎宾路建设及碧岩阁至草坪沿江绿道慢行系统等近 80 个建设项目。

“真是一年一个新变化，村里外出打工的人，每次回来都发现家乡又不一样，我们从心里感到自豪。”草坪村村民赵大姐带着孩子坐在自家门口惬意地说。翻开草坪回族乡道路发展建设的备忘录，我们可以看到这座宜居、宜游、休闲的旅游小镇近 3 年间道路网络逐步成型的过程：

2013 年 10 月，投资近 2000 万元实施草坪回族乡 700 米迎宾大道建设，拉开草坪回族乡休闲旅游主题小镇建设序幕；同时投资 3000 余万元实施滨江路、镇区内街道的改造，并设置交通标识，安装路灯，配备道路无障碍设施，实现路面硬化率、路灯亮灯率达 100%。新栽行道绿化树近 5000 棵，新增道路绿化面积 14000 余平方米。

2014 年 7 月，总投资 5195 万元实施碧草二级公路建设项目，为满足游客徒步和骑自行车观光的需要，道路两侧各设置了 2.25 米宽的慢行绿道，同时还在沿途设置了休息驿站、公交车停靠站等，为游客和行人提供方便，建成融合交通、旅游观光为一体的特色慢行道，成为桂林首条兼具绿道慢行系统的旅游景观公路。

2015 年 3 月，投入 5000 万元启动实施漓东百里生态长廊漓江慢行绿道建设，完成 8.3 千米的绿道工程，成为桂林市第一条漓江慢行绿道。

2015 年，建成兴安至阳朔二级公路（简称“兴阳二级公路”），路线呈南北走向，途经草坪回族乡大田村，连接起漓江东岸多处风景旅游区，大大方便了草坪回族乡特别是大田村群众的出行，也为旅游经济发展创造了优越条件。

2015 年 8 月，投入 2703 万元，启动了兰口至大田二级公路建设，兰口至大田二级公路（简称“兰大公路”）连接兴安至阳朔和大圩至草坪回族乡（简称“大草公路”）两条二级路，路线全长 3.3 千米。作为漓东百里生态示范带交通基础设施建设的关键一环，项目建成

蜿蜒在群山间作为环广西国际公路自行车赛赛道的兰口至大田公路

后成为草坪回族乡连接兴阳公路的便捷旅游通道，大大提高了漓江东岸旅游通行能力，方便周边村民出行，对推动当地群众脱贫致富，加快草坪回族乡休闲旅游小镇和漓东百里生态示范带建设等具有重要意义。

经过大田村的兴安至阳朔二级公路的修建，又改变了草坪回族乡长期以来只有一条二级公路与外界相连的历史，作为桂林市交通基础设施重点工程的兴安至阳朔二级公路，途经草坪回族乡的 9 千米路段都是逢山开路，由于地理条件复杂，施工难度极大，草坪回族乡广大群众都主动到施工现场帮助施工单位出主意想办法，推进施工进度。大田村农民毛大哥说："兴阳公路的修建，给我们沿线的老百姓肯定是带来非常多的好处，以后我们农作物、水果的运输等，都能更加方便，还能带动生态旅游，收入肯定可以增加，当然要大力支持。"

兴阳二级公路项目第一期工程于 2012 年 3 月 1 日正式开工建设，项目在 2014 年 12 月 25 日完成所有主体工程，并于 2015 年 2 月 10 日通过交工验收，2018 年 11 月 15 日正式竣工验收。

在道路风貌建设过程中，草坪回族乡始终遵循高标准、新理念的要求，尊重草坪历史文化、尊重大自然生态、尊重每一个草坪人的乡愁情怀。在修建草坪回族乡迎宾大道时，三棵矗立在道路中央的百年香樟树，曾经困扰项目工作组很久。"为了保护这三棵老树，我们想了很多方案。"项目负责人龚主任说，他们查阅了大量资料后发现，草坪回族乡自古是桂林往来岭南的漓江水路途中重要的驿站和圩场，元代时为南亭水站，明代改为南亭驿。"这一发现，给我们带来了灵感。"龚主任开怀一笑，他们巧妙构思、依势造型，用木板将三棵百年古樟树环绕在中央形成"驿船"造型，樟树为"帆"结合景观水面，再现了昔日"南亭驿"车水马龙、河埠商业繁荣的景观。在桂阳旅游大道雁山段特色街区风貌改造中，包括了

碧草公路沿线立面改造

草坪回族乡碧岩阁村至大田村段，改造长度 9.5 千米，改造建筑 184 户。除主要进行沿线建筑物建筑外立面改造、招牌改造及广告整治之外，还在建筑外立面增设夜景灯光，对沿线重要交通节点进行绿化、围墙改造等。

现在，草坪回族乡只能靠一个小码头的水路通达外界的交通状况已经彻底成为了历史。草坪回族乡建乡以后，特别是党的十八大以来，草坪回族乡的道路交通不断跨越发展，修通了四通八达的公路网。

草坪村村民小赵开心地说："现在我们通往桂林、阳朔、兴安全程都是二级公路，这些地方大约 40 分钟都可以到达。"他的邻居白大嫂也笑着说道："这几年的时间，通过政府的支持，把我们到外面的路全修通了。"

草坪回族乡道路交通条件的改善，在打通与外界的联系的同时，还把脱贫致富的春风，吹到了这里。脱贫致富"路"铺好了，如何引导贫困户走上致富路成为新的探索目标。勤劳智慧的草坪人民，抓住地处漓江黄金旅游通道的优势条件，积极改造草坪回族乡城乡风貌，发展旅游产业。乡里通过在碧岩阁码头设立多个免租摊位给贫困户经营，优先安排贫困户上岗做排筏筏工等措施，让脱贫工作与旅游发展紧密结合，让贫困人口在家门口吃上了"旅游饭"。在乡政府的鼓励和引导下，潜经村的贫困户有的做起了自行车租赁生意，有的摆起了摊点，有的当起了筏工，年平均增收 1000 多元。如今，旅游业在草坪回族乡风生水起，乡里有一半以上的人从事旅游相关产业。

草坪回族乡还规划了兴阳路、大草路为主线的两条精品生态旅游线路，以草坪回族乡休闲旅游主题小镇为基础，把旅游驿站、花海、"柿里回乡"农业（核心）示范区和冠岩、神龙水世界等景区景点串联起来，依托新建成的碧岩阁至草坪回族乡区段世界一流的沿江绿道

草坪回族乡漓江慢行步道景观台

慢行系统，草坪回族乡成功包装推销“绿道骑迹”骑行旅游品牌，现已成为游客骑行、徒步的热门线路。依托大圩至草坪回族乡绵延 16 千米的旅游线路，草坪回族乡建设了生态农业观光带，在大草公路沿线草坪畔里开发南方优质梨种植基地，在潜经村一带发展红提、黄皮果、枇杷采摘园，在大田村发展高山月柿产业示范区，在冠岩景区和神龙谷森林度假村沿线种植美国香草梅，使大草公路沿线初步形成了春观叶、秋采果的优质农业观光带。

走进草坪回族乡精心打造的沿江绿道慢行系统，会看到整条绿道沿漓江而建，目之所及皆为漓江如诗如画的山水，徜徉在茂密的竹林夹道形成的天然氧吧中，令人心旷神怡。而骑行在蜿蜒的山间公路上，吹着和煦的微风，可以充分体验桂林的自然生态、山水田园和人文风情，其中碧草公路、兰大公路和兴阳二级公路已成为自驾游与骑行爱好者的理想出游路线，该路线从 2017 年起成为环广西公路自行车世界巡回赛赛道之一，“醉美回乡路”沿线的旖旎风光已向全世界尽情展示。

（作者系广西民族研究中心助理研究员）

第十章　火把映照下的幸福彝家

赶圩归来啊哩哩　彝乡少年舞新风

农世杰

日落西山啊哩哩，散了圩啰啊哩哩，

欢欢喜喜啊哩哩，回家去啰啊哩哩。

啊哩哩，啊哩哩，赶圩归来啊哩哩，

啊哩哩，啊哩哩，赶圩归来啊哩哩。

《赶圩归来啊哩哩》旋律欢快、朗朗上口，唱遍了大江南北，是一代人的音乐记忆。而这首大家耳熟能详的歌曲正是改编自广西隆林各族自治县彝族的传统民歌。

1979 年冬天，著名壮族作词家古笛等到隆林各族自治县德峨乡（今德峨镇）体验生活。有一天正值圩日，只见彝族姑娘们身着艳丽缤纷的彝族服饰，在圩场上开心地选购自己喜欢的布料等日用品，然后结伴走回山寨。姑娘们一路上欢声笑语、歌声阵阵，一派欢快烂漫的美好景象。

看到这样纯真美好的景象，古笛与歌舞团的其他编导深受感染，决定以彝族姑娘们赶圩归来路上的情景作为切入点，编排一个彝族歌舞，体现改革开放后少数民族农村地区翻天覆地的变化，展现党的好政策给少数民族群众带来的幸福生活。于是，在充分吸收隆林当地彝族民歌元素的基础上，由古笛作词，黄有异作曲，创作出了《赶圩归来啊哩哩》这首具有浓郁彝族风情的歌曲，并经由著名壮族歌唱家唐佩珠、彝族歌唱家曲比阿乌等一唱而红，进而成为当时文化部举办声乐比赛指定必唱曲目之一，并编入全国音乐院校及各大、中、小学音乐教材。联合国教科文组织也指定这首歌为亚太地区音乐教材，隆林彝族民歌的旋律传向了世界。

在隆林彝族的语言中，“啊哩哩”是“好”的意思，而在隆林方言中的意思则是“姑娘”，同时“啊哩哩”也是隆林当地民族音乐的一种曲调，因此将“啊哩哩”放在歌名中，既有浓郁的民族特色，又有非常美好的寓意。

彝族是广西的世居民族，在广西主要居住在隆林各族自治县。2016 年，隆林有彝族 3944 人，主要分布在德峨镇、猪场乡等 6 个乡镇的那地、保上等 17 个村的阿搞屯、团石屯等 34 个屯。彝族村寨以大分散、小聚居为主要特点，多与其他民族杂居。

11 月的一天，德峨镇常么村小学的教室里又传出了《赶圩归来啊哩哩》的欢快歌声，循

常么小学民族人物背景墙

着歌声步入校园，只见校门内的道路两侧竖立了极具彝族文化特色的图腾柱，在图腾柱上分别描绘了隆林的苗、彝、仡佬、壮、汉五个民族的人物图样，附设简介栏，这些图腾柱是学校为了让师生能够了解隆林各民族的文化特色和生活习俗，直观感受隆林多民族大家庭其乐融融的良好氛围，增进各民族师生间的情感而竖立的。彝族小姑娘阿妮在图腾柱前一一介绍了各民族图样的特点。“每天走进学校，一看到这些图腾柱，就觉得我们和其他民族的同学都是亲密的一家人。”说完小阿妮的脸上洋溢着灿烂的笑容。走过民族图腾柱，眼前是一幅长 10 米、高 2 米的浮雕背景墙，墙上雕刻有隆林各民族的民族服饰、乐器、生产劳作情景等图案，在学校操场边的宣传栏上，还设置了各民族节日活动图，旁边的教学综合楼墙面上，绘制有一幅长 6 米、高 3 米的彝族打磨秋图。小阿妮脸上满是自豪与期待地说道：“打磨秋是我们彝族的传统节日游戏，现场看可刺激可好玩了，过几年我长大些了我也要穿上节日盛装去玩。”此时，我眼前仿佛也看到了古笛老师当年看到的身着彩裙，手撑黄伞，在秋日金灿灿的阳光中欢快地唱起“啊哩哩”歌谣相约去节日的圩场玩打磨秋的彝族少女。那样的画面，真美。

常么小学不仅整个校园处处洋溢着彝族等少数民族文化的浓郁氛围，在艺术教学中也充分吸收彝族等少数民族文化的内容，创建了丰富多彩的民族艺术兴趣小组，包括隆林各个民族的传统乐器，比如芦笙、月琴和竹箫艺术小组等。月琴是隆林彝族的传统乐器，琴型古朴优雅，琴声清脆优美，常么小学的音乐老师结合彝族民歌旋律用月琴自谱了校园歌曲，弹奏起来欢快悦耳，让人沉醉。在音乐课上还教授苗、彝、壮等语言的民族歌曲，现在除了《赶圩归来啊哩哩》，每个学生至少会唱 3 首不同民族语言的民族歌曲。“通过创新校园文化活动的内容，拓展校园文化活动的领域，努力构建具有彝、苗、仡佬等多民族特色的校园文化体系，一直是我们的一个努力方向。”常么小学唐校长踌躇满志地说道。

下课铃声响起，到了课间操时间，只见全校学生身穿依据传统民族服饰设计的校服鱼贯而出，手捧芦笙排好队，跳起了芦笙舞。原来，常么小学坚持民族特色办校的宗旨，为学生设计了一套别具一格的芦笙舞课间操，受到了各民族学生的欢迎，每次课间操时间，都成为学生们欢乐的芦笙舞时间。芦笙是我国苗族常见的传统乐器，而在德峨，由于与苗族比邻而

常么小学欢快的芦笙舞课间操

居，吹芦笙、跳芦笙舞同样在彝族群众中流行。看着彝族学生和苗族等其他各民族学生一起，随着悠扬奔放的芦笙乐曲翩翩起舞，舞姿或昂扬，或欢快，或调皮，或威武，让人耳目一新，心情振奋。

在民族特色办校的新风吹拂下，隆林各中小学特别是彝族聚居的德峨等乡镇的学校，都通过多种途径让广大学生对彝族等各民族的风土人情、民族文化、民族特色有更深的了解。德峨镇初中也坚持以弘扬和传承苗、彝等民族文化为载体，营造浓厚的民族特色校园文化氛围。学校除了创作一首带有浓厚少数民族特色的校歌之外，还制作了 6 首校园歌曲，分为汉语版和民族语言版，其中彝语两首。让学生听、唱熟悉的校园民族歌曲，由此来增进不同民族学生间的亲近感。同时在课堂中引入民族手工艺术和文体舞蹈等内容，如在体育课中融入彝族的打磨秋、抹黑脸等民族体育游戏项目，在音乐课中融入各民族敬酒歌等内容，丰富、活跃课堂教学内容。学校还组织了彝族篝火舞表演队，让学生通过学习来继承民族文化。同时学校还在学校操场、教学楼等处建设民族文化墙、民族艺术浮雕等，让学生耳濡目染民族文化的魅力，促进各民族学生的团结友爱。

隆林民族中学也以民族文化进校园为载体，在每年 5 月份的学校文化艺术节上，安排壮、苗、彝、仡佬各民族各以一个以上的民族文化节目进行艺术展演；在学校运动会中，安排民族传统体育项目；积极组织学生参加县里举办的各种民族文艺体育活动以及民族节庆活动，如苗族跳坡节、彝族火把节等。

通过民族文化进校园、进课堂，新时代隆林的彝族少年们不断传承和发展彝族等各民族文化，不断增强自身的民族团结意识，自觉维护隆林彝族与其他各民族“平等、团结、互助、和谐”的关系，彝族少年与其他各民族少年一起，舞动起了民族团结新风貌。

（作者系广西民族研究中心助理研究员）

文化团石　古寨新风

农世杰

巍峨的金钟山脉森林茂密，横亘在广西西北部的隆林各族自治县南部，在海拔 1915 米的最高峰斗烘坡下，有一个古老的彝族村寨，外人称为塘石寨，而寨子里的彝族老人则一本正经地说："我们彝话发音是团石寨，团结的团。"

团石寨是个以彝族为主、多民族聚居的古老寨子，全寨共 69 户 263 人，其中有彝族 226 人，苗族 22 人，仡佬族 6 人，壮族 6 人，汉族 3 人，寨子已经有几百年的历史了，有着深厚的彝族文化底蕴，至今也保存着较为传统的彝族文化。在村口，只见一块浑圆的大石头静卧在寨门边，据村里的老人说，这大石头是从山上滚下来的，滚下来时就在这个位置，当年彝族刚迁居此地的时候，经常受到周边封建地主的欺压和驱赶，在一次血腥的反抗斗争之后，寨子里伤亡惨重，人们不得不暂时先远避他乡，就在人们刚要启程的时候，山上滚下来两块巨大浑圆的石头，分别落在寨子的两头。多年以后，人们又回到故土寻找当年的寨址定居，周边一片荒芜，只见这两块圆石还躺在这里，就据此重新确立了寨址，扎根繁衍，形成了如今的团石寨。而这两块巨大的圆石也成了守护寨子的神石，寨子也因此而得名"团石"。

来到团石寨，首先就能看到古老的寨门，寨门下还有当年的门闩石，寨门的两边还保存了一段保护寨子的石砌围墙，古朴雄浑。寨子依着一个小山头而建，沿着青石板的台阶拾级而上，不时能看到就着山势而建的，用竹篾加泥巴夯筑而成的老房子，散发着独特的古朴气息；夹在石缝间的小径又不时给人曲径通幽之感。来到最高处，只见豁然开朗的平台上，一间古朴的彝族风格砖木结构的老宅昂然挺立。"这是我们寨子以前的私塾，有上百年历史了，我们团石自古以来都很重视教育的"，隆林彝学会的黄会长介绍说，"改革开放后，恢复高考以来我们寨子里已经走出三十几位大学生了"。说完，黄会长脸上露出自豪的笑容。是啊，这样一个偏远的大山深处的少数民族小村子，人口不过两百余人，平均每年都能有人考上大学，不得不说是个令人骄傲的事情，黄会长自己就是从团石寨走出来的大学生，并且成为隆林彝学的代表性人物，可以说，就是团石深厚的文化底蕴和重视教育的优良传统，才塑造了像他一样一代又一代的彝族山乡大学生。

团石深厚的文化传统不仅仅体现在自身的重视教育上，更体现在与周边民族的睦邻友好上。村里有两块大名鼎鼎的石碑，一块是"水分碑"，另一块是"戒赌碑"。所谓"水分碑"，

古朴的寨门和城墙

就是“分水碑”的意思，是按彝语的语法结构特点来题刻的。这块碑有上百年的历史了，是当年团石寨和周边的苗族寨子立定农田用水划分规矩的契约碑。团石寨中有一条小溪缓缓流过，是农田用水的主要来源。团石位于溪流的上游，占得用水之利，在旱年却经常招致下游苗族寨子的不满，时常引发冲突。对此，团石寨主动找到下游的苗族寨子，与他们立定划分用水的契约，无论平常年份还是干旱之年，团石寨在用水之时，都主动按约定留出水量供下游寨子使用，让彼此用水都能得到保障，并立碑为证，也以此昭告世代后辈，要与邻为善，和睦共处。此碑立于溪水边，涨水时常被水蚀，如今碑文虽已模糊不清，但“水分碑”三个大字依然清晰可辨，向人们诉说着团石彝族人豁达善良的文化传统。

而“戒赌碑”则镌刻在进村道路旁的石壁上，至今仍然字迹清晰，从落款“咸丰九年”来看，已经有100多年的历史了。在那个中华民族历经磨难的历史时期，鸦片、赌博等恶习侵蚀着我们整个中华民族的灵魂。胸怀使命感的团石彝族先辈们，意识到了这些恶习对人们精神的残害，主动联合周边苗族寨子头领，商议在团石及周边区域，全面禁赌，如有违反者，将处以重罚，并立碑警示。这块碑文内容100多年来一直被团石的村民们严格恪守，寨子里从来没有再出现过嗜赌的恶习，人们一直谨遵着勤劳致富的古训。

过去，团石寨主要靠种植烤烟增加收入，村里建造了很多烤烟烘干房，但是烤烟的种植与晾晒受气候影响很大，特别是团石寨地处高寒山区，每年气候变化大，对烤烟的生产产生了很多不良的影响，经常影响到村民收入。如今，在改革开放的春风下，团石人也有了新的致富产业。在金钟山密林里，生长了很多古茶树，团石人世世代代守护着这些古老的茶树，始终以保护这片古茶林为己任。为传承对古茶树的敬仰与感恩，每年开春采茶前，团石人都会举行祭茶仪式，在最古老的野生古茶树下，村里的毕摩（彝族法师）会虔诚地向茶神祈福，祈求全村的丰收与安康。以前，村里人都只采摘一小部分茶叶供自己饮用。现在，村里引进了现代化的茶叶加工生产企业，将古茶树的茶叶进行精深加工，包装成为高档的彝族古法品牌茶叶，大大地提高了产品附加值，市场上每斤能卖到6000元以上，而村民们为了保护古茶树的可持续发展，每年只采茶半个多月，但村民们通过这项新的产业，每年采茶季每户采茶农仍能增收5000元以上。制茶企业为了回馈村民，还斥资100多万元为村里铺了2千米的水泥硬化路，团石真正实现了村民与企业与产业的良性互动发展。

通过新产业的发展，团石村民大都盖起了新房，家家户户窗明几净。如今钱袋鼓起来了，民族特色村容村貌也恢复起来了，村里新修的太阳能路灯，采用了很多彝族文化的元素，不仅漆上了彝族漆器的纹样色彩，灯杆上还巧妙地运用了彝族月琴的形象，既美观又富有民族文化气息，典雅大气。黄会长站在村头仰望着郁郁葱葱的山头，正思考着怎么在村里做起民族特色旅游。“我们团石村是文化底蕴深厚的彝族村寨，在方圆数十里都是有名的，又有古迹，又有传统，还有新产业、新面貌，周围大山林木茂密，溪水蜿蜒，搞民族乡村旅游是大有可为啊。”黄会长眼中充满了希望。

古老的团石寨，淳朴善良的团石人，用睦邻向善的豁达性情团结各民族兄弟，用坚毅好学的向上品质充实着自己深厚的文化内涵，用勤劳创新的乐观性格走出了全新的致富之路。在坚守自身文化特质的同时，正展现着蓬勃的新面貌，未来一定更美好。

（作者系广西民族研究中心助理研究员）

戒赌碑

融合了彝族漆器色彩与月琴造型的新型太阳能路灯

第十一章　仡佬冲里唱新歌

新时代仡佬族的“和合”风尚

郭亮

仡佬族在广西是人口最少的世居民族，仅有几千人，但在当今社会其整体发展比以往任何时代都快，社会变迁也比任何时候都大。仡佬族新时期的奋斗历程所形成的态势是一幅与全国各民族相似的共同团结奋斗、共同繁荣发展的精美分形图。直面新时代，探寻仡佬族的“和合”文化是有利于新时代仡佬族自身发展的内生性分形元。

仡佬族崇尚“和合”，以百合花作为族花。在仡佬族古文字中，用3条线把3个独立的圆点连在一起构成“和”字，形象地体现了和睦、和平、和顺、和美的寓意；同时，用一条线把两个有缺口的圆连在一起，构成“合”字，寓意合作、包容、协同、配合。仡佬族古文献《九天大濮史录》指出：“天地万事，多有不同，不同则争，争则乱，乱则败，败则衰，衰则亡。极睿者讲和，和生一，一生二，二生三，三生万物，万物生盛，盛则贵，贵则顺，顺则强，强则万事生腾。”该书还陈述了仡佬人“尊九天训，讲和合，守七规，仁、义、礼、孝、忠、敬、让，倾和轻武”，强调“合和”为仡佬人的风俗传统。为了理解仡佬族的这种“合和”风尚，不妨品味一下在新时代开放传承中“和合”创新的“尝新拜树节”。

相传，这个节已经流行了300多年。最初，仡佬族多罗支系郭氏家族的先辈从贵州背着祖灵迁来百色隆林。初到时生活困苦，居无定所，只好暂寄祖灵于青冈树洞。逢年过节予以祭祀，年久日深，树因人而灵，人因树而旺。族人所居住的村寨风调雨顺、五谷丰登、人畜兴旺，从此安居乐业、生生不息。从此，每年中秋第一个虎日，族人都“喂树”祭祀，让神树更添灵气，祈祷来年更获大丰收，荫护人世更加安乐。如今，这个节日已经成为百色仡佬三个支系“合和”同庆的盛大节日。这样的“合和”同庆，始于1989年，当时，在德峨乡么基村大水井屯举办了中华人民共和国成立后的第一次“尝新节”和“拜树节”活动，在仡佬族中引起了极大的反响。2010年9月13日，由隆林县委、县政府出资300万在大水井举办了仡佬族有史以来最大规模的“尝新节”庆祝活动。

这个节日也向世人展示出了仡佬民族灵魂深处的文化记忆与传统，它充分体现了民族的特殊风貌和独特性格。仡佬族祭树、拜树，即认为树拥有灵魂，如他们看见苍劲挺拔的青冈树有着坚硬、粗大的躯干，有威武、坚毅和顽强不屈的气魄，将其视为神树以祈求护佑赐福。这便是一种原始信仰“万物有灵”观念的体现和在民俗活动中的文化“遗存”。仡佬族

仡佬族“拜树”活动

祭树、拜树外在表现为一种自然崇拜现象，但其内核与本质其实是一种祖先崇拜。仡佬族拜树节祭树只祭拜青冈树，因为在当时的迁徙过程中，人们把祖宗灵位安置在了青冈树洞里，拜青冈树为自己的祖宗树，从此代代相传。由此，人关爱树，树荫佑人，体现人与自然和谐发展。一年一度的“拜树”活动后，随着掀起的植树造林热潮，无疑是给农业生产的发展创造了非常有利的条件。据初步统计，德峨镇的么基、三冲两个村的森林覆盖面积已达20000多亩。

除了人与自然和谐相处外，尝新拜树节也还具有促进仡佬族人与人、人与社会和谐发展的功能。对于仡佬族而言，每年的拜树节都需要举行隆重的祭祀仪式。远在外地工作、学习的仡佬族人都会提前赶回家，聚在一起，共同祭拜见证民族迁徙沧桑历史的青冈树，感恩历尽艰难险阻维护民族生存的先人们。“拜树节”这一天，族人带着自制的米酒、肥猪肉、糯米加玉米饭，跪拜在青冈树下，祭拜树神，祭拜祖先，祈求保佑风调雨顺、人丁兴旺、健康平安。这种仪式使仡佬族人接受教化，明达事理，从而强化仡佬族自我认同意识。

每次举办祭祀活动，都需分牛心。一只牛心哪怕再小也要分到每家每户一小片，让所有仡佬族同胞共食同一只牛心。通过分食牛心仪式，进一步强化了仡佬族共同一条心，强调了有福同享、有难同当的民族团结意识。

如今的仡佬族拜树节也不仅是属于仡佬族自身的节日。在拜树节当天，除了仡佬族群众共同参与祭祀活动之外，邀请临近村寨的苗族、彝族等兄弟民族来共同庆祝也逐渐形成传统。“拜树”仪式的开放，既表现出参与者对仡佬族文化的尊重与认同，体现为一种对异文化

仡佬族尝新节杀牛

仡佬族分牛心

的包容度，又表现为多罗支系本文化与他文化内涵上的共通性，体现为一种对他文化的开放化的包容度。可见“祭树”的内涵已从家族姓氏的祭祖行为提升为对民族同源意识的确认，促进了隆林仡佬族三个支系认同的增强。这种行为客观上也进一步加强了人与人之间、村寨与村寨之间、民族与民族之间的交往、交流、交融。

随着政府的支持参与，拜树节从最初单纯的祭祀，发展到融祭祀、庆贺、娱乐乃至商品交易为一体的节庆活动。在拜树节上，举办各种各样的活动，如演奏八音、对歌、打陀螺、打鸡儿棒等，仡佬族群众通过这些活动展示自己的勇敢与智慧；同时，还促进相互交流与学习，尤其是年轻人，男性青年展示自己的技艺，吸引女性青年的关注，女性青年则将自己最为美好的衣着服饰、甜美歌声等示人。

以 2010 年政府组织的尝新节活动为例，当年精心安排了一场大型的专题民族歌舞表演《风情隆林——仡佬缘》。这台歌舞表演主要根据隆林各族自治县仡佬族尝新节的风俗习惯，隆林苗族、彝族、壮族、汉族等民族特色文化以及现代歌舞相结合编排设置的，整个表演内容分为《采新》《祭祖》《丰年》三个部分：上篇《采新》由女生小组合唱《仡佬山冲劝茶歌》、舞蹈《采新》、歌伴舞《赶山》等三个节目组成；中篇《祭祖》由舞蹈《跳牛弓》《傩魂》《树·祭》，歌伴舞《仡佬泉水清》等四个节目组成；下篇《丰年》由苗族舞蹈《迁徙记忆——蜡染》、彝族舞蹈《彝山雄鹰》、壮族舞蹈《蓝靛蓝》、苗家三姐妹演唱（曲目为《天亮了》《美丽广西我的家》）、表演唱《数花》、仡佬族舞蹈《秋醉》等六个节目构成。整场歌舞表演长达 90 分钟，共动用演员 220 人，该县抽调教育系统教师 100 人、学生 80 人、青年志愿者部门单位 13 人、民族歌舞团 16 人，还特别邀请贵州兴义市歌舞团声乐演员。此外，民族体育运动也是此次尝新节的一个亮点，活动主办方设立风车，该风车由两个铁架作为“车脚”，支撑着正方形主体“车身”，“车身”的四个角各置有一个秋千，让活动参与者可以亲自参与到民族体育活动之中。民族文化的集中展现，有利于民族文化的保护与传承。

如今，趁着拜树节人多热闹，一些群众也拿着自家的食物进场交流。随着规模扩大，流动人员增多，拜树节已经成为仡佬族群众开展物资交流的重要时机，他们拿着自家的农副产品和手工艺品进行交易。进行商品交易的同时，还可以交流生产耕作技术和其他技艺以及学习科学种养和致富手段等。尝新节活动会场内特别设有民族商品展销会场、美食街等场地。其中，民族商品展销会场展区主要展销民族服饰、传统民族刺绣工艺品、民族传统首饰、隆林各乡镇特产以及乡镇企业产品等。美食街主要展销羊瘪汤、黑山羊肉、隆林黑粽、月饼、油炸食品等风味小吃，集中展示了隆林的农副产品及各民族的特色产品。可以说，拜树节已经成为新时代仡佬族与各族人民共享“和合”风尚的培育场。

（作者系广西民族大学民族学与社会学学院民族理论与政策教研室主任）

仡佬族民居新变迁

郭亮

像许许多多的高原村寨一样，大水井屯坐落在大山的怀抱中。村寨周围的山十分陡峻，仡佬冲的村寨布局形式与当地的地形地势有特殊的联系：当地坡地多，平地少，山坡较陡峭，建房困难，故房屋建在坡底较为平坦的地方；当地石山多，泥地少，土地资源有限，可耕之地十分宝贵，故村寨选址为半石半泥地区，少占用生产粮食的泥地，这也是居民分散居住的原因之一。仡佬冲村民选择在半石半泥的坡脚建房，还有一个便利之处是上山打柴较为方便，驱赶牲畜上山也不必经过有庄稼的耕地。同时坡脚水分较多，植被生长茂盛，高原夏天日照强，大树底下好乘凉。以上是仡佬冲村寨选址的自然地理因素，从另一方面来说，这也是仡佬族人民不畏艰辛的民族性格的体现，也应了“仡佬阁老，开荒辟草”的古老民谣。

大山怀抱中的仡佬族村寨

仡佬族的新民居与旧民居

仡佬族的房屋建筑形式，较早见于北齐魏收《魏书》，僚人“依树积木，以居其上，名曰‘干栏’，干栏大小，随其家口之数”。这一时期，仡佬族先民对自然的依赖性较强，居所与自然屏障还不能完全分开。唐杜佑《通典》记载：“南平僚，北与涪州接，部落四千余户，山有毒草及纱虱、蝮蛇，人并楼居，登梯而上，号曰‘干栏’。”可见，唐朝时，仡佬族先民的建筑水平已达到一定的高度。南宋时，据《溪蛮丛笑》记载：“仡佬以鬼禁，所居不着地，虽酋长之富，屋宇之多，亦皆去地数尺，以巨木排比，如省民羊棚，杉叶覆盖，名‘羊楼’。”而明清以来，仡佬族的房屋有了较大变化，贫困之家“掘地为炉，厝火环卧”，而生活较为富裕的家庭“用砖瓦封砌”。中华人民共和国成立以前，仡佬地区有大量的土墙房、篾编房、石头房及所谓的“塌塌房”“千脚棚”和“穿斗房”存在。而现在，在仡佬族地区出现了部分水泥房、砖房。追寻历史的足迹，我们可以看到仡佬族的民居经历了依树积木—独立干栏—木石并用—现代砖房的过程。当然，每个过程并不是独立的，其间必然存在相互交叉及“过渡”现象。如仡佬冲就存在着木房、石墙房、现代砖房三种建筑形式并存的现象。

20 世纪 50 年代前，仡佬族的房屋大多为土草房结构，相当一部分只是几根杂木架起的“丫丫房”，即古称的“千脚棚”“塌塌房”。“千脚棚”一般呈三角形，屋檐触地；“塌塌房”屋檐下有矮小的墙壁，两者都是用树枝架起来的，上盖茅草。同时期的还有“穿斗房”，四壁多用厚木板装修，顶上多盖瓦或薄石板，较为高大宽敞。中华人民共和国成立后，传统的

“丫丫房”基本淘汰，房屋的结构转变为“五桩六爪”或“五柱八爪”的大瓦房。现存于仡佬族村寨里的传统民居大多属于三开间七脚落地十七柱出头的木架瓦房。木房的整个房屋框架结构皆为木材，房屋的墙壁用厚木板围成，也有用竹篾编来围成的，地板为泥地。石墙房与木房的区别在于墙壁，石墙房的墙壁皆由石块砌成，石块要求平整、大小一致，石头间的缝隙用石灰砂浆填满，不同于之前的乱石堆砌。部分石墙上要留窗户，皆由石块雕刻而成。现代砖房是新兴的建筑样式，其建筑样式与平坝汉族地区的“小洋楼”颇为相似，材料也大体相同，只是内部结构设施存在差异。

仡佬族的建房材料绝大部分是就地取材，木料来自村寨附近的山上，房顶的青瓦到本寨或附近村寨购买，而其他建房所需的水泥、石灰等要到就近的镇上甚至隆林县城去采购。仡佬冲的仡佬族习惯在地头栽种楸树，是以待来日用于建房的木材。村寨后山上亦长有楸树和杉树，所以当地的木结构建筑材料主要为楸树和杉木。环境影响文化，从这个意义上讲，住房是显而易见的“被影响着”，仡佬族虽属于南方世居民族，但由于其居住地位于低纬度高原地区，气候凉爽干燥，木房可长住不坏，故仡佬族的传统建筑以木房为主，同时存在少量石房。

仡佬族的传统住房一般为两丈多高的二层楼房，一楼三间房，中间为堂屋，两边分为卧室和厨房；二楼有两间房，在卧室和厨房之上，用栏板相隔，多用来堆放杂物。一楼中间堂屋上面不用栏板相隔，而是横放数根木条（多为楸木），用来挂玉米把、谷子米把、稻谷把等粮食。因为堂屋是整座房子最神圣的地方，其门同时也是整座房子的正大门，由两边对称的木板组合而成，可同时开关。堂屋内与正门相对的墙正中央是天地牌，天地牌下面即为神龛。神龛用隔板搭成，神龛上主要放有香炉和香桶，逢年过节，或逢喜逢丧，家中的男主人便在神龛上祭祀祖先。神龛下面一般不放杂物，但空间紧张时也可放一些不犯忌讳的杂物。堂屋一般为吃饭待客、商量重要事宜的地方，内部最主要的设施即为神龛，其他杂物都堆放到楼上或屋外，因此，可以说这是所有房间中空间最大的一间。

人口较少的家庭里，孩子从出生到七八岁前一直跟父母合住一个房间，七八岁后到未婚前可搬到楼上住。儿子结婚后从父母的房间隔出一间来住；有客人来时可将客人招待在楼上或者堂屋里住。厨房里的主要设施是灶和火塘，灶的位置一般在靠近墙角的地方，一面倚墙，灶口朝向门口方向。灶上放有生铁铸成的大口锅，主要用来煮猪食。火塘一般位于厨房的正中央，是一个掘地而成的深约15厘米的正方形土坑，边缘用砖石砌牢，中间放一个生铁铸成的三脚架。火塘日常用来煮饭煮菜，烧水煮药，冬天用来烤火取暖。因为仡佬族居住于石山地区，水资源极为短缺，因此水缸成为家里的主要设施之一，水缸一般安置在厨房内的灶旁或墙角。水缸一般用石头凿成或水泥砂子建造而成，形状为圆柱形、四方形或其他多边不规则形，大小深浅不一，以家庭用水情况来定。现在也有从街上买来的塑料水缸，这种水缸比较轻捷方便，多为圆柱形。

现代水泥砖房屋内布局融合了仡佬族的传统与现代的因素，房屋的外观与汉族地区的“小洋楼”别无差异，房内布局为两层，一楼保留了堂屋与房间并排的格局，厨房外迁到正楼两侧的耳房。因此堂屋两侧的房间可以作为卧室或杂物室，堂屋的设施摆放仍保持传统形式。不同的是，堂屋的天花板要用水泥板封住，因此楼上可建成二至三个房间，可用来招待客人或堆放杂物。无论传统住房还是现代砖房，在正房的前面都保留着一块空地，作为“房前小院”。这块空地大小不一，主要看正房地基的选址，但普遍上现代砖房的“小院”要比传统房屋的“小院”要大一些。

随着经济的发展，仡佬族民居形式正在悄然发生新变化，仡佬冲的现状就是一个很好的例证。如果说传统的木瓦结构房、石木结构房或更为古老的“丫丫房”很好地反映了仡佬族与大自然鱼水相依的关系，那么现代的水泥砖房则体现了仡佬族人民更尊重自然、爱护家园的理想，因为他们与自然的联系不再更多地直接体现于“依赖”上，他们用另一种方式表达着对自然的尊重与保护。同时，从住房功能上来分析，仡佬族人民“走向现代化”但却没有与传统渐行渐远，现代水泥砖房的室内布局及其功能与传统住房尚有很大相同之处，或者说这只是一个传统与现代的结合体，是新时期社会历史发展的重要产物。

（作者系广西民族大学民族学与社会学学院民族理论与政策教研室主任）

第十二章　水书凝聚下的水族新生活

龙马庄水族的新生活

罗柳宁

冬日里的龙马庄就跟平时长在田间地头的狗尾巴草那样稀松平常、不起眼，从收割完毕的冬闲田望过去，整个村庄在风起风落、云卷云舒中始终安详静谧，唯一从视觉中跳脱出来的色彩就是每家每户房前屋后尚零星挂在树上的已经熟透了的柿子黄，让龙马庄多了一丝灵动与俏皮。如果绕过其民居所依傍的山体，会看到一望无际的茶园在冬日里依旧展露着勃勃生机，虽然错过龙马庄长角辣椒那通红一片、热火朝天的景象，但心中的遗憾依然可以被龙马庄的茶园绿所填补。黄色、绿色、红色，这是属于龙马庄这样一个传统水族村寨的三原色。这样的三原色谱出了水族群众的致富歌谣，创设出了当地人民的崭新生活。

龙马庄地处云贵高原边缘，是广西壮族自治区河池市南丹县六寨镇龙马村所辖 14 个自然屯其中之一。龙马村是一个壮族、汉族、水族杂居的村落，平均海拔在 700 米—900 米；龙马村 2018 年有 628 户，其中有 110 户水族家庭，558 名水族村民，主要分布在 4 个自然屯，以拉干屯、龙马屯庄为主，其中龙马庄人数最多；该村村委会干部 8 人，其中有 2 人是水族。这里的水族从贵州搬迁至此已经有 6 代，约 120 年。近几年，有 4 个来自贵州荔波、三都的水族妇女嫁来龙马村。2016—2017 年，龙马村有水族贫困户 3 户，2018 年都已脱贫。龙马庄处于一个因河流冲积而形成的槽谷旁，农田分布在槽谷的洼地上，村落则依傍在凤凰山脚而建。龙马庄现有 80 户家庭，其中有 38 户是水族。水族村民有割草垫猪牛栏积肥和在春插前采集野生绿肥压作基肥的习惯，所以这里土壤有机质含量丰富。历史上的水族还曾以糯米为主食，因其产量低，满足不了人口增长的需要，此后推广粘稻的种植，粘米逐渐成为主食。龙马庄的粮食作物主要以水稻种植为主，人均约一亩水田，山林每户超过 20 亩，主要种植杉树、松木、茶叶、柿子树。

在 20 世纪 50 年代，龙马庄水族农户从事的职业几乎都是农业种植生产，职业非常的单一，从事生产劳作的地域也很狭小。改革开放后，商品经济意识传送到了封闭的水族山乡，剩余劳动力开始与土地解绑，使得过去牢牢束缚在土地上的水族农民更多地从土地上解放出来，按照自己的兴趣爱好和特长选择、从事擅长的职业，于是龙马庄水族青年开始外出跑木材生意或者跑运输，一些人则从事农业生产机械的出租。20 世纪 90 年代中期，以水族年轻中学毕业生为主的打工者大量出现。21 世纪初，青年外出务工已经成为风潮，他们不再满足于在河池市范围内的市县务工，广东、浙江的繁华与选择的多种可能性成为他们外出务工的首选。他们要么进工厂，要么从事商品推销、酒店或餐馆的服务行业。水族社会改变了那种思想落后守旧、意识封闭的时代，人们的思想观念、市场意识、民族意识更加开放，从思想上为水族社会的文化变迁提供了观念支持。那些选择留在龙马庄继续从事农业生产的年轻人，则有意识地以市场为导向进行农、林业生产，进行了许多尝试累积经验。2014 年，有一名水族大学毕业生曾经尝试食用菌的种植，凤尾菇、香菇做了一万多棒，占地 2 亩，因为技术掌握有限，成本过高，产量有限，销售不畅，利润较低，两年后告终，但他积累了实践经验，并未偃旗息鼓，继而在黑土猪养殖、养蜜蜂等特色产业尝试上取得成功，带动了龙马庄的创业热情。

在龙马庄柿子和辣椒的种植在很长一段时间是农户的重要收入来源。龙马庄良好的地理环境、充沛的雨水和适宜的阳光、气候，为柿子的种植和生产提供了得天独厚的天然条件。同时，龙马庄的水族在柿子的种植和柿饼的加工上积累了一套经验，食用柿子的传统与技术为柿子的种植提供了保障。龙马庄每家每户的房前屋后都种有扁柿子树，黄澄澄的柿子有“万事（柿）如意”“事事（柿）顺心”“百事（柿）可乐”的美好寓意，是龙马庄生活蒸蒸日上的象征。龙马屯现有柿子种植面积已达到 1500 亩，并且种植面积还在不断增加。扁柿加工有 6 户水族人家。另外，龙马庄还引进了葡萄、李子、桃子等水果品种，种植增收的路径愈发多样化。此外，长角辣椒的种植也是另一个重要的创收来源。六寨镇这里的气候适宜大面积种植长角辣椒，以壮里、甲棉、龙马庄的种植面积为主，其中龙马庄的辐射作用最强，成为货源地、加工地的中心，为六寨镇获得“中国长角辣椒之乡”奠定了基石。龙马庄的长角辣椒个大、色鲜、味正，名声响遍南丹县，成为生产辣椒酱的上好原料，产品主要销往桂林、柳州、贵州等地，供不应求，龙马村 2014 年成为全国一村一品示范村。

六寨镇地势北高南低，海拔高度多数在 800 米—1000 米，气候温和凉爽、降雨丰富、光照充足、昼夜温差大，山中常年云雾缭绕，风清气润，为茶树提供了得天独厚的生长环境。六寨镇种植的茶树基本无虫害，不用施农药，茶叶无农药残留，同时全部用草木灰、农家肥以及优质复合肥，属于纯天然绿色食品。龙马村产茶的历史悠久，相传于宋元年间由龙马先祖自福建武夷山移植而来，现在成为黔桂两省区重要的茶叶供给基地。“六龙茶”是品牌名，最初也叫龙马茶，因龙马庄是其茶叶种植的源头。龙马村位于云贵高原南麓凤凰山余脉，海拔近 1000 米，气候温和凉爽，当地赤色沙砾岩蕴含多种矿物元素，纯天然无污染，非常适合茶树生长。茶园茶树树龄在 60 年以上，绿茶味甜甘醇，红茶尽显英伦之风，屡次参展摘金夺银不足为奇。为提高规模、品质、种植效益，当地群众以“基地规模化＋种植标准化＋产品品牌化”为思路，采取“公司＋基地＋合作社＋农户”的产业化经营模式，对龙马茶进行全面升级改造，聘请资深炒制龙井茶的师傅驻厂指导，以“六龙茶”为品牌进行推广和销售。六龙茶产品多次在国际、国家茶叶评比中获奖，成为南丹县著名的旅游商品。为了推动六龙茶产业转型升级，当地群众通过做大基地、做特品牌、做实设施、做美环境，带动了乡村振兴，推动了农村建设、农业增效、农民增收。目前，六龙茶基地年产量 230 万吨，带动600多户农户，增加劳动就业超过1500人，每年人均增收2000元以上。六龙茶茶园区按照农业休闲旅游景观轴、核心景观园、智能农业区、标准化生产区、创意农业区、休闲农业区的“一轴一园四区”的格局进行打造。

六龙茶基地一角

拥有了黄澄澄的柿子、红彤彤的长角辣椒、绿油油的茶园的龙马庄，在未来的日子里将会以无限的热情欢迎八方来客，水族村民迫不及待地想告诉外界：龙马庄有着广西唯一的水族历史文化村落展示馆，那宽大平整的广场、鲜明的民族建筑外观以及内部充满生活气息的生产生活用品展示，都反映着广西水族的新生活以及他们的朝气蓬勃的精神面貌。

龙马庄水族村落文化馆

（作者系广西民族研究中心副研究员）

民族团结进步事业的贴心人

——南丹县六寨镇龙马村委员会计生员吴永秀

吴永秀，女，水族，1964 年 5 月 8 日出生，现年 54 岁，南丹县六寨镇龙马村人，初中文化程度，1994 年任村委妇女主任，2008 年任县人大代表，2009 年任龙马村计生员至今。

一、政治坚定旗帜鲜明

吴永秀性格比较开朗、踏实苦干、为人忠恳，这些优异的品质，也使其在工作的过程中，能够筚路蓝缕，最终实现了自己的梦想和价值。吴永秀在工作的道路上，深深地感受到作为一名最基层的工作人员和人大代表，在面对工作时的种种困难之际，一个民族的团结，一个社会的稳定对于工作的重要性。她也深深地感谢党和国家对于她这样的少数民族工作者的支持和帮扶。因此，她不忘党和国家的恩情，始终心系民族团结事业，这也成为她毕生的最大追求和梦想。吴永秀深深知道影响龙马社会稳定和发展的主要威胁来自民族分裂主义和非法宗教活动，做好民族团结事业，就必须不断地提高自己的思想素质，注重个人的品德，在平时的工作和生活中，自觉地树立起马克思主义国家观、民族观、宗教观和“三个离不开”的思想。在反对民族分裂主义、非法宗教活动这一大是大非问题上立场坚定、旗帜鲜明，自觉维护祖国统一和民族团结，能够时时处处自觉宣传党的民族政策，关心和团结各民族职工和群众，坚决维护安定团结的政治局面，维护祖国统一。

2017 年，党的十九大胜利召开，为更好地领会和学习党的十九大报告精神，她利用各种时间认真学习报告精神，尤其是十九大报告中关于民族团结的篇章。她还组织村两委的全体干部，尤其是少数民族职工学习，并撰写心得，通过学习使得村两委的全体干部看到了民族团结所带来的巨大成绩，深知民族团结的重要意义，村两委干部纷纷表示将认真学习十九大报告精神，增强信心，以更加饱满的热情和激情投入到维护民族团结的各项工作和事业之中。

二、当好带头人为民族的团结和社会和谐稳定默默贡献

作为龙马村的人大代表，在她的正确带领下，龙马村全村 2749 人走向小康之路。

吴永秀

三、心系各族弱势群体维护团结奉献社会

多年来，吴永秀始终心系各族弱势群体，用自己的实际行动感恩社会，奉献社会，默默地用自己的实际行动支持和维护着民族团结。

支持社会帮扶工作。多年来，吴永秀走村入户了解群众的实际情况，想群众之所想，急群众之所急，带领乡亲走致富之路。她积极带领广大乡亲探索致富之路，加大对农民朋友的专业技术培训，通过各种方式聘请或邀请专业技术人员为农民朋友提供各种培训，通过培训不断提高了广大农民朋友的技能。

吃水不忘挖井人，民族团结永记心田。多年来，吴永秀用自己的实际行动深入贯彻落实党的民族政策，敢当重任，当好带头人，注重团结，爱岗敬业，为龙马村的经济发展和社会稳定做出巨大贡献，为龙马的民族团结进步事业做出了榜样。

（作者系南丹县民宗局全体干部）